담론의 이해

담화, 담론적 전환, 비판적 담론연구

담론의 이해

담화, 담론적 전환, 비판적 담론연구

초판 1쇄 발행 2022년 6월 30일

지은이 신동일

펴낸이 김현태
펴낸곳 책세상
등록 1975년 5월 21일 제2017-000226호
주소 서울시 마포구 잔다리로 62-1, 3층(04031)
전화 02-704-1251
팩스 02-719-1258
이메일 editor@chaeksesang.com
광고·제휴 문의 creator@chaeksesang.com
홈페이지 chaeksesang.com
페이스북 /chaeksesang   **트위터** @chaeksesang
인스타그램 @chaeksesang   **네이버포스트** bkworldpub

ISBN 979-11-5931-850-4 93700

discourse,

담화,

discursive turn,

담론적 전환,

비판적 담론연구

critical discourse studies

담론의 이해

신동일 지음

책세상

서문

사회구성원이 일상적으로 경험하는 세상은 불안정하고 모순적이지만 한편으로는 역동적으로 보이기도 한다. 담론은 텍스트와 콘텍스트로 직조된 복잡한 세상을 구성하는 경로(과정)이면서 이미 구성된 체계 그 자체(결과)이기도 하다. 담론은 텍스트로 만들어진 체계이면서 신념과 가치의 지식체계이기도 하다.

텍스트를 만들고 전달하는 매체가 넘친다. 다양한 담론주체가 담론의 생산과 경쟁에 적극적으로 참여한다. 이익집단이 늘어나고 욕망과 쟁점이 계속 드러난다. 1인 유튜버의 영향력조차 무시할 수 없다. 자신의 이해(권력)관계에 적극적으로 개입하는 주체가 늘면서, 감정적이면서 논리적인, 혹은 미시적 텍스트와 거시적 이데올로기를 잘 결합한 지식구성물의 생산, 유통, 소비는 더욱 중요해지고 있다.

이처럼 여러 분야에서 자료를 수집하여 지배적인 담론을 분석하거나 경쟁적/대안적 담론을 기획해야 하는 필요는 넘치지만 놀랍게도 담론연구를 구체적으로 소개하는 단행본이 없다. 텍스트 일부 단면만 집중하는 미시적 분석, 혹은 복잡한 담론적 사건을 손쉽게 설명하는 이데올로기적 논평만 넘친다. 담화discourse 분석과 담론discourse 분석이 다른 것처럼 나누고, 담론분석Discourse Analysis과 비판적 담론분석Critical Discourse Analysis, 혹은 페미니스트 포스트구조주의 담론분석Feminist-Poststructuralist Discourse Analysis과 비판적 담론분석을 애써 구분한다. 하지만 이런 구분조차 총론 수준에 그친다. 담론연구방법의 구체적인 절차와 내용은 어디서도 찾아보기 힘들다.

내가 보기엔 국내 전문연구자 집단은 담론(연구)에 관한 리터러시 학습이 부족하다. 학술지에 게재된 담론연구물을 검토해보면 대개 내용분석과 이데올로기 논평이다. 의미를 구성하는 형식자질 분석이 없다. 텍스트 분석이라고 하면 대개 어휘 차원에서 텍스트의 내용을 다루는 수준으로 간단하게 언급된다. 장르나 스타일과 같은 담론의 매개적 속성은 다뤄지지 않는다. 담론의 층위를 다면적으로 다루지 않고, 실천practice과 관행practice의 변증법적 속성도 전제되지 않는다.

연구자들로부터 담화든 담론이든 그게 뭔지는 알겠는데 막상 분석하려고 하면 막막하다는 말을 자주 듣는다. 심지어 분석을 마치고 연구결과를 학술지에 게재한 후에도 제대로 담론연구를 한 것인지 모르겠다고 한다. 담론은 민주주의 개념처럼 모두 아는 것처럼 보이지만 다수 연구자가 제대로 알지 못하고 있다.

전통적인 (질적) 연구방법론에 비해 담론연구에 관한 수업이나 워크숍은 거의 열리지 않는다. 그것도 문제이지만 학생이나 연구자가 혼자서라도 공부할 수 있는 교재조차 마땅치 않다. 담론연구에 관한 단행본을 몇 권 찾아볼 수는 있지만 학술지에 게재한 담론연구물을 묶은 수준이라서 담론(연구방법)에 관한 체계적이면서도 친절한 설명이 없다. 번역서는 너무 어렵게 논술되어 있거나 예시나 사례가 너무 오래전 자료라서 국내 연구자의 입장으로 보면 뜬금없는 경우가 많다. 비판적 담론분석은 여러 연구방법론을 소개하는 단행본의 챕터 수준에서 소개되곤 하는데 총론을 넘지 못한다. 예시와 사례도 구체적이지 못하고 자료분석의 절차도 다루지 않는다.

이런 책으로는 담론의 속성을 제대로 알 수 없고, 담론연구를 기획하기도 어렵다. 나는 담론연구를 다룬 여러 단행본을 검토하고 학부와 대학원 수업에서 사용하기도 했지만 마땅한 교재가 아니었다. 논술이나 예시가 좋은 부분을 선별해 사용하곤 했는데 그렇게 수업자료를 매년 직접 찾고 편집하고 원고도 만들다가 담론연구에 관한 단행본을 출간하게 되었다.

단행본 작업은 서두르지 않았다. 수업과 워크숍을 통해 담론에 관해 자주 가르칠 수 있었고, 담론연구로 다양한 프로젝트도 수행했고, 학술지 논문이나 보고서를 쓰거나 담론연구물을 여러 곳에서 심사할 수 있었기에 시간을 두고 참고자료를 계속 모았다. 다만 검토한 자료가 너무 많았고 이를 원고에 반영하니 한없이 길어졌다. 결국 입문서 수준으로 단행본을 출간해야 했다.

입문서라고 해서 총론만으로 내용을 채울 수는 없었다. 그렇다고 너무 복잡한 방법론을 포함하기도 망설여졌다. 그래서 1부에는 담론의 속성을 총괄적으로 다루고 2부와 3부에서는 담론자료의 속성와 분석 방법을 구체적인 예시를 들어 설명했다. 4부에서는 담론의 기획과 리터러시에 관한 내용에 지면을 할애했다. 담화와 담론을 하나의 개념적 틀 안에 포함하고, 대신에 실천과 관행에 관한 변증법적 인식론을 강조했다. 텍스트의 형식자질을 강조했으며, 애매한 의미로 통용되고 있는 이데올로기도 알기 쉽게 소개했다.

담론에 관한 다양한 담론(메타-담론)들이 있다. 예를 들면, 푸코 문헌에 온전히 기대어 담론연구의 이론과 방법론을 제시할 수도 있고, 알튀세르의 이데올로기 분석을 확장하면서 페슈가 정리한 방식으로 담론연구를 소개할 수도 있다. 나는 지금까지 응용/비판언어학, 언어/교육/평가/정책, 언어/사회/문화 분야에서 연구활동을 했기 때문에 이 영역에서 많은 문헌을 남긴 반 다이크와 페어클러프의 문헌을 자주 학습했다. 알게 모르게 그들의 논점이 이 책에 스며들어 있을 것이다.

담론자료는 다양한 연구현장에서 수집될 수 있지만 이 책에서는 국내 미디어에서 재현되는 담론을 주로 논의했다. 자유민주주의가 실현되고 다양한 가치들이 공존하려면 비판적인 미디어 리터러시가 사회구성원 다수에게 학습되어야 한다. 담론연구를 학술연구자로 공부하지 않더라도 우리 모두는 삶과 앎을 둘러싼 미디어 언어에 비판적 의식critical language awareness이 필요하다. 우리가 지배적 담론의 효과에 관해 제대로 배우지 못한다면 기득권력의 신념체계에 관해 질문하지 못한다. 또 불필요한 욕망과 소비에 휘둘리고, 타자를 배제하거나, 자아를 불필요하게 억압하며 살아갈 수 있다.

(비판적) 담론연구가 흔히 좌파적이거나 해방적인 주제만 다룬다는 편견도 이 책을 통해 불식시키고 싶다. 물론 반 다이크가 인종차별을 다루었고 페어클러프가 대처리즘, 세계화, 자본주의를 비판한 것처럼 대개 '비판적 담론연구자'들은 차별과 불평등을 의제로 삼곤 한다. 그러나 우리의 삶이 그러하듯이 담론 역시 거시적이고 해방적인 정치성으로만 볼 수 없다. 담론의 층위는 복합적이고, 담론은 매개적 역할을 맡는다. 담론은 실천적으로 세상을 구성하기도 하지만, 담론질서로

부터 관행적으로 담론의 (상호)텍스트성이 재생산된다.

담론연구는 좌파적이면서 우파적이고, 텍스트에 주목하지만 콘텍스트에 비중을 둘 수 있고, 거대 질서에 저항적이지만 미시적 대중문화 영역에서 해체적일 수 있다. 부정적인 함축이 있다고 해서 긍정적인 기대를 버리지 않을 이유는 없다. 담론연구의 확장성이 제한된 이유는 아마도 특정 학문 분야나 연구자 집단이 담론의 개념과 연구방법론을 편향적으로 오독했기 때문일 수 있다. 그들은 담론의 변증법적 단면, 담론연구의 엄밀한 내용과 절차를 제대로 공유하지도 않고서, 그들만의 지적 자만심 혹은 배타적 의식으로 담론으로 만들 수 있는 세상이나 세상이 만들고 있는 담론에 관한 지식체계에 문지기 역할을 하고 있다.

학술연구자는 학술연구를 통해 보다 나은 세상에 기여한다. 담론을 가르치고 연구하는 나로서는, 담론을 가르치고 연구하는 세상을 바라보는 구경꾼이 될 수만 없다. 많은 분이 이 책을 통해 담론에 관한 보다 균형적인 시선을 갖기를 희망하면서 담론연구에 관한 담론장에 나도 이렇게 참여한다. 이 책에서는 다양한 분야를 다루고자 했지만 아무래도 내가 주로 연구자로 활동하는 언어/교육/평가/정책 분야를 주로 다루었다.

이 책의 1부는 총론으로, 담론의 속성을 포괄적으로 다루었다. 담론에 관한 기초적인 학습만 필요하다면 1부의 논점과 예시만으로 충분할 것이다. 2부에서는 담론자료를 미시와 거시로 구분하고 여러 예시를 제공했다. 이데올로기와 헤게모니, 이데올로기 분석과 담론분석의 차이도 설명했다. 3부에서는 담론자료의 분석 방법을 다루었다. 텍스트 분석은 페어클러프의 《언어와 권력Language and Power》에 나오는 분석범주를 일부 사용했지만 독자가 이해하기 편리하게끔 논술을 바꾸거나 나만의 예시를 사용했다.

페어클러프의 이 책에는 텍스트 분석을 위한 여러 범주가 소개되어 있지만 상호텍스트성(예: 장르, 스타일, 핵심주제) 분석이나 이데올로기 분석(예: 접합된 이데올로기들의 분해)에 관한 설명이 없다. 그건 어느 단행본에서도 체계적으로 제시되지 않아서 내가 그동안 가르치고 연구한 것으로 분석의 내용과 절차를 재구성했다. 4부에서 담론의 기획과 실행, 담론 기반의 리터러시를 간단하게 소개했다. 실제 담론연구를 기획하고 현장 연구자에게 도움이 될 수 있는 구체적인 내용을 포함하지는 못했다. 출판사의 제안대로 담론연구의 주제, 연구를 실행하는 구체적인 전략은 별개로 준비하는 책에 담기로 했다.

담론을 가르친 중앙대학교 영어영문학과 수업에서 만난 모든 학생에게 감사의 마음을 전한다. 대학원에서 가르쳤고 함께 연구한 심우진, 박수현, 조은혜, 김가현 등에게 더욱 특별한 감사를 전한다. 다른 분야 연구자이지만 담론(연구)에 관한 논점을 경청해준 김주연, 김금선, 전종운, 유정원, 박성원, 김나희, 임관혁, 김세희, 이연주, 서예진, 왕건 등도 감사하다. 지금은 같은 영역의 학술연구자로 활동하지 않지만 함께 열심히 공부한 만큼, 또 고민한 만큼, 용기와 지혜가 넘치는 삶을 살아가기를 응원한다. 중앙대학교에서 내가 가지고 있는 가장 아름다운 기억은 그들과 함께 공부하던 순간이었다.

격리의 시대가 지나간다. 이 책이 많은 분에게 세상을 바라보는 새로운 창이 되기를 희망한다.

저자 신동일

차례

3부 담론자료 분석방법

용어와 표기법

담화, 담론

1부에서 설명하겠지만 '담화'와 '담론' 용어는 지금까지 피상적으로 구분되어 사용되었다. 국내 언어학자는 'discourse'를 '담론'보다 '담화'라고 부르는 것에 익숙하다. 서울대 불어불문학과 최윤선 교수와 연세대 영어영문학과 이원표 교수는 저서에서 각각 '비판적 담화분석'과 '비평적 담화분석'이란 제목을 사용했다. 'Critical Discourse Analysis' 연구전통을 개시한 페어클러프의 저서를 번역한 경상대 김지홍 교수도 역서 제목에 '담화(분석)'이라는 용어를 선택했다. 그러나 언어학 외의 학술 분야(사회학, 정치학, 미디어 커뮤니케이션, 문화연구 등)에서는 '담론'이란 용어가 대부분 선택된다.

'담화'와 '담론'은 구분할 수 있는, 구분해야만 하는 속성으로 보여서 나도 처음엔 둘을 개념적으로 애써 구분하곤 했다. 예를 들면 소문자 d(iscourse)와 대문자 D(iscourse)를 구분한 해외 문헌을 참조하면서 개별적이거나 자의적인 수준의 언어사용에 '담화'라는 용어를 사용했다.

그리고 다수 사회구성원의 기억자원으로부터 사회적 실천방식으로 작동되는 집합적이고 추상적인 의미체계에 '담론'이란 용어를 사용했다. 그러나 '담화'와 '담론'연구는 서로 다른 지식/연구전통에서 다른 속성이나 층위가 선택적으로 강조된 것뿐이다. 구성주의와 변증법적 인식론으로부터 언어와 사회, 미시(텍스트)와 거시(콘텍스트)의 상호작용성을 이해하는 방법론 안에 상호교차적으로 사용될 수 있다. 나는 '담화'와 '담론' 개념을 애써 구분할 필요가 없다고 보며 이 책에서는 1부 초반을 지나면서 '담론' 용어를 일관적으로 선택하고 사용했다.

담론분석, 담론연구; 비판적, 비평적

역시 본문에서 부연하겠지만 국내 연구자 사이에서 '비판적'과 '비평적', '분석'과 '연구' 용어도 혼용되기 때문에 이것 역시 서둘러 정리하고자 한다. 흔히 'CDA'(Critical Discourse Analysis)로 줄인 약어가 관련 학계에서 빈번하게 사용되지만 반 다이크는 담론에 관한 탐구는 분석analysis의 속성으로만 제한할 수 없다면서 'CDS'(Critical Discourse Studies)라는 용어를 사용했다. 나는 반 다이크의 논점에 십분 공감하며 (CD)A(Analysis, 분석)보다 (CD)S(Studies, 연구) 용어를 선호한다.

학계는 'Critical' 역시 서로 다른 용어로 옮긴다. 예를 들면 인문학-언어학 영역에 속한 이원표 교수는 자신의 저서에 '비평적 담화분석'이란 제목을 사용하는데 담론연구자들은 대개 '비판적'이라는 수식어를 선택한다. 기존의 'Critical' 연구전통과 문헌을 참조하면 '비판적'이란 용어가 적절하다고 생각되지만 이 책에서는 '비판적'이란 수식어를 남발하지도 않았다. 나는 담론의 속성을 포괄적이고 역동적으로 이해하며 늘 제한된 사회적 재화를 획득하고자 구성되는 담론은 사회정치적이거나 이데올로기적인 층위를 품고 있다고 전제한다. 그런 이유라면 어떤 담론이라도 '비판적'이지 않을 수 없다. 이 책에서는 비판연구 혹은 CDA 지식전통을 엄밀하게 따르거나, 기존의 가치중립적 대화/담화분석의 학술전통과 분명히 구분하려고 할 때만 '비판적'이라는 수식어를 '담론연구' 앞에 붙였다.

텍스트

사회적 의미를 출현시키는 모든 종류의 말과 글, 혹은 다양한 기호 등이 담론연구의 분석자료가 된다. 사회질서로부터 담론이 구성되고, 담론으로 세상이 만들어지는 경로에서 수집되는 담론자료의 종류는 다양하다. 이 책에서 '텍스트'라는 용어가 총괄적으로 지시하는 것은 문어/구어, 청각/시각자료, 지면/영상자료, 일상적인 말 자료인 인터뷰/대화/스토리, 의견을 주고받는 발표/연설/토론, 신문에 담긴 보도/기획기사/사설/칼럼/독자투고, 서사가 전달되는 소설/TV극/영화, 혹은 그림, 사진, 만화, 상징적인 기호 등이다.

각주와 미주

각주에는 독자가 해당 페이지에서 즉시 참조하면 도움이 될 내용을 실었다. 미주는 주로 구체적인 인용 출처를 제시했다. 워크숍이나 학술모임에서 구술로 들은 내용부터 학술논문이나 단행본에 등장한 내용까지 인용 출처는 다양하다.

예시자료 선택과 배치

이 책에 나온 예시는 내가 수업이나 워크숍을 할 때 사용한 것이거나, 직접 실증적인 담론연구를 하면서 발굴한 것이다. 국내외 관련 문헌에서 구한 자료에서도 출처를 밝히고 예시로 사용했다. 예를 들어 페어클러프의 담론분석 문헌에 언급된 예시를 텍스트 분석방법을 소개할 때 사용했다. 페어클러프는 주로 영국에서 출간된 미디어 자료로부터 유럽의 신자유주의, 신자본주의 이데올로기를 비판했기 때문에 그가 제시한 예시가 지금 시대의 국내 연구자에게 낯설 수 있다. 그래도 해외 문헌에 나온 논술이나 예시자료가 도움이 될 때도 많아서 본문이나 각주 지면에 여러 차례 할애하기도 했다.

1부 담론의 이해

1부에서는 담론discourse 혹은 담화discourse의 속성을 쉬운 예시를 통해 설명할 것이다. 텍스트로부터 구성된 콘텍스트context, 콘텍스트에서 생산되는 텍스트는 담론의 매개로부터, 혹은 담론의 실천practice 혹은 관행practice으로부터 이해할 수 있다. 텍스트-콘텍스트, 미시-거시, 언어-권력, 개인의 능동성-사회(적 구조)의 변증법적 관계 역시 담론의 실천과 관행으로 이해할 수 있다.

담론의 역할을 정보 전달, 행위 유도, 정체성과 사회질서 구성으로 구분하거나, 담론의 순환성과 역사성을 상호텍스트성, 담론의 생산/유통/소비, 혹은 생성/경쟁/확장/소멸의 속성으로 부연할 것이다. 담론은 정치사회적 효과를 유도한다. 담론이 개입하고 충돌하는 세상은 나와 세상의 관계성과 정체성이 만들어지고 협상되는 현장이다.

1장 담론의 예시

1. 예시 1: 하치코 이야기

나는 개와 고양이와 함께 산다. 마당이 있는 집으로 이사할 수 있다면 래브라도 리트리버를 입양하고 싶다는 바람도 있다. 그런 점에서 〈말리와 나Marley and Me〉 같은 영화는 리트리버에 관한 내 욕망을 잘 채워준다. 오웬 윌슨과 제니퍼 애니스톤이 주연으로 출연해, 사고뭉치 리트리버 강아지 말리Marley를 입양해 함께 웃고 울며 멋지게 살아가는 이야기다. 그것 말고도 반려견이 등장하는 영화는 꽤 많은데 〈하치 이야기Hachiko: A Dog's Story〉도 그중 하나다.

이런 영화를 보지 않을 수 없다. 이 영화는 일본의 국견으로 알려진 하치코Hachiko의 실제 이야기로 알려져 있다. 리처드 기어가 연기한 대학교수 '파커'는 버림받은 하치를 길에서 발견하고는 정성껏 돌보며 둘만의 우정을 쌓는다. 하치는 출근하는 파커를 기차역까지 배웅하고 퇴근 시간에 맞추어 주인을 기다린다. 그러다가 파커가 갑자기 죽게 되는데, 하치는 그럼에도 매일 기차역에 나가서 그가 돌아오기만 기다린다.

영화는 거기서 끝난다. 충견과 견주의 우정을 다룬 이야기다. 나는 영화가 시작할 때 자막으로 소개된 "Based on the true story(하치코에 관한 실화에 바탕을 두고 제작됨)"가 무얼까 궁금해서 인터넷에서 자료를 찾아보았다. 지금부터는 할리우드 영화 제작의 모티프를 제공한 일본의 국견 하치코에 관한 또 다른 이야기다.

최명애 교수가 경향신문에 투고한 글[1]에 따르면 1924년 도쿄제국대학 우네오 에이자부 교수가 생후 2개월이 된 하치를 우연히 발견하고 정성껏 돌본 건 사실로 보인다. 당시 에이자부 교수의 외동딸이 결혼했고 그의 허전한 감정을 하치가 채워주었다고 한다. 교수는 매일 아침 출근길에 하치와 시부야역까지 함께 걸었고, 시간이 지나자 하치는 매일 저녁 시부야역에서 교수를 기다렸다. 그러다가 교수가 갑자기 뇌출혈로 세상을 떠났는데, 하치는 이후에도 9년 동안 아침과 저녁마다 시부야역에서 교수를 기다리며 자리를 지켰다. 이 이야기를 할리우드 버전으로 옮긴 것이 영화 '하치 이야기'인 셈이다.

반려견을 좋아하는 사람이라면 충견 하치의 이야기에 가슴이 찡할 것이다. 그렇지만 하치 이야기는 거기서 끝나지 않는다. 1932년 아사히신문과 NHK 방송에 하치의 사진과 함께 애틋한 사연이 보도된다. 하치를 보기 위해 일본 전역에서 사람이 모인다. 2년 뒤 제작된 도덕 교과서에는 '은덕을 잊지 않겠습니다'라는 제목으로 하치의 이야기가 실린다. 해당 교과서의 지침서에 따르면 천황의 생일인 3월 6일에 하치 이야기를 가르칠 것이 권고된다. 하치코가 주인의 은덕을 잊지 않는 것처럼 천황의 은덕을 잊지 말아야 한다는 내용이 포함된다.

하치의 모습을 담은 엽서, 책, 인형, 기모노가 제작된다. 존경한다

는 뜻을 담은 일본어 '공公'이 하치의 이름 뒤에 붙여지고 하치는 '하치코ハチ公'로 불리기 시작한다. 시부야역에 '충견 하치코' 동상도 세워진다. 모금 운동을 통해 동상 제작비가 충당되고, 유명 조각가가 참여하고, 동상 제막식에 관료를 포함한 수많은 군중이 운집한다. 교육부로부터 천연기념물로 지정되어 하치와 같은 토종견은 보호받는다.

하치코 열풍은 제2차 세계대전 직전 일본의 파시즘으로부터 설명할 수 있으며 하치코 서사는 각색된 것이란 주장은 미국인 역사학자 아론 스카벨런드Aaron Skabelund의《개의 제국Empire of Dogs》에 제시되어 있다. 1931년 만주사변 이후 일본은 동아시아 제국, 전쟁 국가, 전체주의 사회를 준비했다. 국민을 계몽하고 언론을 동원하던 때에 '하치'는 '하치코'가 되고, 주인 혹은 지도자에게 변함없이 헌신하는 충견의 서사가 정교하게 완성된다. 이렇게 되면 하치의 "the true story"는 영화의 이야기와 다르다. 실제의 하치 이야기는 전체주의 이데올로기를 부과하기 위한 텍스트가 선택적으로 동원된 것으로 봐야 한다.

하치는 일본의 토종견인 아키타견이라고 한다. 19세기 말 문헌을 참조하면 아키타의 토종견은 광견병을 옮기고 주민을 물어뜯는 열등하고 야만적인 견종에 불과했다. 그러나 불과 수십 년 후에 이 토종견은 용맹의 상징이자 위대한 일본의 국견으로 변신한다. 1928년에 설립된 일본견보존회의 자료에 따르면 일본의 토종견은 늑대와 유사한 외모를 가졌으며, 낯선 이를 보면 큰 소리로 짖으며 쫓아내고, 한 주인만을 평생 따르는 특성으로 묘사된다. 일본의 토종견은 수천 년 동안 일본인과 친밀한 상호작용을 해온 터라 일본인과 유사한 기질을 공유하며, 용맹스럽고, 주인에 충성한다. 헌신적인 하치의 습성은 일본인의 품성과도 비슷하다는 학계의 보고서가 나온다.

미디어와 학계는 토종견 하치에 관한 텍스트를 선별적으로 세상에 내보낸다. 일본-일본인의 토종견은 하나였으며, 토종견의 우월함은 곧 일본인의 우월함이고, 일본의 용맹스러운 지배와 전쟁의 명분이 된다. 이처럼 토종견 하치를 재평가한 텍스트는 동아시아 제국과 전체주의적 전쟁사회를 구축하는 당시 일본의 사회적 콘텍스트와 무관하지 않다.

1937년 아사히신문은 조선에도 하치코와 외모와 습성이 비슷한 일본개(진돗개)가 있다고 보도한다. 그리고 조선개-일본개가 유사한 만큼 조선인-일본인도 하나라며 내선일체의 필연성을 정당화한다. 일본 토종견이 당시 천연기념물로 지정된 것처럼 조선총독부는 진돗개를 천연기념물로 지정한다. 하치코는 그냥 개가 아니다. 견주와 하치의 우정 서사로 끝나지도 않는다. 순종의 역사적 혈통, 충성과 헌신의 상징으로 의미화된다. 벚꽃, 후지산, 일장기와 함께 제국 일본의 자랑이고, 전쟁을 앞둔 일본인이 가져야 할 주체성으로 의미화된다. 하치코 텍스트는 전쟁의 콘텍스트에서 이해되어야 한다.

그림 1. 1935년에 촬영된 하치코.

하치코의 실제 외모와 품성은 어떨까? 양쪽 귀가 꼿꼿하게 선 하치코의 외모는 일본에서 박물관을 비롯한 여러 곳에서 쉽게 발견할 수 있다. 그러나 〈그림 1〉에서 볼 수 있듯 실제 하치코를 촬영한 사진을 보면 하치코의 귀는 늘어져 있다. 시부야역의 하치코 동상에서도 하치코의 귀는 처져 있다. 하지만 늘어진 귀를 가진 개는 잡종이란 생각이 있었는지 일본견 보존회 등에서 강력한 주장이 있었고, 사후 제작된 하치코의 박제는 뾰족하게 귀를 세워 만들어졌다.

하치코가 오랜 세월 시부야역을 매일 나간 것에 관해서도 다른 의견이 있다. 예를 들면, 주인을 향한 충성이 아니라 시부야역 주변에 음식 노점이 많았기 때문에 음식물 찌꺼기를 먹기 위해 나간 것이라는 주장이다. 하치코는 닭 꼬치구이를 아주 좋아했고 사후 부검에서 위 속에 꼬치 막대가 다수 발견되었다고 한다. 하치코의 용맹에 관한 반론도 있다. 하치코는 아이들이 갖고 노는 장난감 총소리에 놀라 도망가곤 했다. 일본 토종견은 대부분 몸집이 작아서 군견으로 사용된 적도 없었다. 태평양전쟁에 일본 개는 동원되지 않았고 일본군은 서양 개만 활용했다. '위대한 일본 제국'이라는 군국주의 이데올로기가 확장되던 때에 국견 하치코의 외모와 품성을 폄하하는 이런 텍스트는 의도적으로 선택되지 않았다.

심장사상충으로 죽은 하치코의 가죽은 박제로 만들어져서 박물관에 전시되었다. 그렇지만 시부야역의 하치코 동상은 1944년 10월에 철거된다. 태평양전쟁 막바지에 동상마저 녹여서 금속을 충당했던 일본은 그토록 위대한 충견의 동상마저 금속공출의 대상으로 이용했다. 철거할 때 하치코 동상에 일장기가 드리워졌고, 담당자는 엄숙한 목소리로 "평생 한 주인만 섬긴 하치코는 동상이 되어서도 '적기를 격추시킬 총탄'으로 헌신한다"고 선언했다. 하치코 동상은 총탄 대신에 열차 부품으로 만들어졌다고도 알려져 있다. 일본견보존회는 1948년에 성금을 모아 하치코 동상을 시부야역 앞에 다시 세웠다.

충견 하치코의 텍스트로부터 군국주의 일본의 시공간이 그만큼 더 완성되었다. 아울러 군국주의 일본의 시대였기 때문에 하치코에 관한 텍스트는 의례적으로 충견과 충성의 상징으로 선택되고 배치되었다. 담론은 텍스트와 콘텍스트를 연결하는 매개적 역할을 맡고 있으며, 복잡한 층위를 구성한다. 즉, 군국주의에 경도된 일본인이 인식하는 현실은 '하치코 담론'으로부터 구성된 것이다. 또한 '하치코 담론'이 구성된 이후로 하치코 텍스트는 꾸준하게 세상에 손쉽게 유포될 수 있다.

그런데 하치코의 진실은 과연 무엇일까? 견주와 특별한 우정조차 없었던 것일까? 단지 일본 군국주의의 도구로만 이용된 것일까? 닭꼬치를 먹겠다고 매일 시부야역을 찾은 것일까? 견주를 10년이나 기다렸다는 충성심은 과장된 것일까? 분명한 것은 하치코에 관한 일방적인, 그리고 영구적인 진실은 알기 힘들다는 것이다. 다른 경험과 입장을 가진 이해당사자들이 (의도적이든 무의식적이든) 특정 텍스트를 선택하고 배치하면서 하치코에 관한 세상을 다르게 구성했다. 그리고 서로 다른 사회적 조건으로부터 하치코 텍스트는 다르게 생산되고 유포되고 소비되었다.

누군가는 '하치코 이야기' 영화에 나온 것처럼 개와 인간의 우정에 주목했다. 누군가는 하치코가 도덕 교과 지침서에 나온 천황의 은덕과 연결된 지점을 주목했다. 우리는 텍스트로부터 현실을 새롭게 만들기도 하고, 오랫동안 구조화된 질서로부터 관행적으로 사용하는 텍스트를 반복적으로 재배치하기도 한다. 하치코 텍스트와 당시 시대의 콘텍스트가 그렇게 서로 직조된 것처럼, 언어와 사회, 인간주체의 능동성과 권력의 질서, 미시적 실천과 거시적 관행은 그렇게 서로 연결되어 있다.

2. 예시 2: 위안부 이야기

군국주의로부터 영향을 받은 일본의 토종견 텍스트를 살펴보았으니 우리에게 좀 더 익숙한 위안부 담론의 구성을 탐색해보자.[2] 아래 텍스트는 내가 손쉽게 인터넷에서 검색만 해도 찾을 수 있는 위안부 관련 보도기사이다.[3] 〈그림 2〉는 우리에게 잘 알려진 위안부 소녀상이다. 이것 말고도 위안부에 관한 텍스트는 다양한 매체에 유포되어 있다. 고 김순덕 할머니의 작품 〈끌려감〉과 같은 그림도 인터넷에서 볼 수 있다.

"일본군 위안부였던 우리 할머니들을 한 분이라도 더 만나 그들의 존재를 알리고, 그들의 삶을 통해 우리가 잊지 말아야 할 역사와 정체성을 찾기 위해 노력하겠습니다."

23일, 서울 통의동 류가헌 사진갤러리에서는 아주 특별한 전시회가 열렸다. '중국에 남겨진 조선인 일본군 위안부 할머니들 사진전'이라는 제목의 이 전시회는 사진작가 안세홍(41)씨가 지난 1996년부터 종군위안부 피해여성들을 찾아다니며 촬영해온 사진을 모아 마련한 자리이다. (중략)

할머니들은 깊게 패인 주름에서 겹겹이 쌓인 한과 서러움을 간직하고 있었다. 일본군 위안부 할머니들의 삶에 주목한 안 씨가 이번 사진전의 주제를 '겹겹'으로 정한 것도 이 때문이다. 우리의 작은 힘이 겹겹이 모이면 겹겹이 쌓인 이들의 한을 해결할 수 있다는 희망에서다. (중략)

전춘자(60)씨는 관람을 왔다가 관람객안내 및 설명 봉사로 직접 나서게됐다. 전 씨는 "꽃다운 나이에 강제로 위안부로 끌려

가 그들의 꿈이 사라진 걸 생각하면 우리 할머니들에게 마음의
진 빚이 너무 많은 것 같아 이렇게라도 봉사하는 것이 할머니를
위한 도리인 것 같다"고 말했다. (이하 생략)

하치코 담론에서 추론할 수 있는 것은 당시 일본의 사회구조로부
터 충성을 상징하는 충견 하치코 텍스트가 생산되었고, 그런 텍스트들
이 서로 연결되고 여러 매체를 통해 축적되면서 개인이 국가에 충성하
는 일본의 사회구조가 구축되었다는 점이다. 동상, 인형, 엽서, 도덕 교
과서, 교사 지침, NHK 방송, 아사히신문 보도, 천연기념물의 제정 등
과 같은 하치코 텍스트는 고리처럼 서로 엮이면서 특정한 이데올로기

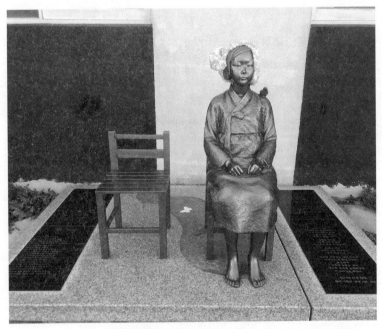

그림 2. 위안부 소녀상. ⓒApril Jennifer Muller

를 구축할 수 있었다. 물론 이데올로기가 영향력을 갖게 되면서 유사 텍스트가 계속 선택될 수 있기도 했다.

위안부에 관한 텍스트와 콘텍스트의 상호관련성 역시 담론의 속성으로 이해할 수 있다. 나는 위안부 관련 연구자료를 실증적으로 수집하여 분석한 적이 없지만, 위안부 담론이 가치중립적이지 않다고 단언할 수 있다. 텍스트는 선택되고, 선택된 텍스트는 특정한 사회정치적 입장과 연관되어 있다. 위안부에 관한 담론의 매개, 담론의 실천, 담론의 관행이 작동한다.

보도 및 기획기사, 시민단체 선언문, 상업영화, 다큐멘터리 등에 등장하는 텍스트는 위안부에 관한 지배적인 담론질서로부터 자유롭게 선택되기 힘들다. 위안부 텍스트는 어느 매체에서든지 유사한 의미체계로부터 선택된다. 위의 기사에서 보듯이 "깊게 패인 주름"과 "겹겹이 쌓인 한"을 가진 할머니들은 "서러운" 마음이 가득하다. "꽃다운 나이"에 강제로 끌려간 그들은 우리가 "잊지 말아야 할" 역사가 되었다. 위안부에 관한 기사를 더 찾아봐도 이런 유사어가 늘 선택되는 것을 쉽게 발견할 수 있다. "어린 소녀"는 "고향을 떠나" "가족과 헤어지고" "일제 식민지" 정책에 "동원"된다. 그와 같은 텍스트의 배치와 함께 흰색 저고리를 입고 끌려가는 소녀의 그림, 소녀상의 동상이 첨부된다.

위안부 담론에는 이처럼 가해자 일본(인)과 피해자 한국(인)이 등장한다. 끌려가서 고통을 당한 가녀린 조선의 소녀와 가혹한 행위를 한 일본의 군인이 대비된다. 이항의 대립구조를 부각하는 논리적이거나 감정적인 텍스트가 시청자와 독자에게 반복적으로 노출된다. 신사 참배, 독도 소유권에 관한 담론에서도 이와 같은 이항대립의 입장이 구조화되어 있다. "반성하지 않는" "파렴치한" "군국주의 화신"의 가해자 일본과 "억압받고" "억울하게 고통당한" "희생자" 한국의 이항대립 세계관이 전제되어 있다.

나는 지금 한국을 침략한 일본의 반인권적 폭력행위를 퇴색시키거나, 피해자로서 아직도 고통받고 있는 위안부 할머니의 감정과 경험을 폄하하는 것이 아니다. 위안부에 관한 세상의 재현은 텍스트로부터 구성된 것이며, 텍스트의 배치와 콘텍스트의 개입은 담론으로부터 매개된다는 예시적 상황을 설명하려는 것이다. 미디어에서 한국(인)이 일본(인)과 만나면 한국(인)은 착하거나 정의롭고, 그와 대립적으로 일본(인)은 나쁘거나 야비하게 자주 묘사된다. 한국(인)은 일본(인)을 반드시 이겨야 하고 응징해야만 할 것만 같다. 그런 정체성과 사회질서를 담론의 구성(효과) 측면에서 다뤄볼 수 있다.

가해-피해, 나쁜-좋은 이데올로기만 남겨두면 세상의 질서는 단순해진다. 어르신들이 얘기하던 '착하게 살아야 한다'는 가치의 체계는 어떻게 형성되었을까? 연예인이 대중매체에 나와 '가난했다, 고생했다, 그래도 착하게 살았다'라는 식의 이야기를 하는 것을 보면 우리는 아직도 억울하고 연약하지만 착하게 살아가는 삶을 중요하게 생각하는 듯하다. 우리가 그런 이데올로기적 동기를 당연하다고 본다면, 달리 말해서 나쁜-착한 이항대립의 이데올로기가 중요한 사회질서가 되면, 일본의 민족성과 우리의 민족성도 대립적으로 그리고 단순하게 구조화될 수 있다. 한국-일본에 관한 대립적 의미체계가 반복적으로 배치될 때마다 착한 (한국)-나쁜 (일본)이 대결하는 이항의 이데올로기는 우리가 살아가는 세상을 구성하는 방식에 지배적인 효과를 끼친다.

그렇게 되면 일본을 싫어해야 하는 사회구조에 갇히고 만다. 나쁜 일본으로부터 좋은 한국을 대립적으로 위치시키는 건 일종의 이데올로기적 기획이다. 그럴 때 담론연구자라면 이데올로기의 감옥에서 나올 수 있어야 한다. 텍스트-콘텍스트, 미시-거시를 오가며 일본이 일본다워지고, 한국이 한국다워지는 어떤 담론의 개입, 역사성, 혹은 정치적 의도를 볼 수 있어야 한다. 한국인의 '착한' 민족성을 (때로는 자발적으로) 만들어가는 담론적 동기도 찾아볼 수 있다.

위안부에 관한 담론은 거대한 담론질서로부터 프로그램된 것이다. 독도 소유권, 신사 참배 등 한국-일본이 병렬로 등장하는 자리에 한국이 늘 일본과 이항대립으로 구조화되는 이유이기도 하다. 가해자와 피해자, 승자와 패자, 착함과 나쁨의 분명한 가치대립이 자꾸 등장한다. 일본의 가해를 설득력 있게 고발하는 논리적인 싸움이면서도 격정적인 충돌이기도 하다. 한국-일본이 등장하는 곳에는 큰 고함, 야유, 눈물, 통쾌한 웃음이 넘친다.

홍명보 감독의 한국축구팀이 2012년 런던올림픽 3-4위전에서 일본 축구팀과 대결해 승리한 사건이 있었다. 이때 어떤 이미지, 어떤 수사적 표현이 등장했을 것 같은가? 축구는 축구가 아니다. 담론의 격전장이다. 가슴 졸이고 눈물을 흘리며 감동한다. 이겨서 더 그랬겠지만 졌어도 그랬을 것이다. 왜 그럴까?

올림픽 축구만 특별해서 그랬던 것이 아니다. 류현진 선수가 출전한 미국 메이저리그 야구 경기에서 뜬금없이 '한일전'이 등장한 적이 있다. 한 경기에서 류현진 선수의 상대로 일본인 타자가 타석에 서자 해설자가 목소리를 깔고 이렇게 말했다. "우리 류현진 선수, 반드시 이겨야 합니다. 일본인 타자예요. 상대는 일본 아닙니까?"

메이저리그는 미국에서 프로구단들이 시합하는 곳이고, 세계 여러 나라에서 야구 잘하는 선수들이 거액의 연봉을 받고 입단해서 개별

구단에서 활동하는 곳이다. 거기서도 한국과 일본은 국가 대항전을 한다. 미국 프로구단에 가서도 일본인 선수는 꼭 이겨야 한다.

우리 편과 상대편을 구분하고, 한쪽은 사랑하고 다른 쪽은 증오한다. 한쪽은 착하고 다른 쪽은 나쁘다. 이와 같은 이항의 내립관계는 당연한 사회질서인가? 당연하고 확실해 보이는 신념체계는 우리의 일상적인 판단, 행동, 관례를 유도하며 그걸 반영할 수 있는 텍스트를 선택하게 한다. 당연하고 확실한 이항대립의 신념체계는 한쪽은 늘 착하고, 다른 쪽은 늘 나쁘다는 이데올로기로 살아가게 한다. 일본은 '나쁜 놈'으로 위치되었고, 한국은 나쁜 놈을 응징해야 한다.

페이스북에서 일본인과 한국인 각료를 대립적으로 비교한 이미지를 본 적이 있다. 일본인 각료는 하나같이 인상마저 나쁜 놈들이다. 한국인 각료는 선량하고 좋은 인상이다. 이항대립의 구조는 선명하다. 위안부 텍스트는 위안부에 관한 담론의 구성에 기여했지만 보다 커다란 담론질서의 영향력 아래에 있다. 한국-일본에 관한 문화적 구성물은 이런 식으로 자주 기획되곤 한다. 일본인이 소환되는 것은 '선량하고 착한' 우리의 정체성(민족성)을 구성하고 유지하는 이데올로기적 동기와 연결되어 있지 않을까?

담론을 공부하면 텍스트로부터 이와 같은 대립의 이데올로기가 어떻게 생성되고 확장되는지 입체적으로 알 수 있다. 나쁜 일본에 관한 이데올로기적 동기로부터 어떤 텍스트를 우리가 계속 만들고 있는지 추론할 수 있다. 우리가 상식 혹은 진실로 여기는 진술보다는 진실의 효과가 어떻게 구성되는지 주목하려면 담론의 개입, 담론의 실천과 관행을 추론해야 한다. 구체적으로 텍스트가 어떻게 배치되는지, 담론은 어떻게 매개 역할을 하는지, 관행적인 권력관계나 지배적인 이데올로기는 무엇인지 알아야 한다. 담론을 알면 당연한 상식에 관해 질문할 수 있다. 새로운 매체를 선택하고 새로운 텍스트를 배치하면서 익숙한 상식에서 벗어난 다른 세상을 꿈꿀 수도 있다.

2장 담화, 담론의 개념

1. 기본 개념

영어 단어 'discourse'는 '담화' 혹은 '담론'으로 옮겨 쓸 수 있다. '대통령의 대국민 담화', '자기계발 담론', '세계화 담론'이란 표현을 미디어를 통해 쉽게 접하는 만큼 우리는 무슨 담화 혹은 어떤 담론이란 형태의 복합명사를 빈번하게 사용한다. '담화'와 '담론'의 개념도 특별히 구분하지 않는 듯하다.

한편에서 학계에서 '담화'와 '담론'은 학문 집단마다 선호에 따라 달리 선택하는 용어다. '담화'는 국내 언어학자 집단이 선호하는 용어이며 개별적이거나 자의적인 경험을 의미화시킨 언어사용의 구체적인 사례로 정의될 수 있다. 그러나 그 밖의 인문사회 영역(문화연구, 인류학, 사회심리학, 정신분석학, 언론학, 정치학, 사회학, 여성학 등)에 속한 집단은 '담론'이란 용어를 선호한다.* 비판적 언어학critical linguistics이 출현하고 프랑스 철학자 미셸 푸코Michel Foucault 등이 텍스트의 사회학적 속성(사회구조, 이데올로기, 권력관계, 사회적 인지, 정체성의 정치학)에 관심을 가지면서 담화 혹은 담론의 속성은 여러 관점에서 복잡하게 다뤄지기 시작했다. 담화와 담론을 다루는 연구자는 텍스트의 선택과 배제의 사회정치학, 텍스트들이 결속되는 전제와 인용, 장르와 스타일 등의 매개적 장치 등에 관해 다양한 관심을 갖고 있다.

언어학 연구집단에서는 담화를 음운, 문장보다 큰 단위의 언어구성물로 보는 견해가 지배적이다. 복수의 문장들이 결합된 말이나 글의 뭉치를 '담화'라고 부른다. 'Discourse Analysis'라는 언어학 분야는 국내에서 '담화분석'이란 용어로 통용된다. 대화의 일반적인 구조(예: 말차례, 인접쌍, 화제 개시나 전환 방식), 의미가 수정되는 의사소통 전략 등을 탐구하는 분야다. 주제일관성에 주목하는 연설문 구조, 스토리의 통합체적 선형 구조(예: 사건 전개-갈등-해결) 등도 분석된다. 연설문을 특정한 언어학적 형태의 사용이나 문장 연결의 장치 측면에서 분석하거나, 영화나 광고 등에 나오는 서사적 구조를 사건의 전개-갈등-해결, 혹은 등장인물의 행위 측면에서 탐구하기도 한다. 이처럼 문장들의 모음을 언어학적 구조나 형태, 사용전략이나 의미체계에 주목하며 분석하는 연구자라면 대개 '담화'라는 학술 용어를 선택한다.

한편 언어학 외 분야의 문헌에서 담화/담론은 정치적이고 역사적

* '담론연구'는 다양한 학술 분야에서 시작되고 계승되었기 때문에 여러 집단을 동시에 만족시키는 개념적 정의를 만들기는 쉽지 않다. 인지심리학에서는 스키마schema, 언론학에서는 프레임frame, 그리고 다른 인문사회과학 분야에서는 사회인지social cognition, 시나리오scenario, 서사구조narrative, 세계관worldview, 신화myth 등의 용어 혹은 개념을 더 선호할 수도 있다. 모두 세상의 질서를 나름의 방식으로 인식하고 표현하는 해석의 틀, 혹은 의미화 과정의 체계로서 개념화된 용어다. 그중에서 가장 대중적으로 빈번하게 통용되는 용어가 '담론'이다. 학술 문헌에서도 자주 사용되지만 누구에게나 잘 알려진 용어다.

인 현상이면서 사회적 실천과 관행의 기호로 다루어진다. 특정한 사회 정치적 입장, 즉 지배적인 이데올로기나 정치적 이해관계가 의식적/무의식적으로 텍스트를 선택하고 배치하는 관행에 전제되어 있다. 담론은 사회 안에서 생산되고 유통되고 소비되는 언어/기호의 연결체고 집합체다.* 담론은 의도적이든 무의식적이든, 감성적으로 전달되기도 하고, 논리적으로 구성되어 있을 뿐만 아니라, 사회정치적 입장과도 결속되어 있다.

　이런 관점에서 담론은 언어를 통한 의사소통적 차원을 넘는다. 텍스트는 커다란 담론질서로부터, 구체적인 시공간에서, 특수한 목적을 위해 선택되고 배제되는, 사회정치적 경로이면서도 지향점이자 대상으로 이해된다. 어떤 텍스트도 사회정치적 의미, 혹은 권력지향성으로부터 자유롭지 못하다. 텍스트는 사회구성원들이 공유하고 있는 기억 자원으로부터, 일종의 사회적 실천방식으로 작동되는, 보다 집합적인 의미로 추론될 수 있다.

　해외 학자들도 'discourse'의 용례를 구분하기도 했다. 예를 들어 제임스 폴 지James Paul Gee와 같은 담론연구자는 소문자 d(iscourse)와 대문자 D(iscourse)로 개념적 구분을 시도한다.[4] 그러나 담화와 담론의 구분이나 d와 D의 구분은 실제로 담론연구를 기획하고 수행할 때 큰

---

* 말과 글은 인간의 '언어'이며 흔히 언어는 의미를 재현하는 선명한 형식체계를 가지고 있다. 그러나 담론의 구성은 사회적 실천과 관행을 유도하는 보다 다양한 기호적 배치로부터도 가능하다. 담론을 분석한다면 언어만큼이나 비언어적 형식체계를 가지고 있는 텍스트 유형에도 관심을 가져야 한다. 이 책에서는 노만 페어클러프Norman Fairclough 담론분석 모형을 자주 차용했으며, 그가 언급한 '텍스트' 용어를 일관적으로 사용하려고 했다. 독자의 이해를 돕기 위해서 '언어', '기호'보다 '텍스트' 용어를 선호한 편이다.

도움이 되지 않는다. 담화/담론에 관한 연구문헌들은 다양한 지식전통에서 출발하지만 대개 구성주의와 변증법적 인식론으로부터 언어-사회, 텍스트-콘텍스트의 관계성을 상호작용적으로 이해할 수 있다. 그런 점에서 이 책에서는 담화와 담론을 애써 구분하지 않고 '담화' 혹은 '담론'연구의 다층적인 혹은 통합적인 접근방식을 강조하고자 한다. 주로 '담론'이란 용어를 사용했다.[5]

'담화분석' 혹은 '담론연구'는 '비판적 담론분석Criticial Discourse Analysis(CDA)' 혹은 비판적 담론연구Critical Discourse Studies(CDS)와 애써 구분되기도 한다. '비판적'이라는 수식어 사용은 권력이 작동되면서 은폐된 원인이나 관계를 작정하고 드러내려는 것이며 CDA/CDS는 이러한 문제적 현실에 대한 적극적인 개입인 셈이다. 이 관점을 가진 연구자는 권력관계에서 소외되거나 사회적 불평등의 대상이 되는 집단에 관심을 갖는다. 소외 집단이나 약자를 무력하게 하는 지배적 담론에 어떤 텍스트가 배치되는지, 또는 그러한 텍스트가 함축하는 이데올로기 속성은 무엇인지 분석한다. 명백한 사회정치적 의제를 가지고 있는 셈이며 상식과 관행에 전제된 기득권에 저항하는 연구이니 '비판적'이란 수식어가 붙을 만하다.

그러나 담론연구 앞에 굳이 '비판적'이란 수식어를 달지 않아도 괜찮다. 우리는 더 많이 갖고 싶고, 특별한 누군가가 되고 싶다. 그렇지만 탐나는 사회적 재화social good는 늘 제한되어 있다. 좋은good 것을 놓고 우리는 경합하고 분투하는 삶을 산다. 거기서 사용하는 텍스트가 가치중립적일 수 없다. 모두에게 공평한 유토피아적 질서도 없다. 서로 다른 입장, 경험, 욕망, 정체성으로 살아가는 사람들이 담론을 구성하는 실천, 혹은 담론이 구성되는 관행은 다분히 정치적이다. 그걸 '비판적'

으로 보지 않을 수 없다. 학계의 관행은 '담화분석', '담론분석', '비판적 담론분석'을 모두 다른 것으로 구분하지만 이 책에서는 '비판적'이란 수식어를 빼버리고 '담론연구'라는 용어를 주로 사용하기로 한다.*

담화와 담론, 담론분석과 비판적 담론분석 등을 애써 구분하는 대신에 내가 이 책에서 지면을 더 할애하고 싶은 부분은 '실천'과 '관행'의 차이점, '담론분석'과 '이데올로기 분석'의 차이점, '내용분석'과 '형식분석'의 차이점, '텍스트 분석'과 '상호텍스트성 분석'의 차이점 등이다. 담론분석을 했다는 학술지 연구논문을 살펴보면 이데올로기 논평밖에 없는 경우가 많다. 어휘 차원에서 내용분석을 한 연구논문도 있는데 대개 텍스트의 다양한 형식자질(예: 문장구조), 구조화된 장르나 스타일 장치로부터 유도된 담론효과는 다루지 않는다. 단어의 내용만 피상적으로 언급한 수준이다. 담론의 층위들이 명시적으로 구분되지 않는다. 담론의 매개적 속성도 고려되지 않는다. 담론을 일방향적으로 분석하거나, 혹은 일괴암의 구조로 기술할 뿐이다.

나는 담론을 연구하면서 언어와 사회, 미시와 거시, 텍스트와 콘텍스트의 상호작용을 매개하는 속성에 주목하고자 노력했다. 텍스트 차원의 다양한 범주로부터 '기술'되고, 장르, 스타일, 핵심주제로부터 상호텍스트성이 '해석'되고, 특정 이데올로기로부터 '설명'되는 담론의 복층 구조는 텍스트로부터 정보가 쌓여 형성되기도 하지만, 거기에는 행위성이 함축되어 있고, 아울러 사회적 관계, 정체성, 사회질서를 구조

---

* 나는 담론'분석'이라는 용어보다 담론'연구'라는 용어를 자주 사용한다. 'Discourse Analysis'로 불리는 전통적인 언어학 세부 분야와 거리를 두고 싶기도 하고, '담론분석'은 담론의 층위와 개입, 실천과 관행을 입체적으로 조망하고 탐구하고 분석하고 기획하는 다양한 학제적 활동을 '분석' 활동으로만 제한하는 인상을 주기 때문이기도 하다.

화시키는 효과도 만든다. 담론에는 거시적 층위도 있고, 미시적 층위도 있다. 담론은 텍스트적 실천이기도 하지만 텍스트들의 결속을 통해 이데올로기 효과도 유도한다. 담론의 의미작용은 늘 상호작용적이고 순환적이다.

담론연구자들은 각각 다른 분야에서 나름의 연구방법으로 담론의 사회정치적 맥락, 특정 입장, 주제, 수사적 전략 등을 분석하곤 하는데 텍스트 선택의 장치에 비중을 둘 수도 있고, 매체의 특성에 관심을 가질 수도 있으며, 이데올로기적 동기에 집중할 수도 있다. 담론연구자는 텍스트가 집중적으로 생성되는 사건, 텍스트와 텍스트가 결속되는 유통의 과정, 해당 담론을 사용하고 소비하는 인식 등을 선택적으로 탐구할 수 있다. 문화기술지 연구를 함께 기획하여 현장 관찰 및 구술자료를 추가로 수집할 수도 있지만 대개 정책 및 미디어 텍스트 등을 수집하면서 담론의 생산과정을 유추하고, 정치성과 역사성을 문제화하는 경우가 많다.

2. 담론적 전환

담론연구는 텍스트와 콘텍스트를 분석하는 하나의 연구방법론에 그치지 않으며 언어와 사회를 인식하는 이론이기도 하다. 담론이 세상을 새롭게 구성하는 실천이고 세상의 질서를 유지하는 관행이라는 사유체계를 '담론적 전환discursive turn'으로 이름 붙일 수 있다. 담론연구자는 왜 언어와 세상을 담론의 창으로 보자고 제안할까? 텍스트 액면 그대로, 혹은 이데올로기로부터 세상을 보지 않고 왜 담론적으로 전환된 인식론을 제안할까? 간단하게나마 여기서 담론적 전환의 필요를 정리하기로 한다.

우선 텍스트를 통한 재현(혹은 표상)representation에 관해 비판적인 인식이 필요하다. 다양한 언어/기호를 교환하며 우리는 어떤 개념뿐만 아니라 알고 있는 사람, 사물, 사건, 상황 등에 관한 의미를 떠올린다. 예를 들어, "미인", "부자", "원어민", "명문대학", "영어를 잘한다", "강남 스타일", "대통령의 리더십"이라고 말할 때 자신이 경험하거나 기대하고 있는 무언가를 머릿속으로 재현한다. 가보지도 못한 나라, 만나보지도 못한 인물, 허구적인 사물, 상상적 유토피아조차 우리는 지배적인 사회적 관행이나 이미 습득했던 기존 지식으로부터 무언가를 떠올린다. 그런 재현에 의존하며 의사소통도 한다.

그러나 다양한 미디어 환경에서 말과 글이 넘치고, 욕망과 경험이 다양해지고, 경쟁과 대립의 언어사회가 구조화되면, 누군가 혹은 무언가에 관한 재현은 점차 복잡해지고 다양해진다. 재현이 다양해지면 재현의 '위기'가 시작된다. 다른 재현을 두고 서로 비난하고 경쟁하고, 소송을 하기도 한다.

예를 들면 전통적이고, 집단적이고, 동질적인 사회라면 "부자"에 관한 재현은 사회구성원 다수가 유사하게 공유한다. 그러나 다원적인 가치가 공존하는 사회라면 "부자"의 의미는 다른 행동양식으로도 재현된다. 다양하게 재현된다는 건 사회적으로는 경쟁, 갈등, 위기를 조장할 수 있다. 이해가 충돌하는 안건(예: 부자의 사회적 책임과 증세)을 놓고 서로 다른 재현이 드러난다. 미디어는 다른 입장의 텍스트를 선택하고, 사회구성원 일부는 특정 정책을 지지하거나, 반대편의 입장을 비판한다.

노년의 삶은 TV 드라마에서 어떻게 나타나고 있는가? 대통령은 공중파 뉴스에서 어떻게 등장하고 있는가? '여대생'은 음료 광고에서 어떻게 보여지고 있는가? 세계화와 이주의 시대에 한국어, 영어, 이중 언어 사용은 어떻게 이질적으로 재현되고 있는가? 재현은 재현하는 주체가 대상에 의도하는 실천이다. 혹은 상식적으로 유지되는 관행으로부터 구체적으로 실행되기도 한다. 재현은 특정 이데올로기를 함축하고 있는 일상적 텍스트로부터 구성되곤 하며 텍스트는 반복적으로 사용되는 장르와 스타일로부터 배치된다.

재현을 바라보는 관점은 크게 세 가지로 구분할 수 있다.

첫째는 반영주의 관점이다. 세상(사람, 사물, 사건)을 텍스트가 마치 거울처럼 반영한다고 본다. 독립된 현실이 존재한다는 실재론의 관점이다. 텍스트가 거울처럼 실재를 비춘다면 재현의 위기는 없을 것고, 이 책에서 다룰 담론의 개입, 담론의 실천과 관행은 중요하지 않을 것이다.

둘째는 의도주의 관점이다. 말과 글의 화자/저자가 언어활동을 통해 자신이 의도한 의미를 세상에 전한다고 본다. 화자/저자 혹은 행위자 중심의 주관적인 인식론이며, 행위자 주체성이나 인간의 자유의지를 강조하는 관점이다.

셋째는 구성주의 관점이다. 의미는 사회적으로 구성된다고 본다. 텍스트를 통해 세상은 나름의 방식으로 의미화된다. 의미를 사용하고 유통하는 행위자의 실천도 인정해야 하지만 이미 만들어진 세상의 질서도 중요하다. 저자/화자의 주체성이 의미체계에 개입하지만 의미의 생성과 유포는 마음대로 되지 않는다. 의미를 새롭게 구성하려면 세상의 구조를 이해해야 한다.

의미의 구성을 더 자세히 이해하려면 페르디낭 드 소쉬르Ferdinand de Saussure의 구조주의 언어학을 참고하면 좋다. 휴머니즘(인본주의) 지식전통으로부터 행위자 주체성을 강조하는 의도주의 관점은 재현을 이해하는 익숙한 사유방식이었다. 그러나 소쉬르 등이 주도한 언어적 전환linguistic turn 혹은 구조주의 지식운동으로부터 재현은 전혀 다른 방식으로 논의되기 시작했다. 소쉬르 언어학은 언어(기호)의 형식과 개념을 기표signifier와 기의signified로 구분한다. 언어(기호)는 기표와 기의가 자의적으로 결합된 것이다. 기표는 차이의 체계로부터 조직되며 기표-기의 관계는 문화적 코드로부터 고정된다.

이와 같은 전환적 사유를 수용하면 반영주의 관점에서 벗어날 수 있다. 재현은 일종의 언어게임이다. 의미는 미끄러진다. 의미는 끊임없이 생산되고 변형되고 새로운 콘텍스트로부터 다른 해석이 가능해진다. 추상적이거나 사회정치적으로 민감한 의미라면 더 미끄러진다. 예를 들면, '자유' 혹은 '사랑'와 같은 어휘를 두고도 떠오르는 생각, 즉 재현이 달라진다. 재현의 차이가 점점 커진다.

소쉬르 언어학은 심층에서 설명될 수 있는 규칙에 지배되는 언어사용의 원리(랑그)와 특정한 언어행위(빠롤)를 구분한다. 즉 언어의 사회적 측면과 개인적 측면을 구분하며 화자/저자 혹은 행위자 중심의 의도주의 관점과도 거리를 둔다. 우리는 언어를 자유롭고 창의적으로 사용하는 것이 아니다. 체계화된 언어사용의 질서로부터 해야 할 말을 전할 뿐이다. 랑그에 의해서만 빠롤이 가능하다는 논점을 수용하면 행위자 중심의 창조적 주체성이 강조되기 힘들다. 담론을 구성주의 관점으로 바라보면 재현은 더 이상 반영주의와 의도주의 관점으로 인식되지 않는다.

담론연구의 지식전통이 새롭게 시작될 때 구조주의 언어학과 비판적 언어학 집단의 기여가 컸지만 무엇보다 푸코의 담론이론을 빼놓을 수 없다. 여기서는 푸코의 고고학적/계보학적 담론연구를 간단하게 소개하기로 한다. 푸코는 초기 연구에서 고고학적 접근을 통해 세상이 일종의 '구성된 재현'이라고 주장한다. 고고학자가 유적지에서 포크fork처럼 생긴 유물을 발견했다고 치자. 그게 무엇인지 짐작하려면 고고학자는 그곳에서 발굴한 다른 유물도 함께 조사해야 한다. 부엌으로 짐작되는 장소에서 요리용품으로 짐작되는 다른 유물과 같이 발견된 것이라면 포크처럼 생긴 유물은 음식을 자르거나 고정할 때 사용하는 도구일 것으로 추론한다.

'지식의 고고학'도 마찬가지다. 구조화된 콘텍스트를 의식하면 특정한 시공간에서 어떤 주제에 관해 전달되고 있는 텍스트의 의미체계 방식을 고고학적으로 추론할 수 있다. 구조화된 의미체계 역할을 맡은 담론은 지식의 대상을 정의한다. 대상화된 지식이 생성되고 확장되는 방식도 통제한다. 고고학자가 유적지의 특정 층위와 다른 사물과의 관계로부터 해당 유물의 의미를 짐작하듯이, 텍스트로 구성된 지식을 대상으로 다루는 지식의 고고학자도 구체적인 담론적 사건discursive events에 배치된 텍스트 묶음을 탐구하면서 지식/담론의 실천과 관행을 추론할 수 있다.

이웃한 복수의 담론들은 보다 포괄적인 담론구성체discursive formation에 속해 있다고 볼 수도 있다. 예를 들면 1990년대 중반부터 '신자유주의' 신념체계가 한국에서 유통되기 시작한다. 김영삼 정부가 세계화 정책을 선언하고, 김대중 정부는 IMF 금융위기를 극복하는 과정 중에 신자유주의 정책을 적극적으로 도입한다. 대기업의 구조조정이 시작된다. 교육 분야에서 '교육수요자', '공급자'란 텍스트가 등장한다. 경제적 관점에서 교육의 효율성이 논의된다. 공교육도 구조조정을 해야 한다는 주장이 나온다. 교육담론이 경제담론과 겹쳐진다. 주목할 만한 담론적 사건들이 출현하고, 이 사건들은 거대한 신자유주의 담론구성체 안에서 서로 연결된다. 중등학교의 교실붕괴 담론, 대학의 영어졸업인증제 담론, 토익의 필요성 담론, 기업의 글로벌 인재 담론은 이전에 없었다. 특정 시기에 새로운 의미체계, 즉 담론이 만들어진 것이다. 유사한 이웃 담론들은 담론구성체 안에서 서로 연결되면서 익숙한 텍스트를 서로 전제하고 인용하고 교환한다.

푸코는 권력에 대한 계보학적 접근을 통해 지식-담론-권력의 구성체를 더욱 역동적으로 이론화한다. 담론의 계보를 이해한다는 건 마치 나라는 개인의 족보를 확인해 내가 어떻게 출현했는지를 아는 것과 같다(조부모, 부모가 누군지 알면 나를 둘러싼 담론, 내가 발휘할 수 있는 권력/지식이 더욱 잘 이해될 수도 있겠다). 마찬가지로 푸코가 계보학적으로 담론을 이해하는 방식은 담론을 둘러싼 계보, 즉 담론과 영향을 주고받는 권력/지식의 근원을 찾는 것이다. 담론은 권력의 관계로부터 의미화되기 때문이다.

푸코는 타자의 행위를 규제하는 지식과 권력을 보다 맥락화된 시선으로, 즉 계보적으로 추적한다. 담론은 말과 글로만 구성되는 것이 아니다. 전통적인 의례, 행정조직, 제도, 건물 배치 등 의미를 재현하는 모든 것이 담론이다. 그러한 재현을 반복적으로 허락하는 권력과 지식 역시 담론으로 봐야 한다. 담론연구자는 권력/지식의 관계성을 의식하지 않을 수 없다. 통용되는 지식과 무관한 권력(관계)는 없다. 동시에 권력(관계)를 전제/구성하지 않는 지식도 없다. 권력은 모든 단면의 사회적 실존에 침투하여 삶의 모든 영역에서 작동한다. 그러면서 권력은 자신이 통제하고자 하는 것을 억압하지만 동시에 생산적인 권력의 동기마저 허락한다. 담론을 분석하기 위해서는 모든 사회적 신체를 관통하며 흐르는 네트워크(모세혈관운동)를 보지 않을 수 없다.

이와 같은 푸코의 담론이론을 수용하면 앞서 소개한 인본주의 지식전통에서 출발한 행위자 중심의 의도주의 관점과 거리를 둘 수 있다. 푸코의 논점으로 보면 인간주체는 자유롭고 능동적으로 담론을 생성하지 못한다. 오히려 담론이 주체(성)을 만들어낸다. 푸코는 광인, 동성애자 등의 주체성을 그렇게 보았다. 그렇게 되면 담론의 체계가 의미를 부여하는 위치성을 갖고 우리는 거기에 맞추며 살아야 한다. 담론이 주체를 위한 위치subject-position를 허락하는 셈이다.

예를 들면, '세계적인 수준의 대학연구자'에 관한 담론이 정부기관이나 미디어로부터 만들어진다. 그러한 담론이 성공적으로 생성되면 이제 대학연구자는 담론이 허락한 주체의 위치를 스스로 찾아간다. 그런 대학연구자의 존재만으로 관련 담론이 구성되는 것이 아니다. 이주민 담론, 비원어민 교사/학습자 담론도 마찬가지다. 이주민과 비원어민에 관한 지배적 담론이 이주민과 비원어민이란 주체성의 위치를 만든다. 내국인/원어민과 이주민/비원어민을 구분하는 본질은 무엇일까? 본질은 가변적이다. 100년 전과 10년 전, 지금과 10년 후, 그들의 주체성은 지배적이면서 가변적인 담론으로부터 늘 영향을 받는다.

나중에 좀 더 자세히 다루겠지만 이 책에서 다루는 담론분석방법의 이론적 토대는 (담론연구 학술문헌에 빈번하게 등장하는) 응용언어학자 노만 페어클러프Norman Fairclough의 논점이다. 페어클러프는 푸코의 담론이론을 선택적으로 수용하면서 담론의 실천과 관행을 텍스트적, 상호텍스트적, 사회정치적(이데올로기적) 층위로 나누어 구분한다.*

3. 담론으로 구성된 세상

앞서 언급한 2012년 올림픽 축구 한일전 사례처럼, 2019년에 열린 피파 U-20 월드컵(각국의 20세 이하 남자 축구 대표팀이 참가한다) 16강에서 한국팀이 일본팀과 경기를 할 때도 익숙한 텍스트들이 대거 등장했다. 한일전 시합만 있으면 청년 선수들은 "태극전사"로 호명된다. 지면 졌다고, 이기면 이겼다고, 미디어에서는 감정적 수사와 논리정연한 훈계가 나온다. 일본 제국주의가 가해한 폭력을 쉽게 잊을 수 없다. 일본은 우리에게 큰 상처를 주었다. 일본의 근대사를 잊지 말아야 하며 아직도 일본 사회에 계승된 이데올로기적 폭력을 경계하지 않을 수 없다. 그런 이유 때문만일까? 한국과 일본이 대항하고 대립하는 거대한 담론구성체("일본은 나쁘다", "한국은 일본을 이겨야 한다")는 여러 주제(독도, 신사참배, 위안부, 스포츠시합 등), 다양한 장르(신문, 소설, 방송, 영화, 광고 등), 서로 다른(엄중하거나 유희적인) 스타일로부터 늘 보던 유사한 텍스트의 재생산을 유도한다.

그와 같은 텍스트를 여러 담론적 매개로부터 생산하고 유포하고 소비하면서 한국-일본의 이항대립 이데올로기는 더욱 굳건히 유지된다. 어쩌면 그보다 큰 담론구성체가 한국-일본의 대립을 정당화하고

---

* 페어클러프는 담론을 실천practice이자 관행practice으로 본다. 3부에서 좀 더 자세히 설명하겠지만 그의 접근법은 언어적 전환으로부터 구조주의 지식전통을 개시한 소쉬르와 분명한 거리를 둔다. 소쉬르에게 랑그는 규범이 되는 언어사용의 질서고 빠롤은 상황마다 다른 개별적인 언어실천이다. 휴머니즘 전통과 단절하면서 언어사용 자체만의 체계성을 강조한 소쉬르의 공시론적 언어학은 가치와 이데올로기가 개입하는 의미화 과정을 수용하지 않았다. 기표/기의의 자의성과 차이의 원리, 계열체/통합체로 구성되는 의미체계로는 담론의 층위, 비담론적 조건, 담론의 실천과 관행과 같은 속성을 다룰 수 없다.

있을지도 모른다. '착한 사람-나쁜 놈' 혹은 '우리 편-다른 편'의 이항적 의미체계가 사회적 현실과 우리 내면을 설명하는 슈퍼 담론구성체라면 한국은 일본과 앞으로도 으르렁대지 않을 수 없다.

'촌놈'은 누구인가? 촌에 살면 촌놈인가? 서울에 살아도 촌티가 날 수 있고, 시골에 살아도 세련된 라이프스타일을 유지할 수 있다. 시골에 살다가 서울로 올라오기도 하며, 도시와 시골을 오가며 살기도 한다. 그렇지만 언제부터인가 '세련된 도시인'과 '시골스러운 촌놈'이 대립적으로 구분되어 있다면 그건 '촌놈' 담론이 만들어진 것으로 봐야 한다. '촌놈'의 본질적 의미, 의미적 기원은 무엇일까? 알아낼 수 없다. 고정적이고 영구적인 본질적인 의미의 '촌놈'은 없다. 어쩌면 '촌놈이 아닌 나', 예를 들면 '세련된 도시인' 혹은 '강남 스타일' 등의 텍스트를 배치하고 편집하는 중에 누군가 '촌놈'의 대립적 위치성을 이용하고 과장했을 것이다. 어떤 콘텐츠 제작자가 의도적으로 '촌놈 같은 촌놈' 텍스트를 여러 장르와 스타일로 잘 배치한 담론적 기획일 수 있다. 또는 누군가 산업화와 같은 이데올로기적 동기로부터 적당한 텍스트를 특정 장르 안에서 뽑아내어 촌놈 집단을 부정적으로 호명했을 수도 있다.

'전라도 빨갱이'도 마찬가지이다. 전라도 사람은 빨갱이인가? 이건 진실인가? 아니다. 그렇지만 진실처럼 믿도록 그런 텍스트가 특정 장르에 특정 스타일로 집요하게 배치된다. 한국에서 '전라도 빨갱이' 담론은 보편적 진실로 받아들여지고 있지는 않지만, 적어도 진실의 그림자, 진실의 효과를 만들었다고 볼 수 있다. '전라도 빨갱이' 담론은 어떻게 생성되고 유포되었을까? 일본-한국의 가해자-피해자 의미체계와 마찬가지다. 경상도와 전라도의 대립이 거대한 이데올로기로 작동하는 것이다. 해당 지역에 연고를 둔 프로팀끼리(예를 들면, 대구에 연고를 둔 삼성 라이온즈와 광주에 연고를 둔 기아 타이거즈 야구팀) 경기가 있을 때, 선수에게 야유하든, 경기 기사에 댓글을 보태든, 전라도 '빨갱이', 경상도 '보수꼴통' 메타포는 그렇게 이데올로기적 동기와 결합된다.

어떤 사회적 현실(예: '전라도 사람 중에 빨갱이가 많다'는 말이 떠도는 상황)이라도 담론의 개입으로 분석해볼 수 있다. 그런 이데올로기가 있으니 그런 텍스트가 사용되고, 그런 텍스트를 자꾸 사용하니 그런 이데올로기가 유지된다. 그런 상호작용으로부터 담론이 구성되고, 담론으로 구성되었으니 그런 상호작용은 멈추지 않는다.

신진/중진 정치인이 일부러 거물급 정치인과 한판 붙으면서(즉 이항적 대립구도를 만들면서) 자신이 누구인지, 혹은 자신이 말하고 싶은 것이 무엇인지에 관해 나름의 담론을 전략적으로 구성하는 걸 자주 본다. 도널드 트럼프 전 미국 대통령은 백인과 미국인이 우월하다는 텍스트를 트위터라는 장르적 매체에 일관적으로 배치하면서 백인-비백인, 미국-비미국의 이항대립적 담론 구성에 기여했다. 트럼프 대통령은 진실을 말한 것이 아니다. 특정 텍스트를 선택하면서 담론적 효과를 기대한 것이다. (결국 대통령이 되었다!)

텍스트는 단지 텍스트로 기술될 수 없다. 이데올로기를 품은 콘텍스트 변수가 텍스트 선택과 배치와 연결되어 있다. 일상적으로 우리는 촌놈, 전라도 빨갱이, 유색인종 외국인에 관한 혐오의 텍스트를 목격한다. 온라인 공간 안팎에서 증가하는 혐오는 도널드 트럼프와 같은 개인의 실천적 언어사용이기도 하지만, 특정 집단이 맞붙은 관행적인 대립, 역사적으로 구조화된 사회질서의 문제와도 연결된다.

텍스트가 전략적으로 (혹은 우연적으로) 잘 쌓이면 새로운 콘텍스트를 만드는 실천practice이 된다. 콘텍스트의 제도적 관행practice은 그런 텍스트들을 반복적으로 배치하도록 유도한다. 텍스트는 행위성을 유도하기에 누군가 무언가를 실천하게 한다. 실천이 반복되면 그게 상식이 되기도 하는데, 다르게 생각해보면 상식이나 지배적인 권력관계로부터 행위성이 실린 텍스트가 유포되고 소비되는 셈이다. 그런 점에서 담론은 텍스트와 콘텍스트의 상호작용적 관계성으로 이해되어야 한다.

텍스트 밖에 콘텍스트가 있는 것이 아니다. 콘텍스트가 텍스트다. 콘텍스트로부터 텍스트가 있는 것이고 텍스트로부터 콘텍스트가 있는 것이다. 미시 텍스트의 선택은 거시적 사회구조와 긴밀하게 연결되어 있다. 텍스트는 형식적 자질을 갖고 특정 장르와 스타일로부터 익숙하거나 새로운 행위를 유도한다. 누군가의 정체성과 사회질서를 구성한다. 사람들은 막연하게 언어와 사회는 서로 연결되어 있다고 말한다. 그렇지만 둘의 상호작용은 아주 복잡하다. 그래서 둘 사이를 매개하는 '담론'을 제대로 이해할 필요가 있다. 텍스트와 콘텍스트를 묶은 담론은 텍스트의 형태도 품고 있고, 행위성을 발휘하는 장르와 스타일이 개입되기도 하고, 정체성과 사회구조에 영향을 끼치는 이데올로기적 속성도 있다. 즉, 담론은 복수의 층위를 갖고 있으며, 담론연구자는 편의상 이를 미시-거시 층위로 구분하곤 한다.

3장 담론의 개입

1. 실천과 관행

그림 3. 담론의 실천과 관행*

누군가 특정한 텍스트를 전략적으로 선택하면서 담론을 능동적으로 구성할 수 있다. 즉, 담론은 텍스트로부터 실천practice될 수 있다.

---

* 담론의 층위, 실천과 관행의 속성을 쉽게 설명하기 위해서 〈그림 3〉을 이용하기로 한다. 평면적인 그림에 왼편 텍스트와 오른편 이데올로기로부터 구분된 중간의 위치에 담론을 두었다. 담론은 텍스트 배치와 이데올로기 작동 모두 별도의 층위로 구성된 것이지만 여기서는 텍스트-콘텍스트 사이의 매개적 역할, 상호작용적 속성을 부각하려고 일부러 텍스트-담론-이데올로기 층위를 분리했다.

또는 익숙한 사회질서로부터 특정한 텍스트는 자동적으로 배치된다. 즉 담론은 이데올로기로부터 관행practice을 따르기도 한다. 언어는 내면화된 규칙이라기보다 'social practice'다. 이때 'practice'라는 용어를 한국어로 옮긴다면 (텍스트의) '실천'이 될 수도 있고 (이데올로기로부터의) '관행'일 수도 있다.

어떤 개인/집단이 의도적으로 특정 텍스트를 특정 매체에 실으면서 하나의 사회적 현상을 유도하는 과정과 결과에 주목하려면 담론의 '실천' 단면에 관심을 가져야 한다. '실천'이란 개념은 인간주체가 개입하는 언어사용의 창조성과 능동성을 연상하게 한다. 또는 구조화된 사회질서로부터 특정 유형의 텍스트가 관행적으로 배치되는 점에 주목하면 담론의 '관행' 단면이 탐색될 수 있다. 관행은 주체의 수동적 태도를 전제한다. 텍스트와 콘텍스트, 능동과 수동은 담론을 매개로 서로 영향을 주고받는 변증법적 관계이기 때문에 '실천' 혹은 '관행'을 서로 구분하면서도 담론의 개념 안에서 이해할 필요가 있다.

몇 가지 예시를 통해 담론의 실천과 관행을 이해해보자. 내가 영어영문학과 교수로 학생들을 가르치면서 겪은 일이다. 내 수업은 주로 영어영문학과 학생이 수강하지만, 다른 학과 학생도 종종 수강한다. 타과 학생에게 나는 이렇게 묻는다. "영어영문학과 학생들 어때요?" 그럼 그들은 이렇게 대답하곤 한다. "남학생들이 예의가 바르고 멋지다." "여학생들이 예쁘다고 소문나 있다." 그런데 멋진 남학생 얘기가 나오자마자 교실에 있던 영어영문학과 여학생들이 어이없다는 듯이 웃는다. 예쁘다고 소문난 여학생 얘기가 나올 때는 반대로 영어영문학과 남학생들이 황당하다는 표정으로 어디에 그런 여학생이 있다는 건지 주위를 살펴본다.

타과 학생이 거짓말을 한 것인가? 아니면 영어영문학과 학생이 서로에 대해 잘 모르고 있는 것인가? 소문이 날 만큼 영어영문학과 남학생은 멋있는가? 영어영문학과 여학생은 예쁜가? 중앙대학교 영어영문학과 남학생/여학생의 진실은 무엇인가?

진실은 늘 분명하지 않다. 진실은 너무 복잡해서 단언하기 어렵다. 중앙대학교 영어영문학과의 실재, 혹은 진실은 다면적이다. 멋진 남학생과 예쁜 여학생도 있다. 그러나 그렇지 않은 남학생과 여학생도 있다. 이해관계나 입장에 따라, 혹은 서로 다른 기억과 경험에 따라 다르게 보인다. 이쪽에서 보이면 이렇고, 저쪽에서 보면 저렇다. 학생의 구성만 봐도 복잡하다. 외국인 유학생도 있고, 편입생이나 전과생도 많다. 만 스무 살도 되지 않은 신입생도 있고, 군대를 다녀오고 여러 번 휴학을 한 복학생도 있다. 입학 전형도 다양하고, 부전공, 복수전공도 서로 다르며, 졸업 후에 희망하는 직업도 다르다.

영어영문학과 구성원들과 친밀한 관계를 경험한 학생도 있고 불쾌한 기억을 가진 학생도 있다. 서로 다른 경험으로부터 나름의 신념과 가치체계를 가지고 있다면, 혹은 각자의 필요와 기대가 다를 수밖에 없다면, 그들은 영어영문학과(의 구성원)에 대해 서로 다른 텍스트를 선택할 수밖에 없다. 특정 텍스트를 선호하고 또 다른 특정 텍스트를 의도적으로 배제한다. 경험한 대로 혹은 바라는 대로 텍스트를 사용하는 셈이다.

그렇지만 영어영문학과(의 구성원)에 관한 소문 텍스트는 관행적으로도 배치된다. 예전부터 우리는 특정 대학이나 학과, 혹은 기업이나 정부기관에 속한 구성원의 특성을 손쉽게 범주화하곤 했다. 예를 들면, 학벌 이데올로기가 지배적인 사회에서는 학벌 담론을 유지시키는 관행적인 텍스트 배치가 있다. '한국에서 서울대, 연세대, 고려대는 최고 명문대학이다.' '넘볼 수 없는 톱 3.' '최고의 지성이 모인 서울대.' '자유로운 개성을 존중하는 연세대.' '박력 넘치는 남학생이 많은 고려대.' 이런 텍스트의 진위는 분명하지 않지만 관행적으로 그런 텍스트는 반복적으로 여기저기 배치된다. 자꾸 그런 텍스트를 사용하니까 정말 그런 것처럼 보이는 사회적 현상이 유지된다. 학벌에 관해 무엇이 진실인지 분명하지 않지만 이데올로기의 효과는 유효하다. 학벌이 그렇게 우리에게 "필요한 환상"으로 자리 잡으면, 이제 개별 학교에 관한 텍스트, 학벌에 관한 위계적 이데올로기는 너무나도 당연한 진실이 된다. 우리는 그걸 자발적으로 공유하고 유포한다.

대학과 학과에 순위를 매기고 각각에 특성을 부여해 말하는 사회적 관행이 인터넷이나 방송에서 빈번하게 쓰인다면 해당 대학-대학생의 특성을 묘사하는 텍스트는 늘 유사한 수준으로 재배치될 수밖에 없다. 누가 서강대학교를 다닌다고 하면 '와! 공부는 열심히 하겠다'라고 당연하게 생각하고 그런 텍스트를 대화 중에 끼워 넣는다. 텍스트는 이렇게 의례적인 사회질서를 반영하면서 관행적으로 선택된다.

'영어영문학과 여학생'에 관한 사회적 관행도 있다. 오래전에 나온 로맨스 영화 〈기쁜 우리 젊은 날〉에 당시 최고의 미인이라고 불리던 배우 황신혜가 여주인공 역할이었고 영어영문학을 전공하는 대학생을 연기했다. 이 외에도 드라마에서 영어영문학을 전공하는 여주인공은 자주 등장했다. 영문학 작품을 읽는 영어영문학과 여학생들은 예쁜가? 예쁘니까 예쁜 것인가? 여기저기서 예쁘다고 하니까 예쁜 것인가? 언제부터인지 모르지만 영어영문학과 여학생은 예쁘다는 (일부) 사회적 관행이 있다. 그리고 영어영문학과 여학생에 관한 "필요한 환상"은 그들에 관한 엇비슷한 모습을 미디어로부터 재현한다. 영화나 TV 드라마에서 긴 생머리, 단정한 옷차림, 갸름한 얼굴, 가슴에 '햄릿' 책을 품고 있는 예쁜 여대생이 등장한다. "무슨 과 다니세요?" 잘생긴 남자 배우의 질문에 여대생은 큰 눈을 깜빡이며 이렇게 대답한다. "영문과 다녀요."

영어영문학과(의 학생)에 관한 일상적인 신념체계는 거기서 공부하는 학생들의 행동방식이나 수업을 수강하는 다른 학과 학생들의 가치 판단에 관행적인 효과를 끼친다. 가만 생각해보니 내가 영어영문학과 학생일 때도 다른 과 친구들이 그렇게 말했다. "너는 좋겠다. 거기 여학생들 예쁘잖아." 진실은 무엇인가? 수십 년 전이나 지금 엇비슷한 텍스트가 반복적으로 선택되고 배치되고 있다면 거기엔 담론의 관행이 있다. 교수가 된 내가 타과 수강생과 질문하고 대답하는 형식과 내용 역시 수십 년 동안 구축된 관련 담론으로 매개된 이데올로기적 효과일 수 있다.

그럼 영어영문학과 여학생은 예쁘지 않다는 것인가? '예쁘다는 것의 보편적/객관적 의미는 없다.' '500년 전, 100년 전, 지금, 혹은 아프리카에서, 한국에서, 남미에서 모두 미적 기준은 다르다.' 이런 식으로 간단하게 말해지는 말자. 담론교육을 통해 나는 객관적 진실은 없다는 (윤리적) 상대주의를 주장하려는 것이 아니다. 담론은 관행이지만 실천되기도 한다. 이데올로기 질서에서 자유롭기 어렵지만 우리는 텍스트를 능동적으로 선택하고 실천한다.

즉, 예쁘다고 하니까 예쁜가보다 하는 영어영문학과 여학생에 관한 사회적 신념체계에는 예쁘다고 하니까 실제로 예쁘지 않을 수 없는 구성원의 실천도 분명히 있다. 실증적 연구자료는 없지만 아마도 사회적 관행으로 통용되는 예쁜 외모의 조작적 정의(예: 헤어스타일, 옷차림,

키/몸무게 비례치, 웃는 얼굴, 친근한 동작) 혹은 그걸 추정할 수 있는 간접적 측정치(예: 화장품 사용량, 새 옷 구매비용, 선호하는 브랜드, 방문 빈도수 높은 매장) 등으로부터 분명 이공대, 사회과학 전공 여학생보다 더 예쁘다고 추론할 만한 일상적 실천을 하고 있을 수 있다. 그런 실천이 정말 있다면 관행은 더욱 지배적으로 영속화된다. 관행이 지배적일수록 실천은 자연스러울 것이며 그냥 어디선가 재미로 퍼뜨린 소문이라면 실천의 증거자료는 찾기 어려울 것이다.

중앙대학교 영어영문학과 남학생 중에 싸가지 없는 학생이 있다. 서강대학교에도 공부에 전혀 관심 없는 학생이 있다. 대학을 배경으로, 대학생이 주인공으로 등장하는 영화가 개봉된다. 낭만적인 캠퍼스가 나오고, 멋진 학생들이 모두 멋진 연애에 빠진다. 공부에도 미쳐있고, 심지어 창업까지 하는 장면이 나온다. 그럼 대학을 다녔거나 지금 다니고 있는 어떤 학생이 이렇게 말한다. "저건 완전 뻥이다. 저런 학창 시절이 어디 있냐?" 맞다. 연애든, 학업이든, 창업이든, 자신도 그렇게 해보지 않았고, 주위 친구도 그렇게 하는 걸 보지 못했다면, 그건 뻥이다. 그런데 어떤 졸업생은 그런 영화를 보고서 말한다. "아, 정말 내가 학교 다닐 때가 생각난다." 우리는 대학 생활의 실제를 모두 기억하지 못한다. 의미는 선택적으로 기억하고 기대하고 편집하는 것이기도 하다. 영화는 실재를 제대로 반영하지 못했겠지만, 또 한편으로 제대로 보여주기도 했다.

중앙대학교 영어영문학과에 잘생긴 학생 A, B, C가 있다고 하자. 학과 인스타그램이나 페이스북에 그들의 사진을 편집해 반복 게시하면 '중앙대 영어영문학과는 멋진 학생이 많은 곳'이라는 진실의 효과가 생성될 수도 있다. 실천이든 관행이든, 담론은 그렇게 실재에 개입하면서 효과를 만들 수 있다. 진실이 아니다. 진실의 효과일 뿐이다. 진짜 진실은 잘 모른다. 그러나 진실의 효과는 담론의 개입(실천과 관행)으로부터 드러난다.

텍스트는 세계를 객관적으로 보여주는 거울이나 도구가 아니다. 너무나도 복잡하고 역동적인 실재를 가치중립적으로 보여줄 수 없다. 어떤 텍스트도 그렇게 할 수 없다. 누구의 말이 맞고, 누구의 말이 틀리는가? 무엇이 진실이고, 무엇이 허위인가? 그런데 텍스트-콘텍스트, 언어(적 실천)-사회(적 관행)이 상호작용하는 구성주의 세계관을 갖는다면 하나의 진실만 놓고 전쟁을 하지 않아도 된다. 하나의 진실을 옮기는 객관적인 언어에 집착하지 않아도 된다.

텍스트 선택과 배치 과정에서 한쪽의 가치, 신념, 혹은 이데올로기가 전제될 수 있다. 사람들마다 개별적인 경험과 집단적인 경험에서 비롯한 기억과 기대가 다르기 때문에 텍스트 선택은 편향적일 수밖에 없다. 선택은 당연한 관행으로 프로그램화되었거나, 의지를 갖고 의도적으로 실천하는 것이다. 이를 텍스트-콘텍스트를 매개하는 담론의 실천, 또는 담론의 관행 차원에서 이해하는 것이 중요하다. 담론이 개입되어 어떤 사회적 현실을 만들기도 하고, 이미 공고하게 만들어진 사회적 질서로부터 지배적 담론이 만들어지기도 한다.

다른 예시를 들어보자. 도널드 트럼프가 대통령으로 재임할 때 증오범죄가 버락 오바마가 미국 대통령으로 있을 때보다 크게 늘었다. 트럼프는 선거운동을 할 때부터 미국인 혹은 백인 우월주의 입장의 텍스트를 트위터와 같은 장르에 반복적으로 배치했다. 그와 같은 텍스트 실천이 거리에서나 식당에서 A 집단이 B 집단을 공개적으로 혐오하고 가해할 수 있는 사회질서를 (불법이지만) 새롭게 구조화시켰다. 텍스트는 미국 내의 유색인종, 이주민, 그리고 외국인을 향한 혐오 행위로 유도되었고 특정 집단의 정체성을 새롭게 규정했다.

'미국이 위대하다.' '미국인은 우월하다.' '백인이 유색인, 이주민, 외국인 때문에 손해를 본다.' 이런 입장으로부터 배치되는 텍스트의 힘은 담론의 개입에서 온다. 그런 텍스트를 배치하면서 백인-미국인-미국의 우월주의를 확장하는 것은 혐오나 반이민의 담론을 만드는 하나의 전략인 셈이다. 그러나 잘 생각해보자. 순전히 대통령의 트위트 텍스트로부터 혐오의 사회적 질서가 새롭게 구조화된 것인가? 아니다. 미국은 수십 년 전만 해도 시골에서 유색인종을 나무에 매달아 불태워 죽이던 나라다. 헤아릴 수 없는 차별과 혐오의 범죄가 있었던 사회구조였다. 유색인 혐오, 혹은 이주민 차별주의에 관한 이데올로기는 관행적으로 도널드 트럼프와 같은 주체가 트위터라는 장르에서 혐오적 텍스트를 선택하도록 유도한 셈이다. 그런 이데올로기가 아예 없다면 그걸 전달하는 말과 글도 없다. 상식과 규범은 우리가 일상적으로 유포하고 소비하는 텍스트와 밀접한 관련이 있다. 물론 그런 텍스트로부터 타자 집단을 혐오하는 미국의 사회질서는 다시 한번 견고하게 구조화된다.

2. 언어-사회 관계성을 인식하는 두 관점

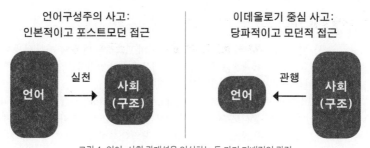

그림 4. 언어-사회 관계성을 인식하는 두 가지 지배적인 관점

〈그림 4〉는 우리가 흔히 생각하는 언어-사회 관계성을 둘로 구분한 것이다.* 언어와 사회구조 중 어느 쪽에 비중을 두더라도 일방향적인 관계가 형성되는데 각각을 설명하면 다음과 같다. 왼쪽의 그림은 텍스트를 새롭게 선택하고 배치하면서 지금과 다른 사회(구조)를 만들 수 있다고 보는 관점이다. 인간주체가 언어를 사용하면서 세상을 바꾼다고 보는 휴머니즘(인본주의) 입장이다. 중세 때 기득권력이 독점했던 성경이 여러 언어로 옮겨지면서 대중은 성경 텍스트를 직접 사용할 수 있게 된다. 그리고는 권력관계가 바뀌고 다른 세상이 열린다. 이것은 종교개혁 이후의 새로운 세상을 언어적 실천의 관점에서 주목한 것이다.

언어중심주의, 또 언어구성주의와 같은 포스트모던 사상도 유희적이고 일상적인 언어의 실천성을 주목한다. 거창하고 영구적인 사회질서, 전통, 관례적인 사유의 틀에 대해 질문하면서 관념적인 이데올로기로부터 세상이 만들어졌다는 주장에 의문을 갖는다. '제국주의', '남성중심주의', '신자유주의' 등의 이데올로기로부터 세상의 질서를 설명하는 거시적 탐구에 비판적이다. 개별적이면서도 우연적인 조합으로 만들어지는 (그리고 능동적 주체가 배치하는) 텍스트의 총합으로부터 사회구조를 이해하고자 한다.**

---

* 이 책에서는 담론의 속성을 설명하면서 (비언어적 정보도 포함한) '텍스트'라는 용어를 주로 사용한다. 그러나 학계조차 사회(구조)와의 관계성을 다룰 때 '언어'란 용어를 주로 사용한다. 〈그림 4〉에서는 언어-사회 관계성에 관한 일반적인/지배적인 인식을 표현하기 위해 '텍스트'가 아닌 '언어'라는 용어를 사용했다.

** 탈-마르크스주의자인 에르네스토 라클라우Ernesto Laclau와 샹탈 무페Chantal Mouffe는 담론(언어)의 질서로부터 우리가 세상을 이해하고 살아간다고 보았다. 세상은 객관적으로 존재하지 않으며 그저 '다양하고 복잡한 차이와 우연성, 불균등하고 이질적인 모순이 존재하는 접합articulation의 산물'인 것이다. 지금은 은퇴했지만 나

누군가 구체적인 필요와 이익을 목적으로 익숙한 질서를 바꾸고
싶다면 특정 텍스트를 전략적으로 배치하면서 담론적 효과를 기대해
야 한다. 학교행정에 불만이 있다면 건물 안팎에 대자보를 붙일 수 있
고, 새로운 브랜드를 출시한다면 눈길을 끄는 광고 문구를 고안해야 한
다. 서비스 홍보, 제품 마케팅, 선거 캠페인을 기획한다면 선택한 텍스
트로부터 진실의 효과를 만들 수 있다고 생각해야 한다. 어느 매체에,
어떤 스타일로, 무엇을 연상하는 핵심주제를 가지고 텍스트를 어떻게
남길 것인가? 새로운 상품과 서비스를 출시하고, 브랜드 파워를 복원하
고, 나빠지고 있는 정당 이미지를 좋게 바꾸려면, 막연하게 새로운 사
회적 조건, 즉 콘텍스트의 변화만 기다릴 수 없다. 새로운 텍스트를 고
안해야 한다. 적절한 곳에 기발한 텍스트를 배치하는 담론기술자가 필
요한 것이다.

　　텍스트의 전략적 배치로부터 세상을 재구성하는 담론전문가의
역할이 중요하지 않은 곳이 있다면, 그곳은 지배적인 이데올로기에 매
몰되어 늘 등장하던 텍스트가 반복적으로 선택되는 곳이다. 사회구조
에 관한 개념적 이해는 조금씩 다를 수 있다. 시대 풍조, 권력관계, 신화

와 같은 학과에서 근무한 강내희 교수가 마르크스 이론가로서 상부-하부구조가 오로
지 담론으로부터 의미화된다고 주장한 라클라우와 무페 논점을 혹평한 적이 있다. 구
조가 실체로 존재하지 않는다고 본 라클라우와 무페는 보편성을 아예 인정하지 않는
극단의 담론(언어)주의자로 볼 수 있지만 나로서는 계급투쟁의 이데올로기를 늘 전제
하는 강내희 교수 역시 편향적인 마르크스주의자로 보였다. 인본주의적 보편과 본질
에 저항하는 담론주의적 세계관은 달리 보면 보다 급진적이면서도 창발적인 세상을
상상할 수 있도록 돕는다. 여러 변혁의 주체(성)이 임의적/의도적 접합 과정으로부터
새로운 담론을 출현시킬 수 있다는 기대로부터 나는 담론주의적 세계관을 일부 수용
한 담론의 변증법적 속성을 이 책에서 꾸준히 강조할 계획이다.

적 믿음체계, 담론질서, 이데올로기, 사회적 인지, 무슨 이름을 붙이든 텍스트는 거대한 사회질서로부터 재생산될 뿐이다. 사회질서는 남성-중심주의 구조일 수도 있고, 서구중심주의일 수도 있고, 신자유주의 경제구조일 수도 있다. 이와 같은 관점은 모던적이고 구조주의적 접근에 가깝다. 휴머니즘 전통과 단절한 니체, 마르크스, 프로이트, 소쉬르, 푸코의 연구문헌이 연상된다.

언어-사회 관계성을 이런 관점으로 본다면, 언어보다는 사회구조를 이해할 수 있는 이데올로기 공부가 더 중요하다. 예를 들어 서구중심주의로부터 역사적 문헌을 탐구하거나, 자민족 중심주의로부터 100여 년 전 일본 제국주의의 만행을 고발하면서 당시 사회구조를 이해하고자 한다. 연구자는 거시적 논술에 의존하고 텍스트 사용의 동기를 특정 이데올로기로부터 전제하곤 한다.

좀 더 쉬운 예시를 통해 〈그림 4〉의 관점을 생각해보자. 우선 텍스트 배치를 통해 익숙한 사회질서에 과연 변화를 줄 수 있을까? 그럴 가능성은 분명 있다. 예를 들면, 학과에서 존재감이 전혀 없던 학생이 머리를 빨간색으로 염색한다. 그리고 빨간색 셔츠를 늘 입자고 결심한다. 인스타그램에도 빨간색 가득한 이미지를 올린다. 그렇게 빨간색으로 일상을 도배하면 이제 다른 정체성을 가질 수 있을까? 혹은 자신이 속한 학과나 대학의 풍경까지도 빨간색으로 바꿀 수 있을까? 빨간색 셔츠를 입고 공부하는 그는 이제 개성이 있고 재밌고 열정적인 누군가로 호명될 수 있을까? 교수와 동료 학생들이 그런 정체성을 부여할까? 대학 밖에서 보기에도 그가 속한 공간이 새롭게 보일까?

물론 쉽사리 그렇게 될 리 없다. 그게 쉽다면 사회구조든 거기 속한 구성원 정체성이든 무언가를 바꾸는 것은 아주 쉬운 일일 것이다.

욕이든, 빨간색 셔츠든, 이중언어의 합법적인 사용이든, 텍스트가 사회적 실천력을 가질 것이라면, 장르, 스타일, 핵심주제와 같은 담론적 매개가 필요하다. 일관적이고 반복적인 배치가 요구된다. 예를 들면 1학년 학생을 가르치는 수업에서 빨간색 셔츠 입는 날('Red Day')이 선택되고, 학과 인스타그램에서 Red Day 행사와 빨간색으로 도배가 된 학과 구성원의 이미지가 유쾌하게 배치된다. 학생뿐 아니라 교수도 Red Day에 참가하고 모두 빨간색 셔츠를 입는다. 이제 Red Day에는 1학년뿐만 아니라 학과의 모든 학생이 빨간색 셔츠를 입고, 다른 과 학생도 빨간색 셔츠를 입기 시작한다. 그리고 더욱 창의적인 스타일(예: 빨간색 원피스, 빨간색 바지, 빨간색 모자)로 드레스 코드가 확장되고 Red Day는 '빨간색'으로 도배가 된다. 학교 신문에 기사가 나온다. 유튜브에서 방송되고 공중파 저녁 9시 뉴스에 소개된다. 대학 근처 주민도 빨간색 셔츠를 입기 시작한다. 학교 축제가 있는 날에 학교 방문객은 모두 빨간색으로만 입고 온다. 이제 이 학과, 학교, 지역, 구성원들의 정체성은 빨간색의 메타포로 설명된다. 멋있다고 한다. 열정적이라고 한다. 빨간색을 입는 날엔 술을 아무리 마셔도 안 취한다는 이야기가 오간다. 가게 매상이 올라간다. 다들 마음가짐이 변한다. 동네 상권도 변한다. 외국인 관광객도 찾아온다.

어떤가? 황당한 이야기일 뿐인가? 아니다. 빨간색 셔츠의 텍스트가 사회적 질서와 구성원의 정체성을 바꾼 사례가 실제로 있었다. 언제부터인지는 모르겠지만, 아마도 2002년 한일 월드컵 축구대회부터 시작된 것 같다. 한국축구팀은 빨간색 셔츠를 입었다. '붉은 악마' 응원단도 빨간색 셔츠를 입었다. 2002년 '붉은 악마' 응원단은 대한민국의 두 가지 금기(적 이데올로기)를 한 방에 날렸다. 하나는 '붉은색'에 관한,

또 하나는 '악마'라는 어휘 사용에 관한 사회적 금기였다. 남과 북이 분단된 우리에게는 '반공' 이데올로기라는 거대한 사회질서가 있었다. 북한, 공산주의, 사회주의, 반미, 노동운동은 빨간색, 흔히 '빨갱이'로 불리는 메타포로 지시되었다. 또 엄숙한 유교적 사회질서에서 남-녀, 노-소가 한자리에 모여 몸을 맞대는 것은 상상할 수 없는 일이었고, 빨간색은 여성에게 주로 귀속된 텍스트였다. 그뿐인가? 천만 명이 넘는 기독교인이 사는 대한민국에서 '악마'라는 텍스트는 누군가를 지시하는 어휘로 사용되기 어려웠다. 대한민국 공식 응원단의 이름이 '붉은 악마'로 지시되고, 남녀노소가 함께 어울려 빨간색 셔츠를 입고 춤을 추며 열정적으로 응원을 하는 모습을 우리 모두 상상할 수 없었다.

그런데 국가대표 축구선수와 공식 응원단원이 입은 빨간색 텍스트는 2002년 월드컵 대회를 지나며 누구나 입게 된다. 아이도 입고 남자도 입고 노인도 입는다. 경기장에 가지 않고 집이나 술집에서 경기를 볼 때도 빨간색 셔츠를 자발적으로 입고 온다. '붉은 악마'로 지칭되는 응원단과 같은 심정으로 빨간색 셔츠를 입고 응원에 참가한다. 한국 축구팀은 16강, 8강을 통과해 4강에 안착했다. 이제 월드컵 대회 우승도 할 수 있을 것 같다. 이제 빨간색 셔츠를 평상복으로도 입는다. 자꾸 빨간색이 겹쳐지고 모이다 보니까 다른 나라 사람들이 빨간색 셔츠를 입은 한국인 선수, 붉은 악마 응원단, 심지어 한국인 전체를 주목한다. 한국인 선수, 응원단, 국민은 열정적이고 참여적이고 헌신하는 정체성으로 소개된다. 축구 경기장에서 시작된 빨간색의 텍스트는 이제 한국 사회의 새로운 질서(예: 공동체주의, 애국주의)와 결합된다. "대-한-민-국"을 리듬에 맞춰 함께 외치는 한국인에게 부여된 열정과 헌신의 정체성은 20년이 지난 아직도 유효하다.

이렇게 텍스트 실천으로부터 사회질서는 변할 수도 있다. 물론 텍스트의 능동적인 배치와 담론기획의 전략에 관한 비관적인 태도도 많다. 우리는 남성중심주의, 서구중심주의, 경제주의, 기술주의, 반공주의, 학벌주의, 단일언어주의 등과 같은 거대하고 고정적인 사회질서로부터 세상이 늘 그래왔다고, 그리고 앞으로도 바뀌지 않을 것이라고 믿기도 한다.

그런데 이렇게 생각해보자. 남성 상사가 여성 직원에게 "아이코, 요런 귀여운 우리 강아지"라고 말했다고 하자. 남성이 여성에게 "귀여운 우리 강아지"라고 지칭한 것이다. 여성 직원과의 관계를 '강아지'라는 경험적 텍스트, 견주와 강아지라는 관계적 텍스트로 표현한 것이다. 어떤 생각이 드는가? 젠더 감수성이 높아진 만큼 언뜻 들어도 부적절한 텍스트의 배치로 판단될 것이다. 그걸 남성-중심주의, 혹은 인간-남성 중심주의 이데올로기로부터 재현된 텍스트라고 말할 수 있을까? '귀여운 강아지'와 같은 텍스트를 증거자료 삼아서 성희롱 소송을 한다면 승소할 수 있을까?

쉽지 않을 것이다. 텍스트 사용만 놓고 성희롱으로 단정하기도 힘들다. 모든 텍스트는 이데올로기적 잠재력을 가지고 있다. 그러나 텍스트가 본질적으로 이데올로기를 직접적인 함축하는 건 아니다. '귀여운 강아지'가 남성-중심주의 이데올로기를 전제한 것으로 단정할 수 없다.

소송에 관한 적절한 판결은 담론 차원의 개입을 주목해야 한다. 3부에서 더 설명하겠지만, 텍스트가 특정 장르, 스타일, 핵심주제의 층위에서 반복적으로 혹은 권력지향적으로 사용되었는지 살펴봐야 한다. 담론 차원의 개입이 분명하다면 텍스트는 지배적 이데올로기, 혹은 기득권력으로부터 생성된 것으로 볼 수 있다. 담론 차원에서 의심되어야만 성차별 이데올로기가 '귀여운 강아지' 텍스트를 통해 해당 여성을 권력관계로부터 압박한다고 주장할 수 있다.

'귀여운 강아지'가 남성-중심주의 이데올로기라고 주장하면서, 혹은 남성 상사와 여성 직원 사이의 권력관계로부터 생성된 텍스트라면서 소송이라도 하겠다면 다음 질문에 답할 수 있어야 한다. 반복적으로 배치되는 텍스트인가? 누가 어느 위치에서 텍스트를 전달하는가? 텍스트가 빈번하게 등장하는 장르, 스타일, 핵심주제는 무엇으로 파악되는가?

텍스트와 텍스트가 결합되는 상호텍스트성intertextuality을 점검하지 않고는 텍스트와 콘텍스트, 언어와 사회구조를 분명하게 연결하기 쉽지 않다. 대개 담론연구자조차 '귀여운 강아지'와 같은 텍스트를 성차별의 콘텍스트와 손쉽게 연결한다. 그렇게 거창한 이데올로기로부터 텍스트 내용만을 피상적으로 추론하는 수준이라면 '담론이 없는 담론연구'가 된다.[6]

〈그림 3〉에서 오해하지 말아야 할 것을 다시 한번 언급하고자 한다. 〈그림 3〉은 담론의 개입을 강조하기 위해 텍스트의 배치와 이데올로기의 작동 사이에 '담론'이란 이름의 도면을 위치시켰다. 그러나 담론의 구성은 텍스트(미시적 기술)와 콘텍스트(거시적 설명)를 모두 품고 있다. 텍스트와 콘텍스트의 바깥에 담론이 있는 것이 아니다. 담론의 층위에 텍스트와 콘텍스트가 모두 포함되어 있다. 담론을 기획하고 탐색하고 분석한다면 텍스트도 보고 콘텍스트도 봐야 한다. 텍스트의 배치, 담론의 개입, 이데올로기적 동기 등은 서로 배타적으로 구분되는 것이 아니다. 텍스트가 배치될 때 담론이 개입하며, 이데올로기의 작동에 담론이 개입한다. 텍스트부터 이데올로기의 모든 배치와 작동이 이

책에서 말하는 '담론'(의 서로 다른 층위)이다.

3. '혼밥' 토론: 담론의 매개적 역할

몇 년 전에 "맥도날드에서 혼밥해"라는 문구의 광고가 있었다. 이런 광고가 나올 만큼 혼밥을 하는 문화공간이 눈에 띄게 많아졌다. 광고가 나올 즈음에 서울 홍대입구역 근처에 있는 맥도날드 매장 내부에 1인 좌석을 배치했다는 보도기사도 있었다. 혼밥 등급(편의점, 김밥천국, 학식, 중국집, 맥도날드, 고깃집, 초밥 뷔페까지)에 관한 재미난 글은 인터넷 커뮤니티 글이나 유튜브 영상에서 쉽게 찾아볼 수 있다. "혼밥, 어디까지 해보셨나요?", "반포에서 혼밥하기 좋은 곳 어디인가요?" 이런 질문과 제안이 넘친다.

그렇다면 여기서 이런 질문을 해볼 수 있다. 다음 두 주장 중에 어느 쪽이 맞을까? 하나는 '혼밥', '혼술', '혼영'이란 텍스트를 누군가 적극적으로 생성하고, 유포하고, 의미체계를 과장하면서 혼밥을 하게끔 하는, 혹은 혼밥을 먹어도 상관없는 사회적 현상이 만들어졌다는 주장이다. 다른 하나는 지금은 너무나도 경쟁적이고 개인주의적 사회이며 혼자서 밥을 먹고 술을 마실 수밖에 없는 사회구조이기 때문에 '혼밥', '혼술', '혼영'이란 텍스트가 자연스럽게 산출된 것이라는 주장이다. 즉, 진학과 취업을 위한 공부가 너무 경쟁적이라서 친밀한 관계 형성이 어렵다. 경쟁을 제대로 준비하려면 혼자서 빨리 밥을 먹어야 한다. 구조조정으로 직장을 잃고 혼자 구직을 준비하면서는 혼자 밥을 먹을 수밖에 없다. 가족이 붕괴하고, 사회적 배제에 익숙해지고, 아무도 곁을 지켜주지 않는 사회적 구조가 된 것이다. 혼자 밥을 먹지 않을 수 없는 사회적 구조에서 '혼밥' 텍스트가 자연스럽게 나온 것이다. 혼밥에 관한 두 가지 설명 중에서 무엇이 더 적절한 논술로 보이는가?

나는 혼밥 문화에 관해 연구한 적은 없지만, 일방향적인 설명보다는 혼밥의 텍스트 주체와 혼밥을 먹는 사회구조 사이에 상호작용이 있다고 전제하는 것이 적절해보인다. 개인의 시대가 열렸다고 한다. 이는 울리히 벡Ulrich Beck이 《위험사회》에 쓴 것처럼 아무도 책임지지 않는 고립된 개인의 시대이기도 하지만, 한편으로는 위계와 타인의 시선에서 자유로운 개인의 시대로 해석될 수도 있다. 어쨌거나 '혼밥'에 관한 담론은 혼밥을 하게 하는 개인주의-신자유주의 사회구조에 의해 영향을 받을 수밖에 없다. 그러나 맥도널드 같은 대기업이든 영향력 있는 유튜버든 '혼밥'에 관한 텍스트를 나름의 이득을 위해서, 혹은 그저 유희적으로, 만들고 유포하고 있다. 그런 텍스트가 여기저기 쌓이면서 혼밥은 견고한 사회적 현상으로 보이기도 한다. 눈에 보이는 텍스트는 사회질서에 효과를 끼치고, 혼밥을 먹거나, 혼밥을 먹을 수밖에 없는 '혼밥하는 사회'를 관념적으로 구성한다.

이런 접근이 바로 텍스트-콘텍스트, 미시-거시, 언어-사회의 변증법적, 상호작용적 관계성이다. 〈그림 4〉에서 구분한 언어-사회 관계성에 관한 일방향적 관점들과는 다르다. 혼밥에 관한 담론은 텍스트와 콘텍스트, 개인과 사회구조, 미시적 장치와 거시적 조망 사이에서 매개하는 역할을 맡는다. 혼밥 담론을 알게 되면 혼밥을 먹는 사회구조의 영향력을 이해할 수 있고, 개인이 혼밥에 관한 텍스트를 만들며 그만큼 새롭게 구성되는 사회질서를 기획할 수도 있다.

4장 담론의 역할

텍스트-콘텍스트를 매개하는 담론의 개입(실천과 관행)을 다르게 설명할 수도 있다. 미국에서 담론과 리터러시를 연구해온 언어학자 제임스 폴 지James Paul Gee는《담론분석 입문Introduction to Discourse Analysis》에서 언어language의 속성을 정보 전달, 행위 유도, 정체성 구성으로 구분했다. '언어'라는 용어를 사용했지만 이 책에서 다루는 '담론'의 속성에 더 가까운 논술이다. 언어 혹은 담론은 정보를 전달하고(saying), 행위를 유도하며(doing), 사회적 존재(정체성)와 질서를 구성한다(being).

정보성-행위성-정체성은 한 방향으로만 연결되는 것이 아니다. 어느 방향으로도 효과를 끼칠 수 있다. 텍스트로부터 어떤 사실, 감정, 의견에 관한 정보를 전달하면서(saying), 개인, 집단, 학교, 기업, 국가의 특정 행동을 유도하며(doing), 개인/집단의 정체성, 사회적 관계, 사회질서를 구성한다(being). 역방향으로 말하면, 구조화된 사회질서로부터 호명되는 개인/집단은 상식에 따라 행동하도록 유도된다. 그리고 그만한 행위를 자연스럽게 유도하는 텍스트는 늘 엇비슷하게 출현한다.

누구를 좋아하고 결혼하고 함께 살아가는 과정도 그런 점에서 보면 다분히 담론의 실천이고 관행이다. 서로 좋아하게 되면 우리는 텍스트 차원의 정보를 교환한다. 텍스트 배치와 교환은 관념적이지 않고 구체적인 행위를 유도한다. 행위로 끝나지 않는다. 사랑하든 억압하든, 존중을 받든 피해를 당하든, 서로가 관계적 정체성을 형성하도록 유도한다. 자상한 남자친구가 무심한 남편이 될 수 있다. 그런 관계성이 미디어를 통해 일종의 집단의식처럼 형성되면 남자친구와 여자친구가, 혹은 남편과 아내가 의례적으로 사랑하고 결혼하고 살아가는 구조화된 사회적 질서가 용인된다. 그런 구조가 견고해지면 연인이나 부부의 일상적 행위와 정보 교환은 지배적인 사회적 관행으로부터 쉽게 예측될 수 있다.* 담론의 세 가지 역할을 구분하여 다시 부연하면 다음과 같다.

1. 정보 전달

우리가 가장 먼저 생각할 수 있는 담론의 역할이다. 음가, 어휘, 문장 단위를 넘어 보다 확장된 분량의 말과 글로, 혹은 기호적/문화적 구성물로부터 우리는 정보를 교환한다.

---

* 사랑의 서사는 아니지만 영화 〈토이스토리 2〉에서 주인으로부터 버려게 되어 잔뜩 위축된 우디는 박물관에 전시돼 평생 살아가는 행위성을 선택하려고 한다. 버즈는 그런 우디에게 이렇게 말한다. "뭘 위해서? 유리 상자에 갇혀 아이들을 바라보며 영원히 다시 사랑받지 못하는 삶? 그것도 삶의 한 방식이긴 하지(To do what, Woody? Watch kids behind glasses and never be loved again? Some life)." 우디의 정체성은 장난감에 관한 이상화된 관념으로 정해지지 않는다. 일상적으로 반복되는 (기호적) 행위성으로 만들어진다.

2. 행위 유도

담론이 구성되는 과정에서 감정, 사실, 의견과 같은 정보는 객관적으로 운반되지 않는다. 앞서 설명했듯 담론은 세상을 객관적으로 비추는 거울이 아니다. 담론구성체로부터 전달되는 정보는 편향적으로 (혹은 가치를 개입시키면서) 해석되면서 특정한 행위를 유도한다. 간단한 예를 들면 다음과 같다. 학생들이 교실 안팎에서 조별 활동을 시작할 때 서로 인사를 한다. "안녕하세요." 학생들은 모두 특정한 형태와 내용의 텍스트, 혹은 나름의 표정과 동작 등을 결합해 인사말 정보를 전달한다. 그러나 이는 단순한 정보로 구성된 것이 아니다. 어떤 학생은 조별 활동으로부터 과제를 잘 마치려 하고 서로 편한 관계를 기대한다. 어떤 학생은 리더가 되려 하고, 또 어떤 학생은 조별 활동에 전혀 관심이 없다. 무의식적이지만 바쁜 사람처럼 보이려 하거나, 조원들로부터의 어떤 관심이나 기대를 사전에 차단하고 싶은 학생도 있다. 간단한 인사말에도 그들이 선택한 정보의 질과 양은 다르다. 친근하게, 무뚝뚝하게, 혹은 일부러 어눌하게. 그렇게 나름의 방식으로 자신과 상대방의 행동이 기대된 만큼 유도되길 바란다.

수업을 마치고 건물 밖을 나오면서 여자친구에게 "오늘 날씨 참 좋다" 혹은 "배가 너무 고프다"라고 정보를 전한다. 그건 현재 기온이나 배고픈 상태를 객관적으로 전하는 정보로 해석되면 안 된다. 함축적 의미가 있다. 그 말을 듣는 상대방과 무언가를 하자는, 혹은 하지 말자는 요구의 행위성을 담고 있다. 특정한 입장, 태도, 신념, 가치, 프레임 등으로부터 세상을 보고, 이해하고, 정보를 전할 때 우린 어떤 것을 실행하고 싶어 한다. 혹은 실행되기를 원하지 않는다. 구체적인 시공간과 관계, 역사적 배경이나 사회정치적 맥락에서 하나의 텍스트가 선택되고 사용될 때는 특정한 행위, 결단, 판단, 공감이 전제된다.

3. 정체성과 사회질서 구성

이처럼 행위를 유도하는 텍스트가 일관적으로 선택되고 배치되면 특정한 방향으로 행위성이 구성되면서 개인, 집단, 학교, 기업, 민족, 국가의 사회적 정체성마저 새롭게 형성될 수 있다. 조폭이 등장하는 영화에 욕이 담긴 텍스트를 반복적으로 배치하면 보통 사람과는 다른 위협적인 행위성이 연상될 수 있다. 그게 당연한 상식처럼 반복이 되면, '조폭은 무섭고'(조폭의 정체성), '조폭을 피해야 하고'(조폭과의 관계성), '다수를 위협하는 조폭을 잡아 가두어야 하는'(조폭에 관한 사회적 질서) 사회구조가 자연화된다. 물론 역방향의 구성도 가능하다. 조폭에 관한 상식과 법질서(사회구조)로부터 조폭에 관한 여러 행위성이 당연시되고, 욕이든, 깍두기 헤어스타일이든, 시커먼 색깔의 양복이든, 늘 화난 표정이든, 조폭을 재현하는 정보 텍스트는 늘 어딘가에 자동적으로 배치된다.

2016년에 시작된 광화문 촛불 집회에 관한 담론 구성이 더 좋은 예시이다.[7] 당시 촛불 집회를 보도한 여러 매체는 세계적으로 전례가 없다는 "비폭력 평화시위" 텍스트를 빈번하게 사용했다. "세계가 극찬" 했다며, (3차 촛불 집회 때 한차례를 제외하고는) 단 한 명의 연행자도 없을 뿐 아니라, 물대포도, 차벽도, 불필요한 경찰 진압도 없는 "쓰레기 하나 없는 모습에서 세계가 놀랐다"면서 촛불 집회는 우리 문화의 "위대한 유산"으로 보도되었다. 방송이나 신문 매체에서는 집회 후 쓰레기를 자발적으로 치우는 차분해 보이는 시민들의 이미지가 자주 등장했다. 시위 중이지만 웃으며 밝은 표정으로 노래를 부르는 시민도 자주 보도되었다.

한번 생각해보자. 당시 촛불 집회에 참여한 시민은 그와 같은 텍스트의 배치로부터 혹시 '평화롭게 시위를 하는, 평화롭게 시위를 해야만 하는 시민성', 즉 비폭력의 행위성이 자연스럽게 유도된 것은 아닐까? 촛불 집회의 시위대가 갖춰야 하는 태도(정체성)는 여기저기에 반복적으로 축적된 텍스트의 행위성으로부터 만들어진 것이 아닐까? 오래전부터 자본과 권력을 가진 입장에서 보면 '시위' 텍스트는 늘 불법적이고 파괴적인 행위성을 유도했다. 시위에 관한 텍스트는 폭력의 행위, 그걸 방지하는 또 다른 폭력의 행위로 연결되었다. '평화'와 '시위'는 그래서 결합될 수 없었다.

당시 촛불 집회에 관한 정보성(saying)은 달랐다. '평화'와 '시위'는 서로 붙어서 복합명사가 되었다. 무엇이 먼저인지 모르겠지만, 평화로운 시위대의 모습은 '평화시위'에 관한 텍스트와 자주 결합되었다. 평화롭게 시위하는 행위성은 여러 매체로 확장되었고, 이제 "세계가 극찬"하는 평화 시위대/시민의 사회적 존재(정체성)가 이례적으로 구성되었다. 시위는 평화롭게 할 수도 있다는, 혹은 그렇게 해야 한다는 사회 질서가 실현된 셈이다.

'평화-시위'를 정당화한 건 담론의 역할이었다. 평화-시위에 관한 일관적이면서도 반복적인 특정 텍스트의 배치로부터 새로운 행위성과 정체성이 유도되었다. 행위의 반복은 새로운 권력(질서)의 형성으로 연결된다. 그리고 구조화된 권력질서는 다시 특정 행위를 반복하게 하면서 그에 합당한 텍스트를 다시 배치하도록 유도한다. 그렇게 보면 하나의 텍스트에 하나의 고정된 의미가 있다고 보기 어렵다. 누구든, 무엇이든, 어떤 정체성도 영구적이고도 본질적인 속성으로 볼 수 없다. 담론으로부터 정보가 전달되고 행위가 축적되면서 정체성은 역동적이고 가변적으로 구성될 수 있다.

정체성은 단수가 아니라 복수이며, 이해관계에 따라 변하기에 모순적으로 보일 때도 있다. 담론의 매개로부터 정체성은 변할 수도 있다. 담론으로부터 우리는 정보를 전한다. 행위를 유도한다. 사회적 존재와 질서를 구성한다. 담론으로부터 우리는 사회적 존재와 질서를 당연한 것으로 숙지한다. 그로부터 어떻게 행동해야 하는지, 무엇을 전해야 하는지 안다. 그런 점에서 담론은 중립적이지 않고 순수하지도 않다. 담론은 세상 속에서 정보를 전달하고, 행위를 유도하며, 정체성을 구성하는 역할을 감당하고 있으며 우리는 이렇게 만들어진 세상에서 살아간다.

5장 담론의 이동성과 역사성

1. 담론의 이동과 상호텍스트성

담론은 이동된다. 어떤 담론이든 어디선가 시작되어, 매체를 이동하며 여러 매체를 통해 유통되고, 누군가로부터 소비된다. 잘 순환하기도 하고 그러다가 말기도 한다. 이동되는 담론이 상품이나 서비스의 유통과 다를 바 없으니 담론도 '물질적 효과'를 만든다고 본다. 영어경시대회, 영어마을, 영어유치원, 서울대학교가 개발한 영어능력시험인 텝스TEPS, 교육부가 주도해 만든 국가영어능력평가시험 니트NEAT, 영어특기자 대학전형, 영어졸업인증제, 글로벌 인재, 글로벌 캠퍼스 등에 관한 담론도 여기저기 돌아다니며 물질적 효과를 만든다. 수익이 생기고, 제도가 바뀌고, 인력 충원이 되기도 한다.

만들어진 담론은 누군가로부터 인용되어 전달되고, 신문 매체에서 소개되고, 정책문서에도 등장하고, 그렇게 자꾸만 흘러 다닌다. 다수 초등학생에게 영어마을을 체험하게 하고, 교육부가 주도해 토종영어시험을 만들고, 입학과 입사, 졸업이나 파견에 실질적인 자격을 부여하는 제도를 만들어낸다. 영어마을과 같은 몰입형 교육활동이 중요하다고 여겨지면서 더 많은 학생이 돈을 쓰고 참여하게 된다. 뭐든 더 중요해지면 돈과 시간이 투자된다. 관련된 문화공간이 더 생기고, 제도와 법안도 개편된다. 담론을 관념으로만 생각하면 안 된다. 생산되고, 유통되고, 소비되는 물질처럼 생각해도 좋겠다.

푸코의 《광기의 역사》에는 정신의학과 같은 지식이 개입하면서 '광기'에 관한 담론이 새롭게 구성된 계보적 예시가 있다. 중세 때만 해도 '신의 은총'으로도 해석된 광기는 근대에 들어오면서 '이성의 결핍'으로 해석된다. 광기를 가진 비정상적 인간은 감호소에 격리되거나 병원에서 교정되기 시작한다. 푸코는 광기의 담론으로부터 '광기'의 본질 혹은 진실보다는 담론의 매개로부터 발생하는 물질적 효과, 즉 권력의 효과를 주목한 것이다.

고작 텍스트 덩어리로 보이는, 혹은 이데올로기로부터 산출된 텍스트들의 합이 어떻게 물질적 효과를 유도할 수 있을까? 담론의 이동성과 물질성을 이해하는 데 가장 좋은 개념은 미하일 바흐친Mikhail Bakhtin의 상호텍스트성intertextuality일 것이다.

텍스트는 홀로 힘을 발휘할 수 없다. 잘 알려진 텍스트가 전제되거나 인용되면서 힘을 얻는다. 장르, 스타일, 핵심주제 차원에서 텍스트들은 서로 연결되면서 담론의 효과를 획득한다. 텍스트는 그럴 때만 눈에 띄고, 귀에 들리고, 사람들이 다시 말할 만한 효과가 발생한다. 달리 말하면 텍스트는 서로 연결이 될 때만 담론으로 작동할 조건이 형성된다. 앞선 텍스트(를 품은 담론)은 따라오는 텍스트(를 품은 담론)과 늘 연결되어 있다. 텍스트들은 느슨하더라도 원인과 결과, 문제와 해결, 혹은 온전하지 않더라도 서사의 선형적 순서로 서로 연결되어 있다.

2. 담론의 생산, 유통, 소비

담론은 국가기관, 학교, 기업, 시민단체, 언론사 등에서 생산될 수 있다. 또 현재는 개인이 손쉽게 접근할 수 있는 미디어 플랫폼이 사방에 넘치기 때문에 누구나 담론을 생산하고 담론경쟁에 참여할 수 있다. 생산뿐만 아니다. 우리는 우리가 만든 텍스트를 다른 매체로 손쉽게 전달하거나, 듣고 본 것에 (댓글 등을 통해) 텍스트를 보태면서 담론 구성의 유통자 역할 또한 맡고 있다. 또 우리는 다양한 담론을 나름의 방식으로 소비하며 살아간다. 담론의 생산, 유통, 소비를 구분해 탐구한다면 각각 다음 사항을 주목할 수 있다.

우선 담론의 생산에서 어떤 형식(예: 특정 장르나 스타일의 형식성)으로부터 어떤 내용(예: 해당 담론의 핵심주제)이 드러나는지 살펴야 한다. 물론 복수의 형식성이 여러 주제들과 복잡하게 연결되면서 담론이 생산되기도 한다. 예를 들어 보수 정당이 정치적 이해가 담긴 경제정책(예: 부동산에 관한 세금정책)을 발표하는데, 그와 협력하는 경제단체에서 지지 선언서를 발표한다. 동시에 특정 매체(예: 조선일보)에 관련 기획기사가 실린다. 담론 생산 과정에서 복수의 장르가 사용된 것이다.

TV 뉴스에서 앵커가 진중한 톤으로 사실을 보도하는 스타일로부터 영화 〈기생충〉의 특별한 가치를 전한다. 예능방송에서는 해당 영화에 출연한 배우들이 나와 재미난 일화를 소개하며, 영화가 제작될 때부터 얼마나 특별했는지가 부연된다. 복수의 스타일이 〈기생충〉은 특별하다는 담론적 효과에 동시에 활용된 것이다. 중형 세단 자동차 광고를 새롭게 제작하면서 화려하게 사는 상류층 부자를 연상하게 하는 상징적 기호(예: 고급스러운 건물, 멋진 옷차림)가 배치된다. 최근의 고급 자동차 광고에서 부자는 여성성의 기호로 재현된다. 고급 자동차 광고에 늘 등장했던 남성적 텍스트가 없다. 이를 통해 누구든지 돈만 있으면 고급 자동차를 소유할 수 있다는 자본 친화적 행위성을 광고물에 함축할 수 있다.

이런 것들을 모두 상호담론적interdiscursive 전략이라고 부른다. 매개적 속성의 담론들은 서로 비슷한, 혹은 다르거나 전혀 상관없는 장르, 스타일, 핵심주제를 선택적으로 사용하면서 담론으로서 기능을 상보적으로 발휘하게 한다. 담론 생성을 탐구할 때 상호담론적 속성보다 텍스트를 묶는 인용과 전제에 더 주목할 수도 있다. 당연한 상식을 전제하고 다른 곳에 등장한 텍스트를 느슨하게 인용하면서 해당 텍스트의 의미를 더욱 부각시키는 전략은 담론의 효과를 만들 수 있다.

담론의 유통에서 가장 흥미롭게 주목할 점은 서로 다른 시공간, 그리고 논리와 감정을 연결하는 텍스트 간 결속 전략, 즉 상호텍스트적 연결intertextual chain이다. 한번 만들어진 텍스트는 한 자리에 가만히 머물지 않는다. 서로 연결되었던 텍스트는 자꾸만 다시 만난다. 이를 통해 담론적 효과가 커진다. 담론이 유통되고 확장되려면 텍스트들이 반복해 다른 조합으로 묶여야 한다.

예를 들어 국내 이주민(예: 결혼이주민이나 외국인 유학생)의 한국어 능숙도가 낮아서 한국 (교육)사회에서 문제가 발생한다는 연구논문이 학계에서 발표된다. 한국어능력시험인 토픽TOPIK을 주관하는 국가기관(국립국제교육원) 직원은 해당 논문을 인용하면서 이제 말하기 시험도 개발해 앞으로 모든 이주민이 꼭 응시하도록 해야 한다는 보고서를 만든다. 시험 개발 용역을 맡은 연구팀은 보고서의 내용을 당연한 문제-해결 방식으로 전제하면서 시험 개발과 집행의 필요를 긍정적으로 논술한다. 거기서 만들어진 텍스트는 교육부나 법무부의 보도자료로 옮겨지고, 그걸 받아서 언론사의 기사가 만들어진다. 정책 의도를 지지하는 전문가의 칼럼, 독자의 투고, 사설이 나온다. 긍정적인 내용의 댓글이 인터넷 기사 밑에 달린다. 해당 정책을 지지하는 정치인이 TV에 출현하여 연구논문, 정책문서, 신문기사를 다시 언급한다. 이처럼 '상호텍스트적 연결'을 통해 이주민에 관한 담론은 유통된다. 이주민의 상황, 문제이자 해결책이 되는 언어능력, 토픽-말하기시험의 필요는 반드시 논리적으로 묶일 필요가 없다.[8] 그렇지만 서로 묶이면서 유통되기 시작하면 지배적인 담론으로 위치될 수 있다.

마지막으로 담론의 소비 측면이 궁금하다면 청자와 독자가 생산되고 유통된 담론을 실제로 어떻게 인식하고, 수용하고, 거절하고, 혹은 다른 의미로 전유appropriation하는지 탐색해야 한다. 예를 들어 뉴타운을 설립하겠다는 부동산정책 담론의 소비를 알아보려면 해당 텍스트의 이해당사자(예: 건설업자, 부동산 중개인, 잠재적 매수자와 매도자)를 만나서 문화기술지 연구ethnographic research로부터 추가 자료를 수집해야 한다. 정책문서와 미디어 자료만으로는 부족하다. 사실 하나의 담론연구로부터 담론의 생성을 추론하면서 다양한 유통과정을 추적하고 동시에 담론 소비의 규칙성까지 파악하기는 쉽지 않다. 그래서 담론연구는 더욱 다양한 관점과 전문성으로 보강될 필요가 있다.

3. 담론의 기획/생성, 유지/경쟁, 확장/소멸

담론은 복잡하게 얽힌 역사성을 갖고 있다. 통시적 차원에서 담론은 생성되면서도 계속 재구성되기 때문에 언제 그 담론이 시작되었는지는 대개 불분명하다. 담론은 다른 담론들과 경합을 거치면서 소멸할 수도 있고, 또는 더욱 지배적인 담론구성체로 확장할 수도 있다.

예를 들어 개 식용 담론 혹은 반려견 담론에 관해 생각해보자. 나는 지금 강아지와 살고 있다. 나는 견종을 특별히 가리지 않고 개로 불리는 동물을 사랑한다. 당연히 내가 개고기를 먹는다는 건 상상할 수 없다. 개 식용을 허용하는 정책에 반대한다. 개고기를 긍정적으로 기술하는 모든 서사와 주장(예: "여름철 몸보신에는 보신탕만큼 좋은 것이 없어!)을 듣지 않는다. 개 식용과 반려견에 관한 나의 신념과 가치체계는 이처럼 편향적이다.

그런데 나는 대학생일 때 학교 인근에 있었던 여러 보신탕 식당 중 한 곳에서 선배들과 몇 차례 개고기를 먹었(던 기억이 있)다. 당시만 해도 나는 개와 살아본 적이 없었다. 반려견에 관한 사회적 논의도 듣지 못했다. 요즘에는 반려견이 예능방송 장르에도 자주 등장한다. 방송뿐 아니라 일상 어디에서도 반려견은 친밀한 스타일(예: 참여자들이 웃으며 친한 친구와 대화를 나누듯 개와 소통하는 모습)로 재현된다. 그런 매체에서 개 식용 문화는 아예 등장할 수도 없다. 내가 대학생일 때는 "반려견"이란 표현도 없었던 것 같다. 그때 우리는 개와 침대에서 같이 자는 거주문화도, "개는 가족의 일부"라는 미디어 텍스트도 이해할 수 없었다.

그럼 어느 내가 진짜인가? 개고기를 먹던 그때의 나인가? 개를 가족처럼 생각하는 지금의 나인가? 선택할 것도 없다. 그때나, 지금이나, 같은 나인 것이다. 지금은 개 식용을 반대하는 문화 담론이 지배적이다. 나 역시 새로운 시대 풍조에 익숙해졌고, 개고기를 먹지도 않을 것이다. 하지만 불과 몇십 년 전만 해도 개 식용에 관한 다른 지배적 담론이 있었다. 세월이 흘러 반려견 담론이 특수한 우리의 사회적 조건으로부터 새롭게 생성되고 확장되었다. 상대적으로 개 식용의 담론은 약해지고 소멸하는 중이다.

그럼 이제 개는 인간의 영원한 친구가 될 것인가? 그건 모른다. 식용과 반려견에 관한 어휘와 문장구조의 선택, 혹은 인간-동물의 관계적 이데올로기는 새로운 담론적 매개로부터 지금과 전혀 다른 방식으로 변할 수 있다. 이런 상상을 해보자. 핵폭탄이 터지고 제3차 세계대전이 발발한다. 인류는 고통스럽게 기아와 싸우면서 죽고 죽이는 폭력에 익숙해진다. 돌봄에 관한 감정적인 수사, 예를 들면, 강아지가 가족의 일원이라며 배려하고 사랑하는 '반려견' 텍스트 역시 미디어에서 사라진다. 전쟁과 고통의 시간이 길어지면서 먹을 만한 것은 모조리 식용으로 사용한다. 끔찍하지만 이런 세상이 오지 않는다고 장담하진 못한다. 개를 먹어도 된다는 담론은 역사적으로 여전히 현재진행형이다. 담론질서는 변할 수 있다. 담론은 역사고, 특정한 역사적 조건으로부터 재구성될 수 있다. 담론은 어디서부터인가 시작하고 힘을 얻는다. 이해당사자들은 그 담론을 지지하기도 하고 반박하기도 한다. 유사 담론들은 서로 경쟁한다. 어떤 담론은 소멸하고, 또 어떤 담론은 경쟁에서 살아남는다.

담론의 역사성을 분석하긴 쉽지 않다. 반일anti-Japan, 학벌, 인종차별, '강남불패' 부동산 신화 등의 담론은 사회적 조건부터 복잡해 보인다. 그렇지만 담론이 생성되던 사회정치적 배경과 몇 가지 핵심 사건을 추적하면, 해당 담론이 어떻게 시작되고 유지되었는지, 왜 소멸하거나 확장했는지 추론할 수 있다. 등장한 텍스트 사용의 경향을 파악하고, 텍스트가 어느 매체에서 어떤 스타일로 배치되었는지도 알 수 있다.

서덕희 교수가 연구논문으로 발표한 '교실붕괴' 현상에 대한 분석은 담론의 역사성을 다룬 것이다.[9] 1999년 8월 23일부터 31일까지 조선일보는 "무너지는 교실"이라는 기획기사를 통해 당시 교육 현실을 '교실붕괴'라는 메타포로 재현한다. 기획기사는 보도기사, 전문가 칼럼, 독자투고, 여론조사, 사설 등과 상호텍스트적으로 연결된다. 그리고 해당 담론은 '붕괴'의 메타포를 실재적으로도 유도한다. '교실붕괴'라는 현실은 실증적으로 검증할 수 있는 사회적 현상인지 분명하지 않다. 모호하고 중의적인 텍스트로 시작했지만 담론적 효과가 성공적으로 드러나면서 당시 중산층 학부모들이 교실붕괴를 하나의 진실로 수용한다. 붕괴되는 교실을 피해서 어린 자녀에게 조기유학을 권고하거나, 홈스쿨링에 관심을 갖는 또 다른 담론(의 실천)이 유도되었다.

서덕희 교수의 후속 연구에 따르면 교실붕괴 담론은 신자유주의 교육사회의 질서로부터 또 다른 전환점을 맞는다. 교실붕괴 담론은 "감옥으로부터의 탈출"이라는 의미 공간을 새롭게 확보하면서 홈스쿨링 교육 담론과 연결되고 '개인선택권'과 '공동체적 신사회운동' 담론으로 분화된다. 개인 선택권 담론을 미디어가 적극적으로 유포하면서 당시 공교육 정책이기도 한 학교선택권 담론과도 연결된다. 즉 제도권 교육 안에서 개인이 그나마 학교를 선택할 수 있는 '학교선택권' 담론과 연결되면서 개인선택권은 신자유주의 교육담론 안에서 나름의 위치성을 갖는다. 성공한 홈스쿨링 담론이 하나의 상품처럼 재현되면서 'how-to' 즉 '어떻게 공부하고 무엇을 준비할 것인지'에 관한 자기계발서(특정 장르)가 미디어를 통해 빈번하게 소개된다. 자녀를 좋은 대학에 성공적으로 진학하도록 도운 학부모의 비법이 하나의 스타일처럼 관련 담론의 형식성을 채우곤 한다. 상대적으로 공동체적 신사회운동 담론은 약화된다.

토플 대란과 토종시험 담론의 역사성은 미디어나 정책문서 자료를 수집하면서 내가 연구논문과 보고서로 발표한 논점이다.[10] 2007년 6월 국내 언론사는 당시 새롭게 시행되는 인터넷 기반 토플시험TOEFL iBT 시험을 응시자들이 원하는 시험날짜에 제대로 신청하지 못하는 상황을 전하면서 이를 '토플 대란'으로 명명한다. 그런 중에 영어시험을 토종시험과 해외시험의 이항으로 구분하고 결국 국가가 주도하는 한국판 토플("Korean TOEFL") 혹은 한국판 토익("Korean TOEIC")을 개발해야 한다는 텍스트를 선택하고 여러 스타일로 다양한 장르에 배치한다. 급박한 위기, 문제적 상황, 진단과 해결책을 조직적으로 제시한 '토플 대란' 담론체계는 다음 해 시작된 이명박 정부가 NEAT(National English Ability Test) 개발과 시행을 즉각적으로 주도하는 데 중요한 기여를 한다. 토종영어시험과 NEAT 담론은 교육부, 교사, 사교육업자, 학부모와 학생 모두에게 영어-시험-공부에 관한 행동을 규제하는 중요한 지침이 된다. 그러나 NEAT 개발과 시행 담론은 2014년부터 사교육 문제를 지적하는 경쟁/대항 담론의 벽을 넘지 못하고 박근혜 정부가 시작되면서 갑작스럽게 폐기된다.

또 다른 연구[11]에서 나는 NEAT 담론이 생성기(2007~2008), 확장기(2009~2011), 소멸기(2012~2015)의 역사를 거쳤다고 주장했다. 생성기에는 문제 발생(예: 해외 시험의 높은 수요와 낮은 공급, 수험자의 불편)과 해결(예: 토종시험 개발)의 담론경쟁, 확장기에는 개발 및 시행의 찬성(예: 국가 책무성, 실용영어, 효율성)과 반대(예: 사교육 문제, 시험 기반 학습)의 담론경쟁, 그리고 소멸기까지도 시행 중단의 찬성(예: 국내용, 사교육 문제, 기술력 한계)와 반대(예: 예전 공부로 회귀, 예산 낭비, 희생양이 된 학생)의 담론들이 계속 갈등하고 경쟁했다. 담론들이 경합하는 중에 결국 NEAT 개발과 시행은 중단되었다. NEAT의 필요와 시행을 알리는 쪽에서는 시험을 잘 만드는 것만큼이나 경쟁/대항 담론들을 영리하게 감당해야만 했었다.

지배적인 이데올로기로부터 NEAT 담론의 역사성을 정리하면 다음과 같다. 우선 토플 대란이 시작될 때 시장 원리를 강조하는 경제주의 텍스트가 넘쳤다. 수요가 많은 토플, 수요가 없는 토종시험(의 개발)에 관한 미디어 텍스트가 먼저 등장했다. 그러나 며칠 만에 (자국민 우선주의) 국가주의 입장을 드러내는 텍스트가 출현한다. 한국 정부가 주도하고 국민이 자부심을 가질 수 있는 토종영어시험의 개발과 시행이 필요하다는 주장이다. 결국 N(ational)EAT라는 이름처럼 국가가 주도하는 토종시험 개발이 시작된다. 한국이 "기술강국"임을 반복적으로 환기하면서 기술주의와 경제주의 기반의 효율성으로부터 NEAT 개발과 시행의 여러 절차가 정당화된다. 그러나 역설적이게도 파일럿 시행을 거치면서 기술적 결함이 지적되고, 사교육비라는 경제적 부담도 빈번하게 언급되면서 NEAT 개발과 시행의 명분은 폐기해야만 하는 담론으로 전환된다.

NEAT에 관해서 무엇이 진실일까? NEAT 시험은 문제라서 폐기되었고, 토익 시험은 문제가 아니라서 지금도 사용되는가? 그렇지 않다. 담론들의 경쟁에서, 사회적 조건으로부터 NEAT 담론이 현재 소멸된 것이다. 담론이 경쟁력을 가지려면 담론 자체의 논증적 구조도 중요하지만 사회정치적 맥락 위에서 충돌하는 경쟁적인 담론들을 감당해야 한다. NEAT 시험의 소멸은 문항의 내용타당도, 채점의 신뢰도 등과 같은 시험 자체의 타당도 속성보다 관련 담론을 기획하고, 홍보하고, 사회정치적으로 권력을 획득하는 담론장에서 이유를 찾아야 한다.

역사성 측면에서 내가 실행한 연구 중에서 기억에 또 남는 것은

'글로벌 인재'에 관한 담론이다.[12] 글로벌 인재는 누구라고 생각하는 가? 산업화 시기를 지나고 세계화 담론이 본격화되면서 지난 30여 년 동안 미디어는 국가기관, 학교, 기업과 협조하며, 혹은 위계적 권력관계를 반영하면서, 글로벌 인재의 필요, 출현, 특성, 변화 등을 끊임없이 재구성해왔다.

간략하게 논점을 요약하면 다음과 같다. 우선 김영삼 정부는 국내 인력과 대비되는 우수한 해외 현지인, 현지화된 해외 인재를 글로벌 인재로 호명했다. 김대중 정부가 시작되면서 국부로서의 인재, 탈한국 인재의 수사에 글로벌 인재에 관한 텍스트가 등장했다. 노무현 정부 때는 모든 인재가 글로벌 인재라고 불린다. '적합한 인재Right People'로 불리는 지식기반의 인재 담론을 통해 글로벌 인재의 주체성을 새롭게 본질화시켰다. 이명박 정부가 시작되면서는 모든 국민이 글로벌 인재라는 선언이 등장한다. 다문화가정 구성원, 기업의 임원과 사원, 중장년층까지 글로벌 인재로 호명된다. 박근혜 정부는 글로벌 도시의 시민, 초국가적 국가 구성원, 다중 국적의 다중언어를 사용하는 기업구성원을 글로벌 인재로 호명하기 시작한다. 이런 흐름을 보면 대한민국에서 통용되었던 '글로벌 인재'의 의미는 단일하지 않다. 글로벌 인재에 관한 텍스트는 담론의 개입으로부터 새롭게 선택되고 배치된 것이다.

이와 같은 방식으로 우리는 얼마든지 관련 연구를 기획할 수 있다. '난민', '세계시민', '영포자', '멀티링구얼', '트랜스링구얼', '메트로링구얼', '신토익', '오픽OPIc 말하기시험', '토종시험' 등과 같은 담론의 지식/권력 체계는 원래부터 있던 것이 아니다. 이런저런 필요와 상황의 조합으로부터 담론적 사건이 유도된 것이다.

나는 언젠가 토익 담론을 제대로 탐구해볼 계획을 갖고 있다. 토익에 관한 텍스트가 미디어에 등장한 것은 20여 년 전부터인데, 토익 담론은 지금도 지배적이다. 부정적이든 긍정적이든 아직도 관련 텍스트가 넘친다. 토익 담론은 영어시험, 영어능력의 인증과 관리, 학생과 인재 선발, 관련 정책, 영어공부와 연결된 지배적인 신념체계로 유지되고 있다. 그런데 토익의 역사성에 대한 분석은 차치하고 토익을 담론의 구성체로 분석하거나 비판하는 연구는 없다. 토익 담론이 지배적인 위치를 아직도 유지하는 것에는 이런 이유도 있을 것이다. (유사) 토익을 만들고, 시행하고, 시험결과를 이용하고, 시험을 준비시키고, 열심히 공부하고, 교재나 교육과정을 만드는 사람들은 많다. 토익/영어/시험에 관한 담론질서는 거대한 성곽처럼 보인다. 토익 담론은 어떻게 구조화되었을까? 경쟁 담론들과 어떻게 경합하며 지금의 지배적 위치성을 유지할 수 있었을까? 어떤 역사성을 가지고 있을까?

6장 담론의 정치성

담론은 왜 구성될까? 담론은 왜 지식의 옷을 입고 기득권력을 저지하거나 지배적 권력을 확장할까? 담론은 당연해 보이는 텍스트를 배치하며 우리의 미시적인 일상과 거시적인 사회질서에 개입한다. 담론이 그렇게 개입하는 이유는 탐나는 재화나 상징자본이 언제나 제한적이기 때문이다. 부자가 되거나, 유명해지거나, 힘이 센 국가가 되는 것은 쉽지 않다. 경쟁을 감당해야 하기 때문이다. 자유롭고 한가롭게 지내려고 해도 누군가 악담을 하고 간섭한다. 우리는 늘 갈등하고 충돌하고 경쟁한다. 이런 이유 때문에 총칼은 아니더라도 텍스트로 담론적 포획을 시도한다. 생명을 가진 주체의 욕망이 모두 사라지지 않는 한 담론의 동원과 경쟁은 사라지지 않는다. 우리가 정치적인 만큼 담론의 속성도 정치적이다.

자연환경이 바뀌고 대통령이 바뀌고 돈벌이가 바뀌면, 그만큼 욕망도 바뀌고 담론도 새롭게 정치화된다. 사회적 질서는 가변적이다. 권력관계는 변할 수 있다. 상징적 자본질서도 변한다. 그럴 때마다 담론이 개입한다. 물론 담론이 개입하면서 권력관계나 상징적 자본질서가 변하기도 한다. 누군가로부터 새로운 지식이 적극적으로 인용되며, 주체가 새롭게 호명되기도 한다. 푸코가 고발한 정신의학 담론 역시 정치화된 것이다. 그에 따르면 근대적 의미의 '광인'이란 주체는 새롭게 구성된 것이다. 이전 역사의 호명방식과 다르다. 정신의학이 담론에 개입하면서 이성과 비이성, 혹은 정상과 비정상의 이항이 분명하게 만들어졌다. 달리 말하면, 비이성과 비정상으로 구분된 주체는 전문가들이 해당 담론에 개입하면서 만들어진 것이다. 그런 결과 이성을 가진 '정상인'은 더욱 커다란 권력을 가질 수 있게 되었다.

담론은 기득권력이 주도하는 사회적 질서를 유지하게 한다. 또는 그런 관행에 저항하는 새로운 정치권력이 등장할 수 있도록 돕는다. 앞서 살펴본 토종영어시험 담론이나 글로벌 인재 담론도 주체의 위치를 조정하거나 물질적 효과를 새롭게 생산한다. 토종시험의 예를 들면 권력과 담론의 상호결속성으로부터 국내 수험자가 값싸게 영어시험을 볼 수 있는 주체로 호명된다. 한국, 한국인, 국내 기관은 독립적으로 영어시험을 만들고 운영할 수 있는 주체로 부각된다.

1. 진실과 진실의 효과

무엇이 우리를 불편하게 하는가? 무엇으로부터 우리는 복종하는가? 권력이 작동하는 곳에서 우리는 억압하고 억압받는다. 권력은 은밀하게 강요하고 자발적으로 복종케 한다. 이곳은 언어의 정치학이 작동하는 곳이며, 담론연구자의 비판의식이 요구되는 지점이다.

담론은 가치중립적인 텍스트의 총합이 아니다. 담론은 가치개입적인 텍스트-콘텍스트의 효과를 만든다. 그런 이유로 담론연구는 어떤 정치적 효과에 대해 비판적 의심을 한다. 담론연구자는 언어학적 분석만큼이나 사회정치학적 추론을 주목해야 한다. 연구자는 비판하는 자신의 입장에 대해 성찰하지 않을 수 없고, 비판의 대상, 비판을 위한 절차, 혹은 대안적인 신념과 가치체계 역시 다루지 않을 수 없다.

담론의 정치성을 설명하기 위해 다음 주장에 대해 생각해보자. 아래 선언은 모두 진실인가? 아니면 진실의 효과, 혹은 담론의 그림자일 뿐인가?

남성이 여성보다 우월하다.
백인이 어떤 유색인종보다 우월하다.
독일인이 유태인보다 우월하다.
한민족이 일본민족보다 우월하다.
부자가 되어야 한다.
시험을 통해 경쟁해야 한다.
서울대 학생이 중앙대 학생보다 우수하다.
영어능력인증제는 세계화 과정에 필수적이다.
미국식 영어사용이 영어교육의 표준이어야 한다.
원어민이 비원어민보다 영어를 더 잘한다.

이들은 모두 한때 진실로 수용되었거나, 지금도 진실로 수용되는 것들이다. 진실은 늘 분명하지 않다. 그럼에도 당위적으로 하나의 진실체계를 붙들고 있는 독단의 도그마 사회는 관련 텍스트를 양산하고 그걸 믿고 따르는 집단의 질서를 유지한다. 독일인이 유태인보다 우월하다는 텍스트의 모음은 수많은 유태인을 죽일 수도 있는 사회질서를 허락했다. 영어능력이 세계화를 준비하면서 필요하다는 믿음체계는 영어졸업인증제를 대학마다 도입하도록 유도했다.

그러나 진실과 진실의 효과는 구분되어야 한다. 진실의 효과는 텍스트 배치나 이데올로기의 동기로부터 실현된 것이다. 진실로 모셔지는 지배적이고 일상적인 이데올로기로부터 특정 텍스트가 계속 선택되면 진실의 효과는 진실이 된다. 거기서 텍스트와 콘텍스트를 매개하는 담론이 정치적 힘을 발휘한다.

노래 〈스승의 은혜〉는 이렇게 시작한다. "스승의 은혜는 하늘 같아서 우러러볼수록 높아만 지네." 노랫말에 나오는 '하늘 같은' 스승이라는 텍스트가 어떻게 읽히는가? '스승의 그림자도 밟지 마라'는 경구는 어떤가? '하늘 같은' 존엄한 스승은 감히 범접할 수도 없는 존재로 묘사된 시절이 있었다. 스승이란 정말 그렇게 대단한 인물인가? 아니다. 그건 스승의 기득권력으로부터 만들어진 정치적 효과일 뿐이다. 위계적으로 약자의 입장에 선 제자는 권력관계로부터 구성된 학교 안팎의 교육문화 공간에서 스승이 하늘 같다는 당위적 진실을 믿어왔다. 하늘 같은 스승은 진실이 아니다. 스승 담론은 정치적으로 구성된 것이다.

정치적 효과, 혹은 권력의 작동은 담론이 매개하면서 본격적으로 시작된다. 텍스트는 은밀하게, 혹은 명시적으로 권력의 위계적 관계를 드러낸다. 드러나든 감춰져 있든 제한된 (상징적) 자본을 두고 갈등이 발생할 수 있지만, 대개 기득권력 집단이 우월한 힘을 발휘한다. 물론 스승 담론의 힘이 약화되고 있는 것처럼 기득권력은 영구적이지 않다. 담론과 권력은 서로 결속된 것이기 때문에 기득권력이 유지되려면 사회적 관행으로 작동하는 담론질서가 필요하다. 담론질서의 통제권을 잃어버리면 기득권력은 소멸한다.

　교수가 대학생들을 "우리 애들"이라고 호칭하고, 한국인이 일본인을 "쪽바리"라고 부르며, 남성이 여성에게 "계집애들"과 같은 유사어휘를 반복적으로 사용하는 이유는 모두 담론질서의 통제권을 유지하기 위한 텍스트적 실천이다. 기득권력이 주도할 수 있는 담론질서를 통제하기 위한 언어사용의 구체적인 전략인 것이다.*

　자신의 눈 앞에 펼쳐진 세상의 언어를 문제화하면서, 진실이 무엇인지 단정하지 않고 당위적인 선언에 관해 질문할 수 있는가? 진짜처럼 보이는 진실의 그림자에서만 살고 있다면 쉽지 않다. 그러나 담론의 정치적 효과에 관해 비판적으로 학습한다면 우리는 당연하게 보이는 세상에 관해 질문하기 시작한다. '서울대 학생이 중앙대 학생보다 우수하다'라는 주장은 너무나 당연한 진실처럼 보인다. 도무지 반박할 수 없을 만큼 체계적으로 구성된 지배적 담론들이 사방에 넘친다. 이것이 진실이 아닌 담론의 효과라고 대응하기는 쉽지 않다.

　배우 정우성이 가수 박진영보다 잘 생겼다는 것은 너무나 당연한 진실처럼 보여서 반박하기 어려운 듯하다. 그러나 시대적 풍조(지배적인 이데올로기)가 정우성이 잘생겼다는 것을 당위적 진실로 규정한다고 해도, 박진영이 더 잘생겼다고 인식하는 사람도 있다. 마찬가지로 서울대 입학을 포기하고 일부러 중앙대에 입학할 수도 있다. 모두 가능한 일이다. 학력과 외모에 관한 복수의 담론들이 있다면 말이다. 그런 생

---

* 담론-권력의 관계성이 상식과도 같은 이데올로기로 유지되고 있다는 논점은 페어클러프의 《언어와 권력Language and Power》 3장과 4장에 잘 정리되어 있다. 3장은 담론으로부터 영향을 주고받는 권력관계를 다루며 4장은 이데올로기가 담론과 권력의 관계를 유지시켜 준다는 논점이다.

각이 도무지 허락되지 않는다면 그건 수학능력과 매력적인 외모에 관한 담론경쟁이 없기 때문이다. 서로 다른 입장과 가치, 서로 다른 말과 글의 표현이 허락되지 않는 곳은 무섭고도 불편한 곳이다. 서울대부터 시작해 줄을 세워야 한다. 정우성부터 시작해 줄을 세워야 한다. 일방적이고 획일적인 사회다.

내가 종종 만난 학생들 중 일부는 미국에 살면서 아이비리그 대학으로부터 입학 허가를 받았지만 자신이 사는 지역의 주립대학이나 조그만 규모의 리버럴아츠 대학Liberal arts colleges을 선택했다. 작은 학교, 고향의 주립대학에서 공부한다고 해서 정치를 하고 창업을 하며 의사나 변호사로 활동하지 못할 것은 없다. 모든 주의 로스쿨이나 의과대학은 해당 주에서 살거나 그곳 학교를 다닌 주민에게 관대한 몫으로 입학을 허락한다. 담론질서가 다르게 구성되면 다른 신념과 가치, 다른 말과 글로 살아갈 수 있다. 다른 사회정치적 결정이 용인된다. 한국에서 서울대학교가 무조건 최고이니 입학 허가를 받으면 무슨 일이 있어도 거기에 반드시 가야만 하는 사회적 분위기라면 서울대 담론과 견줄 대안/대항의 담론이 없다는 뜻이다. 다른 텍스트도 없고 다른 콘텍스트도 없다. 경쟁적인 담론들이 경합하지 않는 곳은 대개 차이와 다양성이 없는 곳이다. 그곳은 사실 무서운 곳이다.

정치화된 담론을 비판적으로 이해하지 못하고 늘 배치되는 텍스트로부터 구성된 세상을 진실로 여기면서 살아간다면, 우리는 서울대가 제일 좋다고 하면 서울대에 반드시 들어가도록 노력해야만 한다. 그렇지 못하면 공부를 웬만큼 하는 사람이라도 불편과 모욕을 감수해야 한다. 정우성처럼 생겨야 잘생긴 것이니 그런 남자로 살아가거나 그런 남자와 같이 살면 참 좋은 것이다. 그러나 그렇지 않은 남자는 외모에 관해서는 입 다물고 살아야 한다. 외모에 관한 진실의 그림자에 가려서 반박하지도 못한다. 대안도 없다. 다수는 그저 못생긴 남자일 뿐이다.

남자는 여자를 이끌어야 하고, 미국영어가 표준이어야 하고, 토익은 반드시 봐야 하는 시험이고, 결혼은 젊을 때 해야 하고, 이혼하면 창피하고, 동물보다 사람이 우월하다. 그런 담론이 우리를 불편하게 하는가? 누군가에게 불공평이나 차별로 인식되지는 않는가? 그렇다면 당위적으로 보이는 담론에 이의를 제기해야 한다. 당연하다고 여겨온 진실이 사실 정치화된 담론의 효과는 아닌지 질문해야만 한다.

세상을 사회정치적인 담론의 매개, 담론적 사건, 담론의 경쟁, 담론의 생성과 소멸로 바라본다면 우리는 일상에서 정치적 쟁점을 새롭게 발견할 수 있다. 좀 더 정치화된 존재로서 다른 삶을 살 수 있을지도 모른다. 기득권의 규범, 당위, 상식, 진실을 두고 질문한다. 텍스트적 장치를 주목한다. 어휘, 문장구조, 문장과 문장의 연결방식, 전체 장르적 속성이나 스타일을 무의식, 이데올로기, 사회적 관행, 가치나 신념체계와 연결한다. 거시적 의미체계를 반영하고 있는 미시적 언어사용을 비판하거나 거꾸로 미시적 언어사용으로부터 정당화된 거시적 의미체계를 비판하면서, 우리는 삶의 정치, 기득권만의 사회질서를 다른 방식으로 상상해볼 수 있다.

2. 담론의 개입과 삶의 정치

복잡해 보이고 정치적인 속성까지 있다는 담론에 관해 학습하면 우리 삶은 나아질까? 이런 질문을 받으면 나는 이렇게 말한다. "나아질지 장담할 수 없지만 달라지는 것은 분명하다." 우리는 다양한 분야와 주제에서 일일이 담론적 개입을 놓고 추론하지 않아도 된다. 우리 모두 자신에게 일어나는 모든 일에 관해, 뉴스로 전달되는 모든 사건에 관해, 오지랖 떠는 인생을 살지 않는다. 그러나 누구나 어떤 관계로부터, 직장에서든 학교에서든, 견디기 힘든 불편과 부당함을 경험할 때가 있다. 고통스러운 기억과 지켜지지 않는 약속으로부터 무력한 삶을 살 때가 있다. 도망칠 수 없을 때가 있다.

가부장적인 가족 구성원으로부터, 무례한 상사와 동료로부터, 남성이나 백인이나 원어민이란 이름의 집단으로부터, 우리의 판단과 행동이 제한되고 부당한 지시를 받는다. 모욕을 감수해야 하는 정치적 상황이라면 더 말할 것도 없다. 그때 우리는 우월적이거나 열등한 위치성을 두고 담론의 개입, 혹은 담론으로부터 구축된 권력관계에 대해 성찰할 필요가 있다. 자신을 둘러싼 텍스트를 통해 자신과 상대방의 정체성을 비판적으로 숙고할 수 있다. 그렇지 않고 부당하게 위치된 나와 상대방의 관계성을 어떻게 흔들 수 있단 말인가? 담론의 정치성을 학습하면 우리는 각자의 삶을 보다 비판적이면서도 현실적으로 바라볼 수 있다.

폭력적이고 위계적인 권력관계를 경험하지 않더라도 우리는 여러 현장에서 정치화된 담론을 경험하곤 한다. 자신에게 토익 시험이 전혀 중요하지 않은데 대학에서 영어졸업인증제를 한다며 졸업하기 전에 토익 점수를 제출하라고 한다. 시키는 대로 따르지만 말고 그걸 담론으로 숙고하고 이의를 제기해볼 수 있지 않을까? 영어를 재밌게 공부했고 말이든 글이든 꽤 잘하는 편이지만 여전히 원어민/교포와 같은 이상화된 영어사용자가 표준 집단으로 선호된다면 그와 같은 담론의 실천과 관행에 대해 이의를 제기할 수 있지 않을까? 글로벌 인재를 선발하고 양성한다고 하는데 대체 누가 글로벌 인재인지 질문할 수 있지 않을까?

새로 출시하는 전자제품의 판매를 담당하고 있다면, 아니 그보다 더 작은 규모로 조그만 국수가게를 열고 동네에서 나름 인지도를 쌓겠다고 기획한다면, 그것조차도 결국 담론의 영향력에 대한 숙고가 필요하다. 지역사회든 가상공간이든, 이미 큰 규모로 소비되고 있는, 맛있다고 입소문이 난 국수 맛에 관한 사회적 관행, 혹은 기득권력의 담론질서를 비판적으로 이해할 필요가 있다. 정치화된 담론의 학습은 세상을 비판적으로 바라보고 자신을 둘러싼 말과 글을 새롭게 고찰하게 한다.

"너 참 독특하다." 그렇게 누군가를 평가하면서 일반, 보편, 정상의 담론질서로부터 우리 각자의 특별한 기억과 기대, 차이와 다양성의 가치를 손쉽게 포획하려는 이데올로기적 개입이 늘 있다. 난 그런 말이 참 싫다. 내 입장과 경험에서 보자면 아무렇지 않은 듯이 기득권의 그늘과 상식으로만 살아가는 '독특하지 않은' 그들이 더 이해하기 힘들다. 지배적인 권력집단은 자유로운 소수나 저항적 집단을 늘 "독특하다"면서 담론적으로 (정치적으로) 간섭하고 개입한다.

'나는 사실 독특하지 않다'라는 대안/대항/소수 담론을 붙드는 것도 정치적 행위다. 정치적 존재감을 잃지 않으려면 지배적인 담론질서로부터 자신을, 자신이 속한 집단을, 그리고 권력관계를 전체적으로 조망할 수 있어야 한다. 위치성, 정체성의 정치학이 필요할 수도 있다. 그럼 (독특하다며 겁주는 권력집단이 여전히 부담스럽긴 하지만) 겁이 좀 사라질 수 있다. 저항할 수 있는 프레임을 상상하고 새로운 담론의 지형을 기획할 수도 있다.

담론의 정치성으로부터 세상을 바라보는 연습을 하면, 대통령 선거도 선과 악의 대결이 아니란 걸 알게 된다. 양편 진영은 진실 게임이 아니라 담론경쟁을 하고 있다는 걸 알게 된다. 자기편만 진실을 말하고 상대편은 거짓만 말하고 있다고 믿는다면 이데올로기로만으로 정치판을 보는 것이다. 이데올로기조차 고작 상대편 진영의 허위의식으로 이해될 뿐이다. 영리한 정치인은 진실-거짓을 일종의 정치수사적 담론전략으로 사용한다.

세월호 사건을 두고 치열한 담론들의 경합이 있었다. 흡연자(의 권리) 담론은 금연(과 건강) 담론과 맞붙었고(놀랍게도 20여 년 만에 이제 금연이 당위적인 지배 담론이 되었다!) 공교육 정상화 담론은 사교육 필요 담론과 아직도 경쟁 중이다. 누가 거짓말을 하는 것이 아니다. 서로 붙들고 있는 정치적 입장에서 다른 담론을 구성하고 있다. 기업이 한때 영어경쟁력, 영어말하기 중요성을 강조하는 담론을 유포했지만 언제 다시 바뀔지 모른다. 다문화, 난민, 영어공용어 모두 마찬가지다. 민주적이고 역동적인 사회라면 영구적인 진실체계보다는 정치적 속성이 넘치는 담론들의 경쟁이 빈번하게 목격되어야 한다.

7장 담론의 구조와 층위

앞서 담론의 통시성 혹은 역사성을 설명했다면 여기서는 담론의 공시적 구조에 대해 다뤄보고자 한다. 담론연구자는 특정 시기의 특정 담론이 어떤 층위로 구성되고 있는지 분석한다. 담론의 역사성을 다룰 때도 경쟁하는 담론들의 공시적 구조가 비교될 수 있다. 전략적으로 배치되거나 일상적으로 노출된, 혹은 나름의 방식으로 소비되는 텍스트를 수집하고 이를 심층-표층, 미시-거시 등의 구조 혹은 층위로 나누어 분석하는 것이다.

담론의 구조와 층위는 새로운 개념이 아니다. 푸코는 《말과 사물》에서 근대 인문과학이 이전 시기와 전혀 다른 새로운 에피스테메episteme로부터 시작된다는 점을 언급한다. 합리성이라는 에피스테메는 이전 르네상스나 고전주의 시대와 전혀 다른 지적 토대가 되어 작은 담론들을 생성시킨다. 서로 다른 에피스테메로부터 다른 말statement이 생성되며 그로부터 특수하고 다양한 담론들이 구성되는 것이다.

오직 텍스트만을 본다면, 그리고 텍스트들을 파편처럼 흩뿌려진 개별적인 것으로 인식한다면 담론을 층위로 구분할 필요가 없고 이데올로기적 동기를 고려할 필요도 없다. 그러나 담론을 복합적인 층위로 보면, 텍스트와 콘텍스트를 각각의 층위에서 바라볼 수 있다. 미시적인 언어사용은 거시적 사회구조로부터 이해된다. 담론은 텍스트로부터 구성되어 있으면서 이해당사자 집단이 붙들고 있는 가치와 신념을 전제하고 있다. 달리 말하면 미시적 정보로부터 구성된 거시적 담론질서, 사회구조로부터 재생산되는 텍스트를 담론의 서로 다른 층위로 봐야 한다.

　그런 점에서 사적 공간에서 남긴 개별적이고 특수한 말과 글이라도 집단적이고 사회적인 신념체계와 연결된다면 담론연구에서 주목할 만한 자료가 된다. 특정 텍스트의 선택과 배제가 구체적인 장르에서 나름의 스타일과 핵심주제를 유지하면서 이데올로기적 질서와 연결된다면 거기에는 분해하고 분석할 수 있는 담론의 층위가 있는 것이다. 텍스트는 생산되고 유포되고 소비되면서 사회에서 이미 구조화된, 혹은 사회구성원들이 내면화한 이데올로기와 결합되어 있다. 하나의 담론이 기득권력의 위치성을 갖게 되면 어떤 텍스트를 생성해야 하는지, 어떤 장르가 선호되는지, 어떤 지식이 상식인지에 대한 암묵적인 지침이 제시되는 셈이다.

　담론의 층위를 나누면 목표 담론을 분석하거나 대안 담론을 기획하기 좋다. 미시적으로 (상호)텍스트성을 주목하는 것과 거시적인 이데올로기 개입을 탐구하는 것은 구분되어야 한다. 미시와 거시를 매개하는 담론의 속성도 장르, 스타일, 핵심주제로부터 나누어서 해석되어야 한다. 미시와 거시, 텍스트와 콘텍스트, 언어와 사회를 상호작용적으로 그리고 층위적으로 구분하지 않는다면 담론의 복잡한 속성을 지나치게 단순화한 것이다.

1. 미시와 거시

담론의 공시적 구조는 학문 전통에 따라 다양하게 이해되고 있다. 나는 담론자료를 분석할 때 직관적인 해석에 의존하지 않기 위해 텍스트 분석결과를 범주별로 열거하거나, 미시와 거시 분석단위를 의도적으로 구분하는 편이다. 반 다이크van Dijk 등의 담론연구자도 텍스트 차원의 분석뿐 아니라 텍스트가 생산되고 유통되는 콘텍스트와의 상호작용 분석이 반드시 필요하다고 강조한다. 미시와 거시 분석의 경계선이 애매할 수 있지만, 담론의 층위는 인지적-사회적-이데올로기적 실천으로 나누거나 지역적local, 전체적global 범주 등으로 나눌 수 있다.

미시 분석에서는 대개 어떤 어휘가 선택되고 배제되는지, 어떤 형식의 문장구조가 빈번하게 배치되는지, 문장이나 문단이 서로 연결되는 장치는 무엇인지, 선호되는 수사적인 전략이 무엇인지 다룬다. 결속성cohesion이나 주제일관성coherence, 인용과 전제 등을 엄밀하게 분석할 수도 있다.

거시 분석은 어휘나 문장 단위를 넘어선다. 텍스트가 서로 연결되는 보다 거시적이고 맥락적인 동기를 찾는다. 간단하게는 전체적인 요점을 명확하게 해주는 제목headline이나 주제theme 분석을 할 수 있다. 전체 텍스트가 나열되는 구조는 의미를 조직하고 부각하기 위한 형식이다. 신문 사설의 경우 상황, 전개, 권고 등의 구조가 있다. 다큐멘터리든 영화든 서사 텍스트가 나열될 때는 배경, 사건의 시작, 갈등, 종결 등의 선형적 구조에서 벗어나지 못한다. 텍스트의 전체적인 배열을 주목하면서 어떤 이데올로기가 전제되는지 추론할 수도 있다. 담론의 층위를 구분하더라도 담론연구자는 텍스트 내부의 결속에 초점을 두며 콘텍스트 분석을 제대로 하지 못할 수 있고, 콘텍스트를 설명하는 데 치중하다가 텍스트의 속성을 기술하지 않기도 한다.

2. 텍스트 배치, 담론의 매개, 이데올로기 작동

이와 달리 영국인 응용언어학자 페어플러프는 담론의 분석을 배치된 텍스트의 '기술description', 매개하는 담론(상호텍스트성)의 '해석interpretation', 구조화된 이데올로기에 관한 '설명explanation'으로 구분한다. 달리 말하면 담론의 층위를 3차원으로 구분하고 변증법적으로 결속한다. 페어클러프는 언어사용이 사회구조와 역사문화적 관행에 의해 제한될 수밖에 없다는 사실에 주목하면서 특정한 콘텍스트에서 담론이 어떻게 생산되는지 주목했다. 텍스트의 속성, 텍스트들의 생산·유통·소비의 과정, 그리고 사회정치적 맥락으로 이루어진 3차원 모형에 대해서는 3부에서 구체적으로 다루도록 한다.

3. 텍스트, 논리적 프레임과 감정적 가치, 입장

프레임frame은 특정한 텍스트로부터 연상되는 사고의 체계다. 프레임 이론은 우리가 생각하고 판단하고 말할 때 내면화된 프레임이 어떻게 작동하는지 보여준다. 담론의 공시적 구조는 프레임의 개념을 참조해 나눌 수도 있다. 예를 들어 담론은 특정한 입장을 가지면서 논리적인 프레임과 감정적인 가치를 개입시킨 텍스트들의 체계적인 배치로 정의할 수 있다.

프레임은 감정적이고 논리적이고 이념적인 단면을 모두 가질 수 있지만 담론을 층위로 나눈다면 논리적 프레임과 감정적 가치를 구분하고 이를 이념적 입장과 위계적으로 구분하는 것이 적절할 듯하다.[13] 대안, 저항, 지배의 위치성을 가지려는 담론이라면 논리적인 프레임과 함께 감정에 호소할 수 있는 매력적인 가치가 필요하다. 예를 들면, '종북'이라는 프레임을 선거운동에 적용하면서 종북으로부터 발생할 수 있는 '불안'의 감정을 대중에게 자극할 수 있다.

담론연구 중에는 텍스트가 제대로 분석되지 않거나, 미시-거시구조가 변증법적으로 결속되지 못하는 경우가 많다. 언어학적 형식자질이나 장르와 스타일과 같은 상호텍스트성이 분석되지 않고 이데올로기 논평이나 내용분석이 논문이나 보고서의 지면을 가득 채운다. 만약 이데올로기를 논평하는 연구를 진행한다면, 이데올로기적 동기를 파악하고 수집된 자료의 '내용'으로부터 논리적 프레임을 찾아보는 분석이 무난하다. 프레임 (기반의 담론)분석을 한 국내 연구문헌을 찾아보면 실제로 논리적인/감정적인 단면, 비서사적 주장과 서사적 진술[14], 원인과 결과, 문제점 진단과 해결책, 과거/현재/미래 등의 범주로부터 내용분석이 되어있다. 이런 연구들은 대개 (상호)텍스트성의 형식적 단면에 주목하지 않지만 프레임 분석은 누구나 쉽게 분석한 내용을 층위로 나누어 이해할 수 있는 장점도 있다.

담론의 구조를 프레임으로 이해할 수 있는 메타포로 '빙산'이 사용될 수 있다. 눈에 보이는 빙산은 우리에게 노출된, 혹은 연구자가 수집한 텍스트다. 1부 맨 앞에서 다룬 위안부 담론을 예시로 들자면 위안부에 관해 기술한 어휘, 문장, 함께 등장한 삽화나 사진 등이 우리 눈앞에 드러난다. 집을 떠난 소녀, 몸에 대한 학대와 고통, 일본의 만행, 이와 같은 텍스트가 눈에 보임으로써 성노예sex slave에 관한 사회적 인지가 만들어질 수 있다.

눈에 보이지 않는 수면 아래의 커다란 얼음덩어리는 '가해자 일본'에 관한 우리의 입장, 즉 이데올로기로 볼 수 있다. '가해자 일본'에 관한 신념체계는 숨겨져 있는 듯 보이지만 관련 텍스트는 눈앞에서 보이고 들린다. 보이는 수면 위의 빙산과 보이지 않는 수면 아래의 얼음 덩어리가 사실은 서로 붙어 있다는 것은 일종의 담론적 매개로 이해될 수 있다. 보이든 보이지 않든 전체 얼음덩어리가 담론이지만, 담론의 층위를 구체적으로 분석하는 연구자라면 보이는 부분과 보이지 않는 부분을 나누고, 서로 연결되는 지점을 미시적 분석대상인 텍스트와 거시적 분석대상인 사회구조 사이의 담론적 매개로 구분하면 좋다.

오래된 빙산도 있고, 막 생긴 빙산도 있다. 빙산은 사라지기도 하고 작아지기도 한다. 그런 빙산은 하나만 달랑 떼어져 존재하지 않는 편이다. 빙산끼리 서로 연결되기도 한다. 담론도 새롭게 나타나고, 커지다가, 서로 연결되기도 하고, 작아지기도 하고, 없어지기도 한다. 작은 담론들끼리 서로 겹쳐지면서 지배적인 담론구성체를 형성하며 그렇게 구성된 담론질서로부터 특수하고 개별적인 담론들이 생산되고 서로 연결된다. 예를 들어 위안부 담론은 신사참배 담론, 독도 담론, 한일전 라이벌 담론 등과 같은 개별 담론들과 연결되면서 또 한편으로는 보다 거대한 '반일' 담론구성체로부터 영향을 주고받는다.

담론의 이데올로기 층위는 보이지 않을 때가 많다. 일상적인 말과 글에 함축된 가정이나 전제는 선명하게 보이지 않는다. 그럼에도 담론을 분석한다면 암묵적인 어떤 입장, 관점, 사회적 합의와 같은 것을 추론해야 한다. 예를 들어 언론사들은 저마다 각각 나름의 일관성을 갖고 특정한 보도 태도를 취한다. 어느 신문사가 반일 담론을 유도하는 포지셔닝을 일관적으로 유지하고 있는가? 왜 일본과 대립적 관계를 지향하는가? 이런 질문을 하다 보면 선명하지는 않더라도 어떤 사회정치적 입장이 짐작된다.

일관적 태도는 크게 둘 중 하나다. 찬성하거나 반대한다. 양비적 입장을 드러내는 텍스트 배치에도 한편의 입장에 더 기울어진 편향성을 발견할 수 있다. 시민단체 성명서든, 대통령 담화문이든, 사설이든, 해당 논점을 담은 논문이나 연구보고서 텍스트를 분석하면 찬성 또는 반대 한쪽의 입장과 태도가 드러난다.

눈에 보이는 빙산이 텍스트라고 했는데 실제로 담론분석을 하려고 하면 분석의 주제와 관련된 텍스트의 양이 굉장히 많다는 것을 알게 될 것이다. 영리한 담론연구자라면 특정한 메타포에 주목하거나, 유사어/반의어 조합을 분석하거나, 헤드라인 모음 등을 선별적으로 수집하여 검토한다. 제목, 소제목, 목차, 특정 서체로 쓰인 텍스트, 반복적으로 등장하는 어휘만을 떼놓고 분석하기도 한다. 많은 분량의 텍스트를 수집하지 않더라도 바다 아래 감춰진 이데올로기의 빙산은 유추될 수 있다.

텍스트 분석을 빼고 프레임 논평만 할 수도 있다. 프레임은 찬성/반대 입장을 논리적으로 타당화하는 일종의 수사적 틀(골격)로 사용된다. (인지)심리학에서 자주 활용되더니 요즘은 사회학을 포함한 여러 학문 분야에서 '개인이나 집단이 세상을 인식하고 해석하는 관점, 혹은 일종의 개념적 구조물'로 사용되고 있다. 프레임은 공룡 모양일 수도 있고 생쥐 모양일 수도 있다. 공룡 프레임이라면 공룡처럼 보이는 텍스트를 붙이고, 생쥐 프레임이라면 생쥐처럼 보이는 텍스트를 붙인다. 프레임 덕분에 대충 갖다 붙인 듯한 텍스트도 논리적으로 보이곤 한다. 드러나지 않는 거대한 이데올로기도 전달력을 갖게 된다. 프레임만으로 전체 담론의 속성을 간략하게 설명하는 셈이다.

프레임만으로는 바다 위와 아래 얼음 덩어리를 합치긴 쉽지 않다. 그래서 미디어 연구자는 감정선을 건드리는 '가치'가 논리적인 프레임만큼이나 영향력이 크다고 생각한다. '시골 출신'이 아니라 '촌놈'이라고 부른다. '전라도 출신'이 아니라 '비열한 전라도놈'으로 부른다. '일본인'이 아니라 '쪽바리 새끼'라고 부른다. 그런 어휘의 네이밍은 프레임을 짤 때 어떤 감정을 담기 위한 가치개입적인 전략이다. 상대편은 열등하다. 나쁜 놈이다. 밉다. 그렇다면 가치를 폄하해야 한다. 적으로 구분할 수 있는 가치를 담아야 한다. 논리적이면서 감정적인 텍스트가 이처럼 선택되면 특정 이데올로기('도시보다 못한 시골', '좋은 경상도와 나쁜 전라도', '좋은 한국인과 나쁜 일본인')는 더욱 효과적으로 사회적 의미를 획득할 수 있다.

시민단체가 고부담 영어시험으로 학생을 선발하는 교육정책에 반대한다. 그런 담론을 기획하고 주장한다면 해당 단체는 시험준비에 지친 수험자의 일그러진 표정을 (시험정책에 반대한다는) 텍스트 옆에 배열할 것이다. 그러나 영어시험을 통해 경쟁적인 교육문화를 강조하는 교육단체라면 "세계화 시대의 영어"와 같은 텍스트를 제목으로 사용할 것이다.

21세기가 시작되면서 영어열풍 담론이 만들어졌고 '원어민(다움)'과 영어능력을 객관적으로 측정할 수 있다는 평가자 주도의 텍스트가 넘쳤다. 원어민다운 영어를 선호하고 영어시험이 필요하다고 주장하는 입장은 그걸 돕는 프레임과 감정적 가치와 늘 붙어 있었다. 예를 들면, 세계화 시대에 원어민교사가 필요하다고, 혹은 원어민과 함께 하는 공부가 큰 도움이 된다는 논리적 프레임이 원어민다움과 함께 등장하는 친밀함, 유쾌함, 개방성 등의 감정적 가치와 연결되었다.

2부 담론자료의 이해

2부에서는 담론의 층위를 미시와 거시 수준으로 구분하고 쉽게 이해할 수 있는 간단한 예시자료를 제시하고자 한다. 이데올로기 개념을 허위의식, 규범적 신념체계, 사회적 실천/관행 등으로 나누고 헤게모니 개념과도 구분할 것이다. 이데올로기 분석과 담론분석도 구분하고 경쟁하는 담론들을 어떻게 바라볼 것인지 언급할 것이다. 마지막으로 담론분석에서 유용하게 사용될 수 있는 스티븐 툴민Stephen Toulmin의 논증 구조·개념을 쉽게 소개할 것이다.

8장 미시 자료의 이해

1. 비판적 언어학

미시 분석은 여러 언어학 분야의 문헌을 참조할 수 있겠지만 특히 비판적 언어학의 연구자 집단이 미시적 담론분석의 구체적인 필요와 방법을 찾았다. 예를 들면 영국의 기호/언어학자 군터 크레스Gunther Kress는 이데올로기를 파악하는 가장 좋은 방법이 언어적 장치의 분석 이라고 보았다.

달리 말하면, 특정 언어의 형식자질을 분석하면서 특정 사회의 지 배적인 이데올로기를 효과적으로 추론할 수 있다. 언어적 장치와 이데 올로기의 개입을 분리한다면 마치 언어는 이데올로기적 기능을 갖지 못하는 것처럼 전제하는 것이다. 이데올로기와 같은 거시적 동기는 텍 스트 배치의 미시적 분석을 통해서 가능하다고 봐야 한다. 이데올로기 적 동기와 텍스트의 생산, 유통, 확장은 어떻게 연결되어 있는가? 텍스 트는 어떻게 배치되고, 정당화되고, 심지어 신화적이면서 무의식적인 믿음체계로 자연화되는가?

2. 미시 분석의 예시

1) 문장구조

미시 분석을 쉬운 예시를 통해 살펴보자. 어릴 때 나는 야구를 좋아해서 골목길에서 공을 던지고 치고, 달리기 연습도 하고 시합도 했다. 배트에 잘 맞은 공은 근처 가정집의 유리창을 깨뜨렸다. 여러 번 그랬던 기억이 난다. 그때마다 내가 엄마에게 어떻게 말했는지 기억나지 않는다. 그렇지만 재밌게 유추해보면 이런 식이었을 것이다.

맨 처음 유리창을 깼을 때 나는 아마도 엄마에게 이렇게 말했을 것 같다. "엄마, 내가 유리창을 깼어요." 그런데 2번, 3번 계속 유리창을 깨뜨리면서 나는 이렇게 말의 모양을 바꾼다. "유리창이 깨졌어요." 즉, 행위자 주체인 나의 행위를 능동적으로 구성하는 문장을 만들다가 상태를 묘사하는 정보구조(예: 수동태)로 바꾼다. 혼이 나고도 또 유리창을 깨뜨린 후에 나는 집에 가서 이렇게 말했을 것이다. "아, 마음이 오늘 좀 안 좋네." 혹은 "오늘 밥맛이 없다." 이런 문장구조는 상태적 정보조차도, 수동태로도 전달되지 않는다. 정말 혼이 많이 나서 유리창을 절대로 깨뜨리면 안 되는 상황에서 또 유리창이 깨지면 난 아마도 이렇게 메모를 남기고 어디론가 도망갔을 것이다. "엄마 미안." 혹은 "오늘 망함."

위의 예시를 잘 살펴보면 유리창을 깨뜨리는 사건이 반복될수록 문장구조가 달라진다. 행위주체가 등장했지만 나중에는 사라진다. 상태적 정보조차 사라진다. 문장구조가 달라지니 전달의 효과도 달라진다. 미시적 장치라고 해도 단순하게 정보의 전달만 의도하지는 않는다. 유리창이 깨진 것을 알아달라고 하는 것이든, 유리창 깬 사실을 회피하려고 하는 것이든, 행위자의 의도가 분명히 개입한다.

명사화nominalization는 문장의 서술어 부분을 명사형이나 관련

명사로 끝내는 것이다. '난 이제 집으로 돌아왔다.' 이런 문장을 '난 집으로 돌아옴' 혹은 '난 귀가' 이렇게 표현하는 방식이다. 이게 문장과 다를 바 없이 보이지만 다른 전달력을 갖는다. 미디어에서 헤드라인을 뽑을 때 명사화 전략이 자주 사용된다. 명사화는 단호한 의미를 제공하기도 하고, 의미를 의도적으로 줄이기도 하고, 다른 의미로 전환하기도 한다. 언어를 통해 현실을 재구성할 때, 무언가를 숨기고 싶을 때도 유용하다. 유리창을 깨고 "엄마 미안" 혹은 "오늘 망함"이란 명사화 전략을 사용한 이유도 뭔가를 감추고 싶기 때문이다.

수동태/능동태에 대해서 우린 어떻게 배웠는가? 노엄 촘스키Noam Chomsky의 문법론은 문장의 표면 구조와 심층 구조를 구분한다. 능동태든 수동태든 '태는 문장의 의미를 변화시키지 않는다'거나 '심층 구조는 같고 표현방식만 차이가 있다'고 주장한다. 변형적 문법은 문장의 의미를 바꾸지 않고 구문을 변화시킬 수 있다. 그런데 정말 태는 동작의 방향성을 지시할 뿐 의미에 차이를 주지 않는 것일까?

언어로 살아가는 세상에서는 태의 선택도 중요하다. 의미를 확연히 바꿀 수 있다. '중앙대 연구팀이 드디어 코로나 치료제를 개발했습니다.' '코로나 치료제가 드디어 중앙대 연구팀에 의해 개발되었습니다.' 이 두 표현은 다른 의도를 가진 다른 의미정보로 해석되어야 한다. '중앙대 연구팀'이란 주체를 드러내고 싶은 것과 '코로나 치료제'라는 객체를 드러내고 싶은 의도는 서로 다른 표현으로 드러난다. 발화의 주체가 누군지, 발화의 목적이 무엇인지에 따라 다르다. '대통령은 이 문제를 사과해야 한다.' 혹은 '이 문제는 대통령에 의해 사과되어야 한다.' 둘은 의미적 차이가 없는가?

작문/교정 강사들은 대개 능동형 문장을 사용하라고 가르친다. 그런데 미디어 기자들은 왜 '분석된다', '보여진다'와 같은 피동형(수동형) 표현을 자꾸 사용할까? '풀이되어진다', '추정되어진다', '관측되어진다'와 같은 이중피동도 미디어 텍스트에서 자주 발견된다. 언론의 피동표현 문제를 다룬 단행본《피동형 기자들》에 대한 한 서평[15]이 이를 잘 요약해 지적하고 있다. 서평에서 인용한 기사 예시는 다음과 같다.

> 또 내년에는 국세 세입예산이 사상 처음으로 200조원을 돌파, 205조9000억원에 달할 것으로 예상됐다. 27일 기획재정부가 발표한 '2011년 국세수입 전망 및 2012년 국세 세입예산'에 따르면, 올해 국세 수입은 당초 예산안 187조6000억원보다 5조 2000억원 증가한 192조8000억원으로 전망됐다.

책의 저자는 수동형 표현의 어색함을 지적하면서 주어가 없다면 책임도 없기에 이와 같은 문장구조는 결국 기자의 자세나 저널리즘의 문제라고 주장한다. '예상됐다', '전망됐다'고 하면 누가 예상하고 누가 전망하는지 행동 주체가 선명하게 드러나지 않는다. 예상과 전망의 책임은 흐려진다. 정당의 담화문, 정치인의 토론, 미디어에 제출하는 정부기관의 보도자료에 이와 같은 문장구조가 빈번하게 등장한다.

서평에서도 언급되었지만 수동형이 사용된 가장 유명한 예시 중 하나는 이명박 대선 후보가 광운대학교 특강에서 말한 "BBK 투자자문 회사를 설립했다"라는 문장이다. 해당 동영상이 발견되고 정쟁의 소재가 되었을 때 당시 한나라당 대변인(나경원 의원)이 해당 문장의 주어가 없다는 점을 강조하면서 이명박 대통령이 BBK를 만든 것이 아니라고 주장한다.

기자나 정치인뿐 아니라 나를 포함한 교수와 연구자 집단 역시 주어를 숨기는 문장구조에 익숙하다. 실증주의 연구방법이 빈번하게 사용되고 통계적 분석으로부터 연구결과의 유의미함이 강조되는 학계 관행으로부터 행위자(연구자)가 주어로 등장하는 문장은 등장하기 힘들다. 주체가 아닌 객체 중심의 진술로부터 연구결과가 논술된다.

《피동형 작가들》의 저자는 흥미롭게도 피동형의 문장을 1980년대 초반 군부독재시대의 유산으로 단정한다. 당시 독재정권은 비판적인 기자 집단을 해고하고, 언론규제법을 제정하며, 보도지침을 통해 기사 내용까지 통제했다. 이런 상황에서 기자들이 피동형 문장을 의식적으로 사용하면서 독재정권의 보도지침과 타협했다는 것이다. 서평에서 언급된 다음 세 예시 문장은 11대 대통령으로 취임한 전두환 정부에 관한 경향신문, 동아일보, 조선일보 사설에 나온 것이다.

어떤 의미에서든 전두환 대통령의 영도 아래 전개될 새 시대, 새 역사는 우리의 5천년 민족사에 금자탑적 분수령으로 가름되어야 할 운명에 있다고 보아진다.[16]

이러한 목표는 전 대통령뿐 아니라 그를 중심으로 모든 국민이 합심하여 이룩하도록 노력해야 될 일이겠으나 이와 아울러 당장 국가안보태세를 공고히 하고 우방과의 우호협력관계를 두터이 하여 북괴의 침략야욕을 사전에 억제하고 안으로는 조속히 국내질서를 확립하여 모든 것을 정상화하는 노력이 있을 것으로 기대된다.[17]

전 대통령의 정치적 비전은 이미 국보위가 단행한 사회개혁을 통하여 널리 인식되고 있다.[18]

저자는 한국이 이제는 절차적 민주주의를 만끽하고 있음에도 불구하고 기자들이 여전히 피동형의 문장구조에 숨어 있다고 지적한다. 피동형의 문장구조는 책임감 없이 단정하거나 논거 없는 주장을 남발할 수 있게 한다. 저자는 지금이라도 능동형 표현을 사용하자고 하면서 사실과 의견을 구분하는 저널리즘의 원칙을 바로 잡자고 제안한다.* 서평에서는 비판적 언어학자 로저 파울러Roger Fowler의 말을 이렇게 인용한다. "주체가 먼저 나오느냐 아니면 객체가 먼저 나오느냐에 따라 사건을 이해하는 방식이 달라지고 자동사를 쓰느냐 타동사를 쓰느냐에 따라 현실을 인식하는 방식이 달라진다."

수동태/능동태 연구를 치밀하게 해보진 않았지만 아마도 능동태 문장구조가 빈번하게 드러나는 매체는 광고일 것이다. 주체가 '나'인 문장('I'-sentence)은 개인주의-자유주의 이데올로기가 지배적인 사회에서 더욱 빈번하게 나타날 것이다. 광고를 만드는 사람들은 문장주체를 나(I)로 두고 내 생각, 내 판단, 내 감정, 내 의견, 내 행동을 강조하는 텍스트를 의도적으로 배치할 것이다.

자기계발, 자기주도성, 경쟁을 강조하는 신자유주의 사회라면 "I can do it" 혹은 "Just do it" 등과 같은 나- 혹은 너-중심 지향성이 시장의 지배적인 주제일 것이다. 지난 10여 년 동안 광고에 아마도 나와

---

* 그러나 서평 작가도 지적한 것처럼 이걸 단순히 바른 말과 고운 말의 차원, 저널리즘의 차원에서만 다룰 논점인지 질문해야 한다. 수동형이라는 형식자질의 선택 역시 크고 다양한 담론들의 실천과 관행과 연결된다. 5공화국 시절에 유포된 텍스트를 수집하면서 특정한 문장형식(수동태)을 사회정치적 콘텍스트와 연결한 추론은 좋았지만 그 이상의 계보적 추적이 없다. 상호텍스트성, 상호담론성까지 다뤄지면 더 좋았을 것이다.

너, 1인칭-2인칭 주어의 문장구조가 광고에 빈번하게 등장했을 것이다. 예를 들면 "내가 원하는 건…" 혹은 "열심히 일한 당신, 떠나라!" 이런 식이다. 심지어 I-phone, I-pad의 'I'만 놓고 보더라도 (물론 I의 의미는 다중적이지만) I가 주도하는 문장구조는 여러 장르에서 선호되는 스타일의 문장구조로 추론된다.

물론 매체나 장르가 달라지면 특정 문장구조의 등장 빈도는 또 달라질 수 있다. TV나 인터넷으로 쇼핑을 하면 나-중심의 능동태 문장을 쉽게 만날 수 있지만, 일요일에 교회에 가면 무생물 주어와 수동태가 주도하는 문법이 넘친다. 예를 들면 "은혜로 구원되다" 또는 "사랑이 주어지다" 같은 표현이다. 그나마 개인주의 풍조에 영향을 받아 지금 교회에서는 I-sentence가 출현하기도 하지만 중세 교회라면 '나'가 주도하는 능동태 문장구조는 찾기 어려웠을 것이다. 개인의 주체성을 제한하고 오직 하나님만이 세상을 움직인다고 보았던 천동설의 시대에는 능동태의 정보성, 능동태의 행위성, 능동태의 이데올로기는 좀처럼 허락되지 않았을 것이다. 천동설이란 상식(이데올로기)을 받아들이지 않으면 중세 기독교 기반의 유럽사회가 흔들리는 것이다. 그런 이유로 당시 교회에서 관계적 문법으로 인간주체의 능동태 문장을 좀처럼 허락하지 않았을 것으로 상상해본다.

2) 어휘

어휘라는 미시적 장치의 기능 역시 정보 교환에서 그치지 않는다. 어휘는 작은 단위지만 행위성을 유도하며 이데올로기적 잠재력도 갖고 있다. 조선왕실의궤 반환에 관해 조선일보와 일본의 요미우리 신문이 다른 어휘를 선택한 점을 주목한 최윤선 교수의 논점이 하나의 예시

가 될 수 있다.[19]

　구체적인 담론적 사건은 다음과 같다. 2010년 조선왕실의궤 반환에 관해 한일 회담이 성사되고 협정문이 보도되면서 한국의 조선일보와 일본의 요미우리 신문은 같은 듯 서로 다른 보도기사를 내보낸다. 다른 입장으로부터 다른 어휘를 선택하면서 현실을 다르게 구성한 것이다. 조선일보 기사에서는 행위의 주체, 즉 행위주agent*가 드러나면서 조상 왕실의궤를 옮기는 이유가 선명하게 밝혀진다. 한국의 입장에서 의궤 반환을 당위적 사실로 보도한다. 요미우리 신문에서는 행위주가 드러나지 않고 그러한 행위의 원인도 분명히 보이지 않는다. 오히려 일본에 의한 '시혜'의 함축이 드러난다. 조선일보가 선택한 어휘는 "강탈", "수탈", "반출"이며 요미우리 신문이 선택한 어휘는 "유래", "이관", "보관"이다. 조선일보가 "반환"이라고 표현한 어휘는 요미우리 신문에서는 "인도"로 선택된다. 조선일보가 "조선왕실의궤가 돌아오다"라고 표현했다면 요미우리신문은 "이관되다", "전해지다"라는 어휘를 선택한다.

　호명/호칭 역시 어휘 수준에서 단순하게 정보만 담는 수준이 아니다. 누군가를 일관적이면서도 반복적으로 호명/호칭한다면 누군가의 정체성을 만들고 위계적인 권력관계나 관행적인 사회질서를 만드는 과정에 중요한 미시적 장치가 될 수 있다.

　"스승의 은혜는 하늘 같아서"와 같은 노랫말이나 "내 제자가 준 꽃"과 같은 일상적인 표현에 배치된 스승과 제자의 호명/호칭은 그들

---

* 행위자, 동작주란 용어로 사용되기도 한다. 문장의 구조(어순)상으로 '주어'의 위치를 갖는 의미라기보다는 동사로 표현되는 행위의 주체라는 기능적 의미에 가깝다. 행위주가 의지적으로 행위를 시작하는 주체라면 피동주patient는 그런 행위의 영향을 받는 객체가 된다.

의 사회적 관계성을 선명하게 규정한다. 얼굴조차 기억하지 못하고, 친밀하거나 개별적인 대인 지도를 하지 않고서도, 그저 학생이 졸업한 학교나 학과에 재직한다는 이유만으로 "하늘 같은 스승"으로 위치될 수 있다면 스승과 제자는 단순한 호명/호칭이 아니다. 스승과 제자가 자꾸만 위와 아래, 주는 자와 받는 자의 이항으로 구분되고, 하늘이든 꽃이든 상징적 메타포가 스승과의 관계를 기술하는 의미화 장치에 사용된다면, 그건 스승이 주도하는 사회적 질서, 혹은 가르치는 자의 권위와 위계를 호명/호칭의 미시적 장치로부터 유지하는 담론적 전략으로 의심해야 한다.

대학교수들이 스스로 스승을 자처하면서 이렇게 말하곤 한다. "그건 우리 '애들'한테 참 좋은 일이야." "'제자'를 '키우는' 게 참 보람된 일이야." 그들이 "키우는" 제자는 "애들"이다. 학생이라는 대상을 단순하게 지시하는 의미가 아니다. 담론의 외적인(사회적, 역사적, 문화적) 상황에 의해 그들은 권리의 주체로 호명되지 않는다. 성인이 되었음에도 양육과 보호의 대상이 된다. 유교적 이데올로기가 여전히 작동한다. '스승의 그림자는 밟지도 말라'는 사회적 규범이 작동할 수 있는 이유이기도 하다.

성인이 된 대학생들에게도 "애들"이라고 부르는 호칭은 한국에서 범사회적 관행이다. 대학생들이 알바로 일하는 학교 카페에서 매니저는 이렇게 말한다. "애('이 아이'를 줄인 말)들아, 오늘도 파이팅." 혹은 "이번에 들어온 애들이 일 참 잘해." 친밀한 스타일의 호칭이지만 알바생은 매니저에게 "애들"이다. 미시적 장치일 뿐이지만 이게 반복되면 알바생은 "애들" 중 한 명이고 매니저는 "어른"으로 쉽게 위치된다. 어른은 애들을 잘 대해줄 수 있지만 언제든 혼낼 수 있다. 애는 어른을 애교스럽게 대할 수 있겠지만 정색을 하고 말하기 어렵다.

호명/호칭은 미시적 장치지만 이데올로기적 관행을 담는다. 어린이, 학생, 여성, 이주민의 호칭도 조사해볼 필요가 있다. 아마도 그들 모두 여전히 권리의 주체이지 못할 것이다. 양육과 보호의 '대상'이라는 이데올로기가 숨어 있을 것이다. 호명/호칭의 이데올로기는 인문사회 영역에서 잘 알려진 철학자이자 젠더 이론가인 주디스 버틀러Judith Butler가 자주 환기한 논점이기도 하다. 버틀러는 대담하게 젠더가 없다고 주장하는데 병원에서 태어난 아이에게 간호사가 "남자 아이예요 (It's a boy)!"라고 호명하는 관행부터 시비를 건다. 그렇게 태어나자마자 '남자 아이'라고 부르는 호명에서부터 남성으로 불리는 젠더로 살아가는 삶의 질서가 시작한다는 것이다. 몸에 섹스를 부여하고 남성과 여성으로 구분되는 시작이 (태어날 때 생물학적으로 결정되는 것이 아니라) 호명/호칭이라는 것이다.

그런 점에서 호명/호칭은 몸에 섹스/젠더를 부여하는 (짧지만 강력한) 수행문performative statement이 된다. 호명의 수행문이 반복되면 여성은 여성성의 주체로 인식되고, 남자는 남성성으로 인식된다. 주체는 젠더에 선행하는 것이 아니라, 담론의 반복적인 수행으로 만들어지는 것이며 호명/호칭은 그중에도 가장 중요한 미시적 언어장치 중 하나가 된다.

논란의 여지는 있다. 생물학적 결정의 변인(본질)은 다뤄지지 않고 젠더를 사회적 의미로만 해석할 수 있을까? 호명/호칭의 행위성으로 구성되는 정체성을 어떻게 수용해야 할까? 반복적인 행위성이 사회적인 자아정체성과 인과적 관계가 없다고 보기는 어렵다. 그리고 행위성은 대개 미시적 언어장치로부터 시작된다. 포스트모더니스트 학자는 세상이 텍스트의 실천으로부터 구성되고 수행되는 것으로 본다. 반복적인 흔적과 기억이 모이는 측면에 주목한다. 재현된 의미가 곧 자신의 정체성일 수 있다. 그렇게 정체성이 텍스트 장치들의 역사적 흔적이라는 포스트모던적 논점을 완전히 수용한다면, 고정된 정체성이 있다는 논점은 사라진다.*

그렇지만 젠더 담론에 대해서는 많은 학술적 논란이 있다. 그래서 담론을 이해할 목적이라면 차라리 인간의 젠더보다 강아지의 젠더에 대해 다음과 같이 생각해보면 좋겠다. 아주 오래전에, 수천 년 전이나 수백 년 전에, 우리에게 강아지는 그냥 강아지였을 것이다. 그러나 요즘처럼 반려견 담론이 형성되면 암컷과 수컷의 구분은 중요하다. 이름도 다르게 짓고, 다른 옷도 입히고, 다른 헤어스타일을 갖게 한다. 반려견에 관한 예능방송을 보면 수컷과 암컷이 서로 연애를 하는 (인간과 아무 차이도 없는) 서사도 등장한다. 태어나면서부터 그리고 입양하면서부터 암컷 강아지와 수컷 강아지는 구분된 사회적 젠더를 갖게 되고 사회적으로 허락된 젠더로 살아간다. 그러나 반려견 담론이 없었던 아주 옛날엔 그와 같은 의미의 사회적 젠더는 없었을 것이다. 수컷과 암컷 정체성도 특별하지 않았을 것이다. 개는 그냥 개일 뿐이었을 것이다. 지금은 다르다. 강아지의 호명/호칭은 미시적 장치지만 그들이 살

---

* 나는 포스트모던 학자도 아니고 언어를 배우고 사용하는 정체성 연구를 할 때 인간성의 상수(본성)가 가변적 요인과 함께 존재한다고 보는 편이다. 그래서 '진실은 없다' 혹은 '보편적인 본성은 없다'고 단언하지 않는다. 진실은 복잡해서 일방적으로 단언하기 어려울 뿐이다. 인간성의 모든 것이 가변적이고 역동적이지만 않으며 인류사를 통해 계속 계승되는 (생물학적이면서도 사회적인) 본성도 있다고 본다. 담론으로 세상을 보는 이유도, 내면이든, 사회적 현상이든, 무엇이든 단언하지 않고 복잡한 것을 복잡하게 바라보고 논술하기 위함이다.

아가는 방식과 우리의 상식체계에 커다란 영향을 끼치고 있다.

3. 텍스트의 자질

이처럼 미시 분석은 특정 텍스트의 (비)의도적인 선택과 배치가 어떤 담론적 효과를 유도하는지에 주목한다. 체계적인 분석을 하려면 텍스트를 호칭과 같은 어휘 단위, 수동태와 같은 문장구조 단위, 혹은 문장과 문장의 연결 단위 등으로 구분하면 좋다. 그런 다음에 하나의 텍스트가 선택되면 다른 텍스트가 배제된다는 점을 주목해야 한다. 예를 들면 수동태 문장구조가 선택된 문장에서는 능동태가 배제된 것이다. 무례한 어휘를 사용하면 정중한 어휘를 배제한 것이다.

특정한 텍스트 유형이 일관적으로 선택되고 다른 유형이 일관적으로 배제된다면 이제 텍스트 단위를 넘어선 상호텍스트성 분석이 시작될 수 있다. 자기편에게 친밀한 어휘를 반복적으로 사용하면서 다른 편에게는 그와 대립적인 어휘를 전략적으로 배치하면 어떤 상호텍스트성 효과가 나타날까? 진지한 표정의 정치인이 토론을 하면서 상대 진영을 공격하는 어휘를 사용한다. 대립하는 텍스트들이 자꾸 연결되면 그걸 사용하는 양편은 자연스럽게 대립하는 관계성을 갖게 된다.

담론분석을 했다는 연구문헌을 검토해보면 그런 미시 분석이 대개 빠져 있다. 나는 페어클러프 분석모형이 참조되었다는 국내 연구논문을 꽤 많이 검토했는데 대부분 이데올로기 논평이었다. 미시 분석, 텍스트의 형식자질에 관한 논의는 거의 없었다. 담론연구라고 하지만 특정 이데올로기를 (혹은 특정 이데올로기로부터) 비판하기 위한 목적으로 텍스트(주로 어휘 차원) 일부에 관한 내용 논평만 보태는 수준이다. 텍스트를 수집하고 분석하면서 담론의 속성을 비판적으로 탐구하는 것이 아니고, 이데올로기적 동기로부터 일부 텍스트를 피상적으로 분석한 것으로 보인다.

수동태, 명사화, 호명/호칭과 같은 텍스트의 형식자질은 다뤄지지 않고 어휘 차원에서 내용분석만 넘친다. 남성 상사가 여성 신입사원에게 "아이코, 귀여운 우리 강아지"라고 말했다. 이때 여성을 "강아지"로 지칭한 어휘 내용만으로 남성-중심주의라는 이데올로기나 해당 상사 직원과의 위계적 관계성을 추론할 수 없다고 앞선 예시를 통해 설명했다. '강아지'라는 어휘는 남자가 여자에게 사용하는 어떤 본질적인 의미가 아니다. 이데올로기적 잠재력이 있더라도 그것은 남성-중심성의 이데올로기를 투명하게 실천하는 것만 아니다. 둘이 어떤 관계인지, 어느 시공간에서 얼마나 반복적이고 일관적으로 축적된 말인지, 특정 유사어, 문장구조, 종속절/주절의 의미관계 등으로부터 추론하지 않는다면, 텍스트의 행위성이나 사회적 관계성은 쉽게 단정하기 어렵다.

그러나 학계 안팎에서는 대개 담론분석 = 내용분석 = 이데올로기 분석이라는 등식이 통용되는 듯하다. 담론의 입체적인 속성을 사실상 왜곡하고 있다.* 이런 관점의 연구는 남성중심주의, 서구중심주의, 경

---

* 담론연구가 왜 이데올로기의 그림자(거시 분석)에서 자유롭지 못할까? 이런 가설을 세워볼 수 있다. 역사적으로 500년의 조선 왕조시대부터 계승된 가부장의 권위, 유교적 문화, 일본 치하의 식민문화, 군사정부, 분단국가의 사회질서, 산업화 등의 집단주의/전체주의 이데올로기로부터 개인주의, 자유주의 언어문화가 좀처럼 발달하지 못했다. 그런 이데올로기로부터 차이와 다양성, 자유와 권리와 같은 시민의식, 개인성을 실천하기 힘들었으니 담론연구 역시 거시적이고 역사적인 사회구조로부터 자꾸 조망되는 것이 아닐까? 개인은 무력했고 텍스트 배치로부터 능동성을 발휘하기 쉽지 않았을 것이다.

제우선주의, 기술만능주의, 단일언어주의와 같은 거창한 이데올로기가 신문기사, 광고, 교과서, 정책문서 텍스트에서 어떻게 재현되고 있는지 탐구한다. 그러나 텍스트에 관한 분석과 논의는 어휘군을 수집하고 분류하고 간단하게 논평하는 수준에 그친다. 특정 어휘가 특정 이데올로기를 함축한다고 전제하지만 논증은 분명하지 않다. 문장구조, 문장들의 연결, 텍스트의 전체적인 구성, 장르나 스타일에 관한 담론연구는 거의 찾아볼 수 없다. 텍스트를 직접 인용하지 않는 연구논문도 많다. 미시-거시, 텍스트-콘텍스트의 매개 역할을 하는 담론의 층위는 실종되어 있다.

한국광고홍보학회와 한국기호학회에서 발행하는 학술지에 게재된 세 편의 연구논문[20]을 예로 들 수 있다. 이 논문들은 모두 텍스트-담론-이데올로기 실천/관행을 분석한 페어클러프 모형으로부터 담론자료를 분석했다고 한다. 그러나 이 논문들은 모두 어휘 예시를 간단하게 보여주고 이데올로기 논평을 하는 데 그치고 있다.

우선 래미안 아파트를 소개하는 TV 광고물 네 편을 분석한 연구논문에서는 광고 속 대화 텍스트가 제시되고 의미형성 과정을 기표-외시의미-함축의미로 구분했다. 여기에는 텍스트의 내용을 정리한 뒤 텍스트가 가족 중심 이데올로기, 가부장 이데올로기 등을 지시하고 있다는 논평만 있다. 텍스트와 콘텍스트의 매개, 텍스트의 미시적 자질은 다뤄지지 않았다. 논문은 분석한 광고에서 "엄마"와 "집"이라는 어휘가 반복되고 있다고 기술하는데, '엄마와 같은 집'이라는 메타포, 혹은 오버워딩overwording 수사전략 등에 관한 텍스트 분석의 구체적인 논술은 없다. 이데올로기적 동기로부터 비판에 필요한 텍스트를 피상적인 수준에서 추출한 것으로 보인다.

1980년대부터 5편의 자동차 TV 광고를 분석한 연구논문에서는 젠더 표상이 달라지면서 가정 행복 이데올로기, 남성 중심 이데올로기, 물질 중심 이데올로기로부터 탈젠더적 개인의 성취/성공 이데올로기가 결속되어 있다고 논평했다. 페어클러프 모형으로부터 분석한 연구라고 소개했지만 (상호)텍스트성을 다룬 기술과 해석이 없다. 사회정치적 배경으로부터 추론한 이데올로기적 설명만으로 분석결과가 논술되었다.

　　예를 들면 "내 남자의 품"이라는 텍스트가 등장하는 이미지 하나를 언급하면서 "가부장적 이데올로기 담론질서"와 갑작스럽게 연결한다. 담론의 역사성을 다루고 새로운 소비주체를 부연하면서 텍스트 분석의 예시를 보여주기에는 학술지 논문의 지면이 충분하지 않았을 수 있다. 그렇지만 매개적 담론의 역할이나 텍스트의 형식자질 논의가 아예 없고, 광고 내용을 요약한 이데올로기 기반의 설명만 넘친다. 텍스트 예시를 보여주기도 했지만 구체적인 분석대상이 아니었고 이데올로기 설명과 잘 연결되지도 못했다.

　　마지막 연구논문은 전기밥솥 광고에 관한 분석이다. 광고에서 가정적이고 탈권위적인 남성상이 드러나지만 가부장적 이데올로기가 여전히 전제되어 있다고 논평한다. 논문에 따르면 1988년부터 2012년까지 총 5개의 전기밥솥 광고에는 모두 특정 이데올로기(예: 가족 행복 이데올로기, 남성 중심적 이데올로기)가 전제되어 있다. 그러나 이데올로기를 구성하는, 혹은 이데올로기로부터 배치된 구체적인 텍스트 분석이 없다. 어떻게 텍스트들이 배치되고 담론이 매개하고 있는지 구체적인 예시로부터 기술/해석되지 않았다. 시대적 배경과 이데올로기 설명만 반복한다. 모두 인상주의적 논평으로 보인다.

세 편의 연구논문 어디에도 텍스트를 수집해서 구체적인 분석 범주로부터 기술하고 해석하려는 시도가 없다. '분석을 통한 비판'은 없고 '비판을 위한 분석'이 된 듯하다. 처음부터 규범적 판단을 하고 당파적 입장을 선언한 다음 관련 증거를 보여주는 식이다. 하나의 지배적인 이데올로기를 공유하는 같은 진영 안에서야 엄밀한 담론연구도 필요 없다. 같은 편이야 이데올로기적 논리나 규범적인 선언만으로도 이해시킬 수 있다. 그러나 경쟁 중인 담론들 사이에서는 이데올로기만으로 상대편이 쉽사리 설득되거나 타협되지 않는다.

내용분석이 아니고 이데올로기 분석이 아니라면, 담론은 어떻게 분석되어야 하는가? 미시 분석만 하지도 말고 거시적 논평에만 몰두하지도 않아야 한다. 내용을 보아야 하지만, 내용을 이끌어가는 형식자질도 보아야 한다. 왜 이런 메타포를 사용했을까? 왜 이런 유사어가 자꾸 나올까? 왜 수동태일까? 왜 명령문일까? 왜 행위주 정보가 없을까? 왜 의무 양태의 조동사가 자꾸 배치될까? 왜 현재형인가? 왜 '우리'로 호칭할까? 왜 이런 스타일이 선호될까? 이와 같은 탐구로부터 (상호)텍스트성을 제대로 파악한다면 대안/대항적 담론을 기획하면서 새로운 텍스트도 전략적으로 배치할 수 있다. 그렇지 못하다면 비판만을 위한 연구, 이데올로기로부터 이미 말하고 싶은 것을 말하는 분석에서 벗어나지 못할 것이다.

9장 거시 자료의 이해

　담론은 텍스트 장치로부터 특정 행위를 유도하고 기득권력을 대변하거나 새로운 권력을 지향하는 의미체계다. 장르, 스타일, 핵심주제로부터 행위성이 일관적으로 축적되면 해당 담론의 이해당사자에게 (자발적인) 통제를 발휘할 수 있는 사회적 관행도 될 수 있다. 그렇게 구성된 담론은 정보를 전달하거나 개별적인 수준의 행위를 유도하는 차원을 넘게 된다. 사회정치적 의미망을 갖는 권력이 된다. 지배적인 권력이 되면 일상적인 행위성에도 쉽게 영향을 끼친다. 따라서 다층적인 담론구조를 분석하고 기획하려면 담론의 거시적 단면 역시 분명하게 숙지할 필요가 있다. 여기서는 이데올로기와 헤게모니의 속성을 간략하게 설명하기로 한다.

　이데올로기는 체계화된 신념과 가치이며 집단적 정체성, 사회적 관계성, 구조화된 사회질서를 구성한다. 담론의 거시적 단면을 분석한다는 것은 우리가 알고 있는 특정 젠더, 계급, 인종, 민족성, 학벌, 지역, 언어 등을 위계적으로 높은 위치에 두는 이데올로기적 개입을 분석하는 것이다. 담론과 관여된 주체(성), 담론과 권력이 생성되고 확장되고 소멸하는 과정은 이데올로기 분석으로 추론될 수 있다.*

　담론들의 경쟁과 거시적 층위의 속성을 탐구하려면 루이 알튀세르Louis Pierre Althusser의 이데올로기 개념, 푸코의 권력 개념, 안토니오 그람시Antonio Gramsci의 헤게모니 개념 등을 숙지하면 좋다. 그중에서 이데올로기는 19세기에 마르크스가 규정한 개념으로 잘 알려져 있고 21세기 후기산업사회로 진입할 때까지 여러 학술 분야에서 조금씩 다른 의미로 사용되었다. 이데올로기 분석방법을 3부에서 구체적으로 다루기 전에 이데올로기, 헤게모니 등의 개념을 존 피스케John Fiske의 문헌을 참조[21]해 아래와 같이 정리했다.[22]

1. 허위의식으로서의 이데올로기

　'이데올로기'라는 용어는 왠지 모르게 부정적으로 들린다. 아마도 마르크스가 19세기에 개념화한 '허위의식으로서의 이데올로기' 개념 때문일 것이다. 이데올로기라는 용어는 1845~1846년에 마르크스와

---

* 이 책에서 지금까지 다룬 논점만으로도 담론이 이데올로기나 신화와 구분된 개념이라는 것을 알 수 있다. 이데올로기와 신화를 분석하는 연구자는 반드시 믿지 않아도 될 것을 계속 믿고 있는 거대 서사(신화)나 집단적 허위의식(마르크스식 이데올로기)을 주목한다. 이데올로기와 신화를 연구한다고 하면 지배계급의 이익을 돕는 거대한 사회구조, 거짓이지만 상식처럼 재현되는 의미화 과정을 분석하면서 (기득)권력을 부정적으로 개념화하는 편이다. 담론연구자라면 신화 수준의 믿음체계나 상식이 되는 의미화 과정도 주목하지만 담론의 개입, 담론적 효과에 우선적인 관심을 두어야 한다. 개입과 효과는 다면적 층위의 상호작용으로부터 어디서나 생성될 수 있다. 권력이든 담론이든 부정적인 관념으로만 이해되지 말아야 한다. 경쟁적이고 임의적인 사회적 조건으로부터 새롭게 재편될 수 있는 유동적이고 개방적인 개념이어야 한다.

프리드리히 엥겔스가 공동 저술한《독일 이데올로기》를 통해 널리 사용되기 시작했다. 이 저작에 따르면 물질적 생산수단을 소유하고 통제하는 지배계급은 '가짜 진실'인 이데올로기로부터 기득권력을 유지한다.

마르크스의 역사적 유물론은 특정 사회의 생산(관계), 이를테면 경제적 구조로 구축된 하부구조와 정치, 종교, 문화, 교육 등으로 구성된 상부구조로부터 기술된다. 경제적으로 기득권력인 부르주아 계급은 허위의식을 퍼뜨리고 스스로 정당화할 수 있는 지배적 체계가 필요하다. 지배계급의 신념을 피지배계급이 채택하게 되면 그것은 곧 '허위의식으로서의 이데올로기'가 제대로 작동하는 것이다. 지배계급은 진실이 아닌 거짓을 사회에 선전하고 유포할 수 있는 사회구조의 핵심 수단도 통제한다. 이데올로기는 지배계급에 꼭 필요한 것이며 계급투쟁(사회전복)을 준비하려면 가짜를 진짜라고 믿게 하는 이데올로기를 공격해야만 한다.

19세기에 창안된 계급투쟁론이 왠지 낯설지 않은 이유는 우리가 사회적 갈등을 바라보는 방식에 아직도 '허위의식으로서의 이데올로기'가 빈번하게 참조되기 때문이다. 예를 들면 조선일보가 교원노조, 공무원노조, 학생운동에 관해 보도하면서 갈등을 일으키는 주체로 노조 혹은 학생운동 단체를 지목한다. 노조와 시위대의 속성은 폭력적인 텍스트로 묘사된다. 갈등의 원인을 그들의 과격성에서 찾는다. 상대적으로 지배계급인 기업주, 대학총장, 경찰 등은 법과 시장 질서의 수호자이며 '그들'의 반대편에 있는 '우리 편'처럼 기술된다. 다음과 같은 사설과 칼럼이 실릴 수 있다. "시위에 참여하는 대학생이나 노동자는 공격적이고 반사회적인 성향이 있다." "그들의 투쟁은 선진국으로 나아가는 한국 경제를 망칠 뿐이다."

조선일보는 이데올로기적 미디어라고 비판받는다. 조선일보는 기존 교육제도, 사법부 등과 다를 바 없이 사회구성원에게 '진실'이 아닌 '허위의식'을 학습시키며 계급관계의 진실을 은폐한다. 조선일보 때문에 가난한 사람은 가난한 사람을 대변하겠다는 진보정당을 지지하지 못한다. 조선일보 때문에 노동자와 학생운동이 억압된다. '진실'은 따로 있는데 조선일보가 '가짜'를 진짜처럼 유포하면서 사회적 정의를 가로막는다. 조선일보와 같은 이데올로기적 수단을 공격하고 제거하지 않으면 노동계급은 앞으로도 지배계급에 대한 종속 관계를 자연스럽고도 정당하다고 생각할 것이다. 그런 이유로부터 노동계급의 허위의식은 변하지 못한다. '진짜'를 전하려면 '가짜'부터 깨야 한다. 비판과학이나 혁명론 등은 허위의식을 버리고 진실을 보게 돕는다. 많은 사람이 진짜와 가짜를 구분하게 되면 우리 사회는 더 나아지고 좋아진다.

이와 같은 논술이 그럴듯하지 않은가? 사실 우린 이런 식의 이항 대립(진실과 허위의식)으로 세상을 보곤 한다. 진짜는 따로 있다. 이데올로기는 가짜이며, 교육제도, 정치·법률 체계, 미디어 등이 가짜(허위의식)인 이데올로기를 확장하도록 돕는다고 생각한다. 계급 외의 다른 요소들의 중요성을 강조하는 현대 마르크스주의 사상가들도 이데올로기를 허위의식 개념으로 생각할 때가 많다.

예를 들어 남성이 여성을 통제하는 사회에서, 원어민이 주도하는 영어교육산업에서, 동물을 지배하는 인간중심주의에서, 거짓된 의식(예: '남편의 그늘이 제일 좋다', '영어는 원어민 교사에게 배워야 한다', '자연을 정복하는 것은 인간의 권리다')을 이데올로기로 지칭한다. '이데올로기로 유지된 사회질서'를 부정적으로 논술하는 연구자들의 글을 보면 이데올로기는 나쁜 것으로 전제된 듯하다. 기득권력의 대항을 찾으면서 '여성도 동등하다'는 진실, '비원어민도 원어민만큼 능숙하게 영어를 가르치고 사용한다'는 진실, '동물도 인간처럼 존중받아야 한다'라는 진실을 가르칠 때만 더 나은 세상이 올 수 있다는 주장을 앞세운다. 그런 과정 중에 (허위의식으로서의) 이데올로기는 반드시 제거되어야 한다. 이데올로기는 기득권력의 것이고 옳지 않은 집단의식처럼 정의된다.

　냉전의 시대가 지나고 사회적 인지와 산업구조가 크게 변했다. 사회민주주의적 중도 정당 또는 복지정책이 20세기 내내 시도되었고 마르크스식 이데올로기로부터 정치운동을 하는 세력의 규모도 크게 줄었다. 학계도 계급투쟁과 허위의식으로서의 이데올로기보다 삶의 정치, 문화, 차이와 다양성의 사회체제에 더 관심을 둔다. 마르크스식 지식전통은 아직도 계승되고 있으며 모두 내 눈에는 근본주의적 운동이나 참-거짓을 선명하게 구분한 이항대립의 세계관으로 보인다. 담론을 연구하자면 상부구조의 문제를 마르크스식 (기계론적-환원론적) 입장에서 보지 말고 자율적 구조를 최대한 인정하는 것이 바람직하다. 지금까지 담론을 유연하고 개방적이면서 상호작용적인 속성으로 계속 설명했다. 담론의 복합적 층위 중 일부를 차지할 이데올로기적 개입을 허위의식, 경제적 토대, 이항대립의 계급론 수준으로 가둬둘 수 없다.

2. 규범적 신념체계로서의 이데올로기

　이데올로기를 특정 집단의 규범적 신념체계 수준으로 정의하는 (사회)심리학 혹은 (문화)인류학 지식전통도 있다. 이들은 개인이나 집단의 태도를 연구하면서 일관적인 경향이나 조직적인 의례를 설명할 때 '이데올로기'라는 용어를 사용하곤 한다. 마르크스 지식전통이 이데올로기를 사회정치적 차원에서 결정되는 의식화 과정으로 보았다면 심리학이나 인류학은 개인, 집단, 마을, 지역, 국가 등의 단위에서 발견되는 특수한 (심리적 혹은 사회문화적) 태도로 보는 것이다.

예를 들어, 술을 마시고 모험적인 여가활동을 하는 20대 남성집단이 스스로 진취적인 삶을 산다고 자평하면서 동일한 방식으로 여가를 보내는 젊은 여성에게 무모하거나 무례하다고 평가한다. 여기서 음주와 모험적인 여가에 관한 젊은 남성집단의 특수하면서도 규범적인 신념체계가 발견될 수 있다. 남성성과 여성성, 외향성과 내향성, 모험성과 안정성을 그렇게 구분하는 그들만의 독특한 '이데올로기'는 삶의 다른 단면에서도 동일하게 작동할 수 있다.

영어는 미국식 표준영어로 배워야 하며, 미국인처럼 활달하고 적극적으로 말하는 것이 중요하고, 가능하면 미국에 가서 영어를 직접 사용하는 경험이 중요하다는 신념도 있다. 이러한 신념은 영어를 공부하는 성인 한국인 다수가 공유하고 있다. 영어를 배우면 미국인이 먹는 음식이나 패션에 관심을 가질 수 있고, 미국인처럼 실용적인 인생관을 가질 수도 있다는 믿음도 마찬가지이다. 실제로 많은 한국인이 어학연수, 유학, 이민, 사업, 여행을 목적으로 미국에 간다. 이는 영어, 미국문화, 세계화에 관한 우리(한국인)만의 일관적인 태도로 설명될 수 있다. 사회심리학이나 교육인류학 연구에서는 이런 우리만의 규범적인 신념체계를 대개 이데올로기라는 개념으로 설명한다.

3. 실천/관행으로서의 이데올로기

나는 이 책에서 알튀세르나 푸코 등의 논점을 참조하면서 마르크스식 이데올로기를 비판하고 담론연구에 보다 유연하면서 확장된 이데올로기 개념을 사용하고자 한다. 우선 알튀세르는 물질적이고 경제적인 토대로 논술된 마르크스식 이데올로기 개념을 대폭 수정한다. 마르크스주의는 인간을 계급투쟁과 역사발전의 주체로 보는 인본주의 시선을 가지고 있지만 알튀세르는 휴머니즘과 거리가 먼 '구조주의' 관점에서 이데올로기를 다른 방식으로 개념화한다.

알튀세르는 언어적 행위로부터 개인을 특정한 주체로 구성하는 현상이 이데올로기라고 보았다. 누군가로 호명interpellate되는 개인은 스스로를 발화의 주어로 인식하지만 특정한 주체로 위치되어 있기도 하다. '글로벌 인재로 거듭하고 있다'며 자신을 소개하는 직장인은 스스로 해당 발화의 주어/주체로 인식할 수 있겠지만 글로벌 인재에 관한 이데올로기로부터 자유롭지 못한 주체이기도 하다. 주체는 가정, 교육기관, 미디어와 같은 이데올로기적 국가기구ideological state apparatus로부터 지배적인 가치나 행동방식을 무의식적으로 학습한다. 개인은 이데올로기로부터 호명되면서 세상에서 요구되는 주체로 살아간다. 글로벌 인재도 그렇게 세상에서 호명되면서 능동적으로 글로벌 인재라는 이름의 주체로 살아간다. 이데올로기로 구조화된 세상에서 개인이 발휘하는 능동성은 마르크스의 이데올로기 개념과는 다르다.

'허위의식으로서의 이데올로기' 개념이 담론연구에 적절하지 않은 이유는 가짜가 있다고 단정하기 때문이다. 진짜와 가짜를 이항으로 대립시킨 모형은 투쟁에는 적절할지 몰라도 유연하고 복잡하게 구성된 세상 담론들의 층위를 이데올로기 개념으로 사용하기는 어렵다. 허위의식의 이데올로기는 바깥에 있고 우리가 알아야 하는 진실은 안에 있기라도 한가? 알튀세르는 그렇게 보지 않았다. 오히려 우리 모두 이데올로기 안에서, 이데올로기와 함께 살고 있다. 좀 더 구체적으로 말하면, 우리는 세상에서 학습한 이데올로기로 (진실과 허위를 구분하면서) 살아가고 있다(고 믿고 있다). 이데올로기를 통해서 자신이 살아가고 있는 현실을 배우고, 인식하고, 실천하고, 타협하면서 살아간다. 세상에서 이데올로기적이지 않은 것이 없다. 허위의식이 이데올로기가 아니다. 이데올로기가 바로 진실이다. 이데올로기로 살아가는 우리는 이데올로기적 질서로부터 신념과 가치의 옳고 그름을 구분하곤 한다.

그러나 텍스트가 재현되는 방식이 구조로부터 결정되는 것이고 주체는 구조의 담지자agent에 불과하다는 구조주의적 이데올로기 개념은 마르크스 이론을 완전히 벗어나지는 못했다. 구조주의 이데올로기 개념 역시 지배-피지배 계급의 일방향적 대립을 상정하고 있고 지배적인 이데올로기는 지배계급이 소유하고 있다고 전제하기 때문이다. 1부에서 강조한 텍스트와 콘텍스트, 언어와 사회, 미시와 거시의 상호작용적이고 변증법적 담론의 층위에 담아낼 만한 이데올로기 개념으로는 여전히 충분하지 않다.

행위 주체의 능동성을 제한하지 않으면서 정태적인 이데올로기 개념에서 벗어나려면 이데올로기들의 갈등과 경합을 허락하는 그람시의 이론을 수용하면 좋겠다. 헤게모니를 획득하기 위해 분투하는 이데올로기들의 경쟁 개념을 차용하면, 지배적인 이데올로기라도 영속적일 수 없고 저항과 변화의 가능성이 지배적인 사회질서와 함께 공존할 수 있다는 논증을 사용할 수 있다. 이는 뒤에서 설명할 헤게모니 개념과 이어진다.

이데올로기 개념은 보다 (긍정적이든 부정적이든) 폭넓은 의미화 작업으로부터 다루어지는 것이 바람직하다. 문화이론가 스튜어트 홀Stuart Hall에 따르면, 하나의 이데올로기는 접합articulation, 탈접합disarticulation, 재접합rearticulation의 전략을 통해 다른 이데올로기와 겹쳐지면서 새롭게 의미화된다. 불안정한 이데올로기들은 접합의 과정으로부터 기존의 의미체계가 퇴색되고 새로운 이데올로기로 재구성된다.

이데올로기는 개인, 집단, 지역, 국가, 민족성, 대상 등에 의미를 부여하는데, 나는 이 책에서 이데올로기 개념을 다소 포괄적인 의미로 사용할 것이다. 이데올로기는 우리가 세상을 관행적으로 이해하게끔 하고, 새롭게 무언가를 실천하게 하기도 한다. 이데올로기적 개입에서 우린 자유롭기 어렵지만 그렇다고 이데올로기란 것이 저항할 수 없는 거창한 것만도 아니다. 반다이크는 이데올로기란 용어 대신에 사회적 인지social cognition, 페어클러프는 사회적 실천/관행social practice 용어를 사용했다. 푸코는 권력이라는 개념을 사용했다. 이들은 모두 유연하면서도 개방적인 속성의 개념을 사용했고, 마르크스주의의 이데올로기 개념과 분명한 거리를 둔다.

누구나 붙들고 있는, 혹은 붙잡혀 있는 이데올로기가 있다. 우리는 이데올로기가 없다면 살 수 없다. 삶의 방식은 이미 규정되어 있기도 하고, 우리가 능동적으로 일상을 계획하고 실천하기도 한다. 거기에 늘 이데올로기가 작동한다. 롤랑 바르트Roland Barthes의 의미작용 기호학에 등장하는 신화론에도 이데올로기 개념이 들어 있다(바르트가 신화론을 처음 논술할 때는 마르크스적 계급론으로 의미체계를 설명하는 것이 유행하던 때였다. 지금 시대의 문화연구자들은 그보다 훨씬 유연하게 이데올로기 개념을 확장했다). 이데올로기는 (언어)기호로부터 1차-2차적인 의미작용을 거치면서 생성되거나, 유지되거나, 반박되거나, 확장된 것이다.[23] 자민족이 중심이고, 남성이 우월하고, 서울대가 제일 좋다는 이데올로기들은 (언어)기호로부터 구성된 일상적이면서도 신화적인 믿음일 뿐이지만 그것으로부터 우리는 사회적 질서를 인식한다. 그리고 타민족, 여성, 열등한 학벌을 차별할 정당성을 얻는다.

푸코는 의도적으로 마르크스 전통의 사유방식과 거리를 두었다. '이데올로기' 용어를 사용하지도 않았다. 대신에 '담론'을 권력/지식과 연결하면서 '이데올로기' 개념을 확장했다. 푸코의 초기 저서에서는 고고학적 관점으로부터 담론을 의미들의 관계분석으로 보았다. 중기 저서에서는 계보학적 접근을 수용하면서 담론을 둘러싼 권력관계, 지식의 개입을 더 주목했다. 담론이 의미화되는 과정은 대상의 영역과 주체의 형성에 개입하는 권력의 영향을 받는다고 보았다. 사회구조는 지배집단이 피지배 집단을 일방적으로 지배한 결과물이 아니다. 다양한 이해당사자들이 갈등하고 대립하고 타협한 과정이기도 하다.

담론을 분석하는 것은 담론에 내재한 권력관계를 분석하는 것이다. 권력이 그러하듯 담론 역시 폐쇄적이지 않다. 권력들이 가변적이고 경쟁하듯이 담론들도 개방적이고 경쟁적이다. 푸코에게 담론은 언어-내적(텍스트)인 것만도 아니고 언어-외적(콘텍스트)인 것만도 아니었다. 달리 말하면, 법이나 제도와 같은 비담론적인 요인이 (언어)기호로부터 구성된 담론적인 요인의 상호작용으로부터 진실의 효과가 만들어진다고 보았다.

나는 응용언어학 연구자로서 담론으로부터 권력이 획득되는 푸코식 논점을 자주 참조한다. 이데올로기 역시 헤게모니를 획득하기 위한 경쟁적인 의미화 과정으로 이해한다. 다시 강조하지만 이와 같은 접근은 이데올로기를 구조의 속성으로 파악하는 마르크스 지식전통과 구분된다. 지배적인 이데올로기의 재생산보다는 담론의 여러 층위에서 영향을 주고받는 역동적인 의미작용에 더 관심을 두는 관점이다. 이데올로기의 과정적, 변형적, 유동적 속성에 비중을 두게 되면 자연스럽게 이데올로기적 개입을 담론의 층위 안에 위치시킬 수 있다.

앞으로 이 책에서 '이데올로기'는 텍스트의 행위성을 정당화할 수 있는 권력/지식의 형태를 뜻하는 용어로 사용할 것이다. 이데올로기를 권력 안에서 혹은 권력을 관통하는 사회적 관계를 구성하는 의미체계로 보는 것이다. 위계적으로 우월한 권력집단을 정당화할 때 이데올로기가 활용된다. 권력지향성이 있는 모든 관계에는 담론으로 구성되고 담론이 구성하는 이데올로기적 개입이 있다.

3. 이데올로기 vs. 헤게모니, 이데올로기 분석 vs. 담론분석
1) 이데올로기 vs. 헤게모니

이데올로기는 헤게모니 개념과 구분되어야 한다. 이데올로기는 실천을 유도하거나 관행을 유지하는 신념/가치체계다. 좀처럼 의심할 수 없는 상식, 관행적인 집단의 의례는 모두 이데올로기다. "세계화 시대에 영어가 제일 중요하지." "영어를 10년이나 공부하고도 진짜 실력인 말하기를 못한다고?" "객관적인 졸업인증제는 토익을 사용하는 것이 좋아." "유학 가려면 토플 시험을 당연히 봐야지." 이러한 모든 영어(시험)에 관한 상식은 이데올로기적 속성을 안고 있다. "제일", "진짜", "객관적인", "당연히"란 수식어가 붙는다면 이데올로기가 있다. 반복적으로 사회구성원들이 유포하고 소비하는 상식이다.

이데올로기는 우리의 일상적이면서도 역사적인 사유방식에 늘 박혀 있어서, 이데올로기적인 텍스트는 객관적이고 중립적이고 상식적이고 당위적으로 들린다. "서울대가 최고의 대학이지." "행복하자!", "나는 소중하니까." 익숙한 이런 말에 일상적인 실천, 집단의 관행을 무의식적으로 유도하는 이데올로기가 들어있다. 굳이 그걸 두고 근사한 이데올로기 이름을 붙이자면 '서울대-학벌 이데올로기', '행복만능주의', '개인주의'가 될 것이다.

알튀세르에 따르면, 이데올로기는 결코 '나는 이데올로기적이다'라고 말하지 않는다. 너무나도 이데올로기적인 사람은 (즉, 이데올로기로부터 삶의 활력과 변화를 찾는 사람은) 이데올로기적인 모든 것이 너무나 상식/진실처럼 보여서 자신의 언어사용, 행동, 삶의 지향점이 이데올로기적이라고 인정조차 하지 못한다. 당연하고 확실하게 보일 때 우리는 그만한 실천을 흔쾌히 감당한다.

'서울대는 최고의 인재만 가는 최고의 학교'라는 이데올로기적 믿음은 서울대에 관한 실천을 유도한다. 스스로 서울대에 진학하기 위해 노력하고, 자식에게 서울대에 가라고 요구하고, 서울대생에게 수재라고 칭찬을 하는 식이다. 세계화 시대에 영어시험이 꼭 필요하다는 이데올로기적 믿음은 그런 영어시험을 만들거나, 그걸 공부하거나, 혹은 가르치게 한다. 지배적인 이데올로기는 거의 무의식 수준으로 특정 가치나 신념을 정상적이고 보편적으로 보이게 한다. 이를 비판적으로 자각하지 못하는 이유는 그러한 이데올로기를 너무나 당연한 것으로 믿기 때문이다.

개별적 수준의 신념에서 벗어나 사회적으로 확장된 인식체계가 만들어지면 그 인식체계는 이데올로기로 작동된다. 무의식적으로, 혹은 차별적이거나 합리적이지 않다는 걸 알면서도 의도적으로, 지금까지 믿어온 만큼 계속 믿고 따를 수 있는 '누구에게나 필요한 환상'이 곧 이데올로기다. 사회적 구성원 다수가 옳은 가치로 막연하게 확신하는 것, 옳지 않더라도 사회질서를 위해 필요하다고 서로 (암묵적으로) 지지하는 것이다. 보수-진보의 정당 이데올로기도 그렇다. 서로 야유하면서도 정당하게 존재할 수 있도록 인정하는, 서로에게 필요한 환상이 보수와 진보의 이데올로기인 셈이다. 진보와 보수는 모두 자신의 가치가 진실이라고 주장하지만, 그들이 믿고 붙들고 있는 것은 진보와 보수의 이데올로기다.

그런 이데올로기들이 서로 경합하면서 추구하는 지향점이 바로 헤게모니인 셈이다. 어떤 세력이 헤게모니를 완벽하게 획득한 곳에서는 경쟁, 강압, 폭력, 동원이 없다. 자신에게 해가 되어도 자발적으로 손해를 감수하고 헤게모니적 질서에 참여한다. 지배계급은 총칼은 물론 미디어도 필요 없고 돈을 쓸 필요도 없다. 예를 들면 어떤 정당이 누구를 후보로 내세우더라도 무슨 일이 있어도 특정 지역에서는 늘 승리한다면 거기에는 충돌하는 복수의 정치적 이데올로기들이 없는 것이다. 거기선 투표자 다수를 손쉽게 주도할 수 있는 헤게모니가 작동하고 있다.

토익 공부는 어떤가? 다수 대학생이 토익을 준비하고 높은 점수를 받아두면 좋은 것이라고 막연하게 생각한다. 대학에 막 입학한 신입생조차 자발적으로 토익 학원에 등록한다. 바쁘면 방학 때라도 온라인 수업을 들으면서 높은 점수를 획득하고자 한다. 대학은 교양영어 프로그램에서 토익을 공부할 수 있도록 교육과정을 바꾼다. 영어졸업인증제를 실시하여 재학생이 모의 토익을 응시하도록 돕고 시험을 잘 준비할 수 있는 특강도 개설한다. 이제 영어공부는 곧 토익공부인 것이 된다. 영어공부와 영어시험에 관한 다양한 이데올로기들의 공존과 경쟁은 사라진다. 토익이 헤게모니를 잡은 세상은 그걸로 돈을 버는 사람에게는 좋을지 몰라도 언어능력, 언어사용, 언어교육, 언어정책에 관한 다양한 담론들이 사라진 디스토피아적 공간이다.

한 집단이나 특정 문화양식이 다른 집단이나 다수 문화양식을 패권적으로 지배하는 방식은 헤게모니로 설명될 수 있다. 복종하는 집단은 차이와 다양성, 자유와 권리, 균형과 공존 등의 가치를 제대로 학습하지 못한다. 지배적인 관행에 그저 순응적이다. 심지어 자발적이고 열정적으로 수용하고 지지한다. 비판적 연구자는 이 점을 주목해야 한다. 하나의 집단/문화가 다른 집단/문화에 어떻게 자발적으로 복종하는지 탐구해야 한다. 그러나 헤게모니에 붙잡혀 있는 시대적 풍조라면 연구자 집단이 그만한 비판성을 갖는 것도 어렵다.*

다양한 학술담론을 놓고 서로 토론하고 논쟁할 수 있는 연구자,

---

* 20여 년 전에 국내 대학의 영어졸업인증제가 시작되었다. 대학 총장과 기업 CEO의 인터뷰 기사에 대학이 책임지고 취업할 학생을 관리한다는 미디어 텍스트가 등장하기 시작했다. 세계화 시대에 취업을 준비하려면 학생은 영어를 공부해야만 하고 대학은 그걸 책임져야 한다는 '영어에 관한 책무성 담론'이 시작된 것이다. 몇 년 후 영어사용은 대학생뿐 아니라 누구에게나 필요하며 영어학습은 표준화된 영어시험으로 관리될 수 있다는 이데올로기가 지배력을 갖기 시작했다. 토익만 잘 보면 국제중, 특목고, 대학도 갈 수 있었다. 초등학생도, 공무원이 되고 싶은 수험생도 토익을 공부했다. 해외교포나 유학생도 한국 기업에 취업하려면 토익 점수를 제출해야 했다. 전국 모든 대학이 토익과 같은 고부담 시험으로 영어졸업인증제를 실행했다. 어디서든, 무슨 목적이든, 토익-시험-공부를 해야만 했다. 토익 문화에 관한 비판적이면서 심층적인 논쟁은 사라지고 토익-영어-시험-준비에 관한 헤게모니가 형성되었다. 처음엔 토익을 준비시키는 것이 대학의 책무였을지 몰라도 이제는 어디서나 영어학습자의 태도와 역량을 평가하는 기준으로 사용하고 있다. 관련 분야 연구자는 그와 같은 이데올로기 지형에서 무엇을 하고 있을까? (놀랍지도 않지만) 토익 문화에 관한 비판적 연구, 담론경쟁이나 헤게모니 지향성 연구는 거의 찾아볼 수 없다. 오히려 고부담 시험의 의사결정력에 관한 추종자만 늘고 있다.

학술단체, 학계가 없다면 이데올로기와 헤게모니에 관한 연구문헌도 없을 것이다. 학술연구뿐 아니라 미디어 텍스트까지 편향적으로 포획되어 있다면 대중의 일상적인 언어사용도 마찬가지일 것이다. 경쟁하는 이데올로기들이 없는 곳은 무서운 곳이다. 거기서 우리는 자유롭고 비판적으로 사고하고 행동할 수 없다.

이데올로기들의 갈등과 충돌이 사라진 세상은 식민화가 시작되는 곳이다. 질문도, 경쟁도, 대항도, 대안도 없다. 예를 들면 토익과 같은 시험을 이용한 영어능력 인증제가 시작되고 토익 점수로 직원 역량을 평가하는 방식이 헤게모니를 갖게 되었다고 하자. 그런 관행이 학교와 기업 구성원의 자발적인 동의까지 얻어내면, 왜 그런 고부담시험을 이런저런 목적에서 사용하는지 교수도 학생도 인사팀장도 사장도 아무도 질문하지 않는다. 이제 토익-언어-시험-정책에 관해 일원적인 인식체계가 존재하는 일종의 토익의 식민화가 시작된 것이다.

공론장에서 토익 사용에 관한 지배적인 이데올로기가 대항/대안적인 이데올로기를 모두 제압하고 헤게모니를 장기간 획득하게 되면 영어공부/사용에 관한 우리의 생활세계마저 침울한 식민화가 시작된다. 이런 상황에서 우리는 다르게 생각하지 못하고, 대안을 찾지도 않는다. TV 뉴스에서, 학원 광고에서, 친구와의 대화나 친척 어른의 덕담에서도, 토익에 관한 신념과 가치는 서로 이질적이지 않다. 고등학교 영어교사인데 토익점수가 너무 낮은 것이 문제라고 하고, 졸업이 코앞인데 서둘러 토익 점수를 만들어야 할 때라고 하고, 토익 학원은 강남 A학원이 좋다고 하고, 토익 고득점 비결이 뭐냐고 묻는다. 그렇게 서로 익숙하고 당연한 토익 얘기를 주고받는다.

식민지가 되면 관련 분야의 연구자도 필요 없다. 학술지는 식민화된 연구현장이자 소수 기득권 연구자의 홍보지가 된다. 헤게모니 개념을 이해하면, 인종, 성, 학벌에 관한 차별 담론이 커다란 사회적 저항이나 요란한 문제의식도 없이, 어떻게 그토록 끈질기게 일상적으로 만연할 수 있는지 알게 된다. 국내 사회질서만 봐도 성차별, 가부장제의 문제점은 요란스럽게 우리 귀에 들리지 않았다. 최근 미투 운동이 시작되기 전만 해도 일간지 신문에 사건으로 가끔 보도될 정도였다. 그게 너무나 당연한 사회질서였다는 건 다른 성을 가진 누군가, 혹은 가부장이 아닌 누군가는 식민적 삶을 살았다는 것이다.

담론연구의 관점에서 헤게모니 개념은 지배적인 담론/권력의 변화과정을 좀 더 체계적으로 분석할 수 있도록 돕는다. 현대 사회에서는 강압이 아닌 자발적 동의로부터 통제할 수 있는 헤게모니 상태가 영구적이기 힘들다. 헤게모니는 부분적이고 일시적으로 획득될 뿐이다. 그렇다면 헤게모니를 얻을 때 구성된, 혹은 헤게모니를 잃으면서 균열된 이데올로기적 속성을 비교하고 구분할 수 있다. 헤게모니적 지향성이 드러날 때 어떤 이데올로기 속성이 접합, 재접합, 탈접합되는지 분석하는 것이다.

애초에 그람시는 부르주아 계급이 노동자 계급에게 행사하는 통제와 지배의 의미로 헤게모니 개념을 사용했다. 헤게모니 연구는 강제적인 힘이 아니라 제도나 사회관계 속에서 피지배계급의 자발적이고 자연스러운 동의를 이끌면서 기득권을 유지하는 방식을 탐구하는 것이다. 노동자 계급이 부르주아 계급의 통제에서 벗어나려면 새로운 헤게모니를 형성해야 한다. 새로운 헤게모니, 예를 들면 프롤레타리아 헤게모니는 오직 지배적인 헤게모니와 대립적 관계에서만 만들어진다. 이와 같은 헤게모니 개념을 3부에서 담론경쟁, 이데올로기 접합의 설명에 적용하고자 한다.

2) 이데올로기 분석 vs. 담론분석

앞서 이데올로기와 담론의 개념을 구분했지만 다시 한번 이데올로기를 분석하는 것과 담론을 분석하는 것이 전혀 다르다는 점을 강조하고 싶다. 재차 언급하는 것이 지나치지 않다고 생각하는 이유는 이데올로기 분석과 담론분석을 사실상 같은 것으로 다루는 연구자들의 오랜 관례 때문이다.

앞서 담론의 거시적 층위를 설명하면서 알튀세르의 이데올로기 이론과 푸코의 담론/권력 이론을 참조했고 이 책에서 사용하는 이데올로기 개념은 마르크스 지식전통과 거리를 둘 것이라 설명했다. 다만 담론연구는 여러 층위의 상호작용이 탐구되는 것인데 알튀세르와 푸코의 논점은 지나치게 (이데올로기에 관련된) 거시적 조망만 다루는 듯하다. 이데올로기를 분석한 논문에서는 이데올로기가 사람들에게 내면화되고 그것으로부터 어떤 영향력이 발휘되는지 기술되어 있다. 예를 들면 사회적 계급에 관한 이데올로기는 그걸 수용하는 사람들의 내면을 움직여서 계급에 관한 불평등 구조를 자연스럽게 실천하게 한다. 그들은 계급의식을 (무의식적으로) 인정하고 사회질서는 계급의식으로부터 (재)구성된다.

그러나 담론연구자는 이와 같은 이데올로기적 층위뿐 아니라 (상호)텍스트성에서도 물질적 구성과 실천적 행위가 유도될 수 있다고 본다. 텍스트의 행위성에 관해서는 앞서 설명했다. 텍스트는 정보일 뿐 아니라 행위적이고 권력적이다. 이런 텍스트가 사회정치적 콘텍스트, 즉 이데올로기 질서로부터 구성되고 또 이데올로기적 질서를 구성하기도 한다는 논점이 담론연구에서 언급되어야 한다.

담론연구에 하나의 방법론만 있는 것은 아니다. 담론연구는 텍스트로부터 구축된 세상과 세상의 질서로부터 만들어진 텍스트를 변증법적으로 바라보는 복잡한 탐구활동이다. 복잡한 의미작용을 모두 한번에 연구할 수는 없으니 알튀세르나 푸코의 이론에만 참조하면서 담론연구가 수행될 수도 있다.

푸코식 담론연구가 연구방법론의 측면에서 가지는 한계도 있다. 푸코의 문헌을 읽으면 시선을 끄는 이론과 쟁점이 넘치지만, 푸코는 자신이 사용한 분석방법을 구체적으로 논술하지 않았다. 푸코의 주장을 총론적으로 이해하고 공감할 수는 있지만, 실제 자료를 수집해 담론을 기획하고 분석하는 입장에서는 난감하다. 연구 절차를 분명하게 언급한 것도 아니어서, 푸코식 연구를 따라하기도 쉽지 않다.

알튀세르의 이데올로기 이론의 연속선에서 미셸 페슈Michel Pêcheux가 제안한 방식으로 담론자료를 분석하는 학자도 있다. 이 관점은 알튀세르의 '이데올로기'와 '주체 호명'의 관계에 관심을 두면서 미시적 언어장치도 분석한다. 그러나 여전히 내용을 주로 다루며 텍스트의 형식자질 분석은 빠져 있다. 국내에서 내가 본 비판적 담론분석 문헌은 대개 알튀세르나 페슈의 이데올로기, 푸코의 담론/권력의 거시적 조망 방식과 유사하다.

하지만 이런 관점은 대개 이데올로기의 설명에 너무 집중하느라 (상호)텍스트성 차원의 의미작용을 간과한다. 미시적인 텍스트보다 거시 단위인 콘텍스트가 더 잘 보인다. 그러나 텍스트는 현실을 반영하기도 하고 현실을 재구성하는 행위가 되기도 한다. 텍스트성에 더 주목하고 텍스트와 콘텍스트를 변증법적으로 바라보는 담론연구는 이데올로기 분석에 그치는 연구와 그런 점에서 다르다.

"맥도널드에서 혼밥해!"와 같은 광고를 분석할 때 무얼 주목하는 가? 대개 혼밥을 먹는 개인주의 사회, 신자유주의 이데올로기를 먼저 언급한다. 혼밥을 먹을 수밖에 없는 사회에 관해 거창하고도 자세하게 설명한다. 텍스트는 그런 사회로부터 만들어진 재현 정도로만 다룬다. 그러하니 텍스트를 엄밀하게 분석하지도 않는다. 해당 연구를 해보진 않았지만 내가 보기엔 전에도 혼밥 하는 사람이 많았다. 혼밥 먹는 사회이기도 했다. 혼밥 텍스트가 효과적으로 특정 매체에서 적절한 스타일로 잘 선택되고 배치되면서 혼밥 사회로 보이기도 한 것이다. 대체 어떤 유형의 텍스트가 어디에서 어떻게 배치된 것일까? 그게 어떤 사회적 조건과 만났길래 혼밥의 콘텍스트가 눈에 갑자기 쏙 들어올까? 텍스트-콘텍스트를 매개하는 담론의 속성을 보다 개방적으로 보지 않는다면 이데올로기만 자꾸 보게 된다. 그건 사회결정론적 연구방식이다.

10장 경쟁하는 담론들

1. 담론들의 갈등과 경쟁

푸코의 계보학적 연구를 살펴보면 '사회변화를 지배의 수단'으로
바라본 담론/권력 논점이 돋보인다. 푸코는 담론의 양가적이면서 다중
적인 속성에 큰 비중을 두지 않은 듯하다.《감시와 처벌》과 같은 문헌
을 읽으면 세상은 염세적으로 보인다. 개별적인 삶은 결코 창조적이거
나 능동적일 수 없다. 권력과 지식으로부터 지배적인 담론질서에 포획
되어 있다. 규율적 권력의 감시와 개입은 모세혈관처럼 사회 전 영역을
관통하고 있고 우리는 일상생활에서 순응적인 몸을 가진 무력한 인간
으로 살고 있다.

그렇지만 아무리 지배적인 권력관계, 혹은 거대 이데올로기가 위
협적이었다고 하더라도 영원한 것은 없었다. 지배적인 담론질서가 지
식과 권력과 결속되어 특정 사회를 규율적으로 통제했다고 하더라도
저항과 대안의 담론들이 새롭게 출현했고 이전과 다른 사회적 조건과
만났다. 그리고 기득권력의 지배구조가 변했다. 의미를 놓고 다툰 기호

적 투쟁도 넘쳤다.*

앞서 미시적 장치와 거시적 조망을 모두 주목하면서 특정 담론의 구조, 역사, 정치적 개입 등을 분석하자고 했다. 가장 현실적이면서도 흥미로운 담론연구는 이항으로 대립하는, 혹은 복수의 담론들이 어떻게 (어떤 구조, 역사성, 정치적 개입으로부터) 경쟁하는지 보는 것이다. 지배적인 담론이 가장 먼저 우리 눈에 들어오겠지만 동시에 대항적이고 대안적인 담론이 어디선가 형성되고 있다. 권력관계는 얼마든지 새롭게 조정될 수 있다.** 담론경쟁은 그람시의 헤게모니 지향성과 이데올로기 경쟁에서 차용한 논점이지만 거시적 층위를 벗어나서 새롭게 재개념화하는 것이 바람직하다. 즉 담론경쟁은 이데올로기 차원의 경쟁을 넘어서 이데올로기화된 텍스트들이 선택되고 배치된 담론구성체들의 경쟁이다.***

---

* 노무현 전 대통령의 대선 캠페인 중에 유명한 일화가 있다. 장인이 빨치산이었다는 텍스트가 넘칠 때 노무현 후보는 이렇게 응수했다. "그럼 아내를 버리란 말입니까?" 바닷사람들이 거대한 파도에 맞서면서 항해술을 발전시켰듯이 정치인은 실존을 무력화하는 담론으로 포획될 때 전술적 텍스트의 배치로부터 위기를 돌파한다. "빨치산"의 텍스트로 휘감은 반공주의에 절대 밀리지 않는 가족주의 텍스트, "나는 아내를 버릴 수 없다." 그게 누구 머리에서 나온 전략인지 모르겠지만 노무현의 텍스트 정치는 거기서 빛을 발했다. 정치인은 투쟁적으로 텍스트를 활용한다.
** 이 책에서는 참조하지 않았지만 피에르 부르디외Pierre Bourdieu의 장field 이론이 개념적으로나마 경쟁적인 담론지형을 이해할 때 도움이 될 수 있다. 부르디외에 따르면 사회는 서로 연결된 장들이 연결된 다차원의 공간이다. 장의 행위자는 자신의 위치성을 유지하고 정당화하기 위해서 전략적으로 행동한다. 거기서 작동하는 지배/저항 담론 역시 서로 다른 위치성으로부터 대립하는 것으로 볼 수 있다. 담론연구에서 부르디외 장 이론을 적용한 국내 문헌을 찾아보았지만 적절한 논점을 찾기 어려웠다.
*** 근본주의자들을 만나면 난감하다. 종교, 경제, 교육, 언어, 통치술, 남녀관계 등 뭐든 본질과 근본을 강조하며 반드시 그렇게 하지 않으면 안 된다고 주장한다. 자신이 속한 근본주의 진영의 힘을 (폭력적으로) 과시한다. 부시 미국 대통령도 내가 보기엔

담론경쟁, 혹은 담론갈등이라고 해도 팽팽한 경합 국면이 선명하게 보이기도 하지만, 지배적인 담론이 오랫동안 유지되면서, 소수 혹은 소멸 중인 담론은 좀처럼 들리지 않을 때도 많다. 여러 사회정치적 현안을 생각해보자. 낙태법, 세월호 사건, 주한미군 사드THAAD(고고도미사일방어체계) 배치, 특목고 폐지를 놓고 복수의 담론들은 치열하게 경쟁했다. 지배적 담론과 대항/대안/소수 담론은 공론장에서 사회적 지지를 얻기도 했고 그러다가 힘을 잃기도 했다. 담론을 통해 대중에게 어떤 현실을 새롭게 이해시키는 상황이라면 헤게모니를 획득하기 위해 텍스트들이 전략적으로 배치되고 치열하게 충돌될 때가 많다. '경쟁' 혹은 '갈등'이란 표현이 어색하지 않다.

　　어느 담론이든 모순과 갈등의 요인을 안고 있다. 텍스트의 의미는 다른 사회적 조건을 만나면 변할 수밖에 없다. 담론을 기획하고 전하고 사용하는 행위자는 서로 다른 기억자원과 사회적 욕망을 붙들고 있다. 갖고 싶은 것, 되고 싶은 자리는 늘 제한적이다. 무슨 담론을 어떻게 구성하고 유포하든 이해당사자들은 서로 경쟁할 수밖에 없다. 그러나 나는 담론경쟁을 부정적으로만 보지 않는다. 담론연구자는 경쟁의 쟁점을 이해하고(심지어 의도적으로 촉발하고), 권력지향성을 정비하고, 문제를 해결하거나, 기득권을 보호하거나, 새로운 변화를 강변할 수 있다.*

근본주의자였다. 악의 축으로 특정 지역의 종파를 규정하고 전쟁을 불사하는 리더였다. 마르크스 이론을 철저하게 신봉하는 사람들도 근본주의자다. 우리는 언어의 구성물, 언어와 사회, 권력관계 등을 복잡하게 바라보며 세상을 일원적으로나 일방적으로 이해할 수 없다고 인정해야 한다. 서로 경합하고 양보하고 타협하기도 하는 담론(장)은 반-근본주의적일 수밖에 없다.

* 담론에 관한 리터러시가 문맹 수준이라면 개인이 할 수 있는 건 아무것도 없다. 어떤 영웅이 혹은 새로운 사회질서가 개입해주면 좋은데 그때까지는 개별적인 발화 수준

담론들의 경쟁을 돋보이게 하는 첨예한 사건들이 있다. 미디어가 보도하고, 사회구성원 다수가 알게 되고, 각자 감정과 의견을 치열하게 드러낸다. 예를 들면 지난 20여 년 동안 금연 문화가 지배적인 담론으로 자리 잡는 중에 여러 담론적 사건이 등장했다. 그중에서도 담배회사를 상대로 건강보험공단이 소송한 것이 가장 주목할 만한 담론 사건일 것이다.[24] 이는 갑작스럽게 터진 일회적 사건으로 볼 수 없다. 꾸준하게 축적된 모순, 차별, 불평등, 반지성, 권위주의 사회질서가 하나의 구체적인 사건으로부터 선명하게 세상에 드러났을 뿐이다. 이때 담론연구자는 해당 사건을 파헤치며 담론경쟁 국면을 보다 엄밀하게 분석할 수 있다.

담론경쟁에서 이겨야 헤게모니를 획득할 수 있다. 그러면 해당 담론은 한동안 진실처럼 보인다. 구성된 담론 수준에서 그치는 것이 아니라 담론적 효과를 발휘하는 것이다. 해당 분야의 사회적 현실을 설명할 수 있는 권력/지식을 갖게 된다. 그런 권력/지식을 지향하며 다양한 이해당사자 집단들이 담론경쟁에 계속 참여한다. 기득권력이라면 지배적 담론을 유지하려고 할 것이고, 지배질서를 흔들고 싶다면 새로운 담론으로부터 세상을 다르게 해석하려고 할 것이다. 담론기술자라면 모두 알고 있다. 진리나 다수가 현실을 정의하는 것이 아니다. 지배적 담론/권력이 현실을 정의한다. 그러기 위해서는 담론경쟁에서 사회적 지지를 먼저 받아야만 한다.**

으로 자신 탓을 하거나 남 탓을 할 뿐이다.
** 박근혜 정부는 치열한 담론경쟁을 통해 다수 국민에게 창조경제, 책임정치 등의 담론을 성공적으로 전달했다. 부적절한 국가행정으로부터 국민적 저항이 시작되었고 촛불 집회 측의 담론적 기획이 제대로 힘을 얻으면서 박근혜 정부의 담론체계는 한낱

2. 담론경쟁이 허락된 곳: 민주적 공론장

복수의 담론들이 경쟁할 수 있다면 그곳의 담론 행위자들은 지배적인/위계적인 권력관계로부터 제압되지 않는다. 그곳은 요란하지만 담론들이 갈등하고 충돌할 수 있다. 이런 곳을 두고 흔히 우리는 '민주적'이라고 부른다. 담론경쟁이 있다면 그곳은 다행히 헤게모니가 영구화되지 않은 곳이다. 담론으로 경쟁할 수 있다는 것은 텍스트를 자유롭게 배치할 수 있다는 것이며, 나름의 장르와 스타일을 선택할 수 있다는 것이고, 특정한 이데올로기에 서로 다른 태도를 가질 수 있다는 것이다. 그렇게 해도 감옥에 가거나 매를 맞지 않는다는 것이다.

'거짓말'과 '구태의연함'으로 폄하되었다. 정치를 둘로 대립하는 선-악 이데올로기만으로 본다면 매개적 담론에 관한 탐구 없이 '박근혜'는 앞으로도 '정신 나간 년', '거짓말쟁이', '지배층을 옹호하는 사기꾼'으로 편향적으로만 기술될 수 있다. 그러나 담론경쟁의 관점에서 보면 아무리 미운 박근혜 정부라도 해도 진실/선의 반대편인 허위/악의 속성으로만 단정하지 말아야 한다. 당시 박근혜는 2012년 대통령 선거라는 정치적 시공간에서 대한민국 대통령이 될 만하니까 된 것이다. 박근혜 정부는 담론적 헤게모니를 어떻게 획득했고 또 어떤 경로로 그 모든 것을 잃어버렸을까? 박근혜 정부가 권력을 획득한 것은 진실을 오도한 언론과 정치인으로부터 다수 국민이 어리석게 속았기 때문에 가능했던 것일까? 2016~2017년 촛불시위도 마찬가지이다. 박근혜 정부는 악이고, 촛불시위대는 선이라며 대립하지만 말고 담론경쟁의 관점에서 여러 연구가 축적되면 좋겠다. 예를 들면 "이게 나라냐"와 같은 텍스트 배치로부터 촛불시위대는 행위성을 가진 지배적 담론체계의 발판을 찾았다. 촛불집회는 담론이 구성된 사건이고, 담론경쟁력이 여러 층위로부터 획득되면서 다수 국민의 동의를 구할 수 있었다. 나는 누군가를 지목해 본질적 악으로 호도하는 것에 관해서 매우 신중하다. 우리 안에 박근혜도 있고 문재인도 있다. 담론을 미시와 거시, 언어와 사회의 매개적 역할로 본다면 문재인은 늘 선이고, 박근혜는 늘 악으로 볼 수 없다. 내 관심은 담론적 구성이고 담론의 개입이다. 우린 진영을 선택하고, 소속된 진영의 이데올로기로부터 살아갈 수 있다. 그러나 그러한 이데올로기만이 선이라고 구조화한다면 이 책에서 다루는 담론의 개입은 공부할 필요도 없다. 그리고 이데올로기 전쟁만 남는다. 이데올로기만 남은 삶의 정치는 고달프다. 온전한 자유 역시 사라진다.

담론끼리 경쟁할 수 있는 곳은 시끄럽다. 여러 사람이 시끄럽게 의견을 내고 감정을 드러내고, 그래서 회의가 길어지는 것을 싫어하는 사람들도 있다. 예를 들면 대단한 권력을 가진, 나이가 많은, 학벌이 높은, 힘이 센 남자가, 원어민이, 부자가, 교수님이, 큰 교회 목사님이, 가부장이, 전에 했던 사람이, 알아서 그냥 관행적으로 사안을 처리하길 바라는 사람들이 있다. 담론경쟁은 어디서 가능할까? 서로의 입장을 듣고, 말하고, 쓰고 읽는, 담론으로 경쟁하는 민주적 공론장에서 가능하다.

기득권력이 의미(화 과정)를 독점(예: '영어능력을 객관적으로 측정해야만 하고 그걸 위해 토익과 같은 시험을 사용해야 한다')하고 있다면 다른 의견(예: '영어능력을 객관적으로 측정할 수 없고 그럴 필요도 없다', '토익이 아닌 다양한 시험을 사용하자', '큰 규모의 시험을 사용하지 않아도 영어사용에 관한 역량과 태도를 소신껏 평가할 수 있다', '표준적인 시험을 보게 하지 않더라도 영어를 잘 배울 수 있다')은 공론장에 전달되지 못한다. 그런 점에서 우리 모두 의미를 협력해서 창조하고, 또는 함께 사회질서를 만들고 유지하는 '담론적 민주주의'를 지향해야 한다. 담론은 사회적 자원이며, 담론적 리터러시는 개별적이면서 사회적인 역량으로 인식되어야 한다.

쉬운 예시를 들어보자. 어떤 연구주제를 놓고 연구자 집단 사이에서 서로 주장이 충돌한다. 그렇지만 서로 다른 논제라도 학술대회에서 모두 발표되고 연구논문도 학술지에 함께 실린다. 서로 경쟁하는 학술담론이지만 모두 해당 학계의 자원이고 유의미한 학술적 성과다. 그곳의 담론장은 담론경쟁이 허락되면서 민주적으로 말과 글이 축적되는 곳이다. 그러나 한편의 입장(이데올로기)만 옳다고 보는 문지기gatekeeper 집단이 지키는 곳이라면 자신의 담론을 비판하는 연구자와 연구문헌을 의도적으로 배제한다. 이제 한편으로만 편향된 기득권력의 학술담론만 지면에 실린다. 경쟁은 사라진다. 해당 학계에 진입해야 하는 후속 연구자조차 편향된 논제로만 의미를 부여한다. '박사님'은 넘치지만 그런 학계는 역설적이게도 반지성주의 학술문화로 구조화된다. 시끄러운 곳만이 변화의 동력을 가질 수 있다. 담론경쟁이 있는 곳에서 차이와 다양성이 논의되고, 자유와 권리는 지켜지며, 자원과 자산은 넘친다. 경쟁적 담론(의 행위자)을 제거한 곳에서는 그들끼리 친할 뿐 늘 조용하다. 그리고 은밀하게 자기와 다른 타자를 배제하며 기득권력을 유지한다.

　　담론경쟁을 허락하지 않으면 그곳은 획일적이고 지루한, 또 한편으로는 위험하고도 무서운 곳이 된다. 담론경쟁의 지적 토대는 복수의 담론들이 등장하고 시끄럽게 경합하고 누구나 권력을 차지할 수 있는 민주주의 사회, 혹은 민주적 공론장이다. 특정한 분야에 어떤 의제든지 지배적인 담론이 있을 것이다. 그럼에도 소수, 대항, 대안 담론이 등장할 수 있어야 한다. 텍스트 실천으로부터 지지세력을 새롭게 확보하고, 담론경쟁 구도를 재편할 수 있어야 한다. 표현의 자유는 당연히 존중되어야 한다.

　　어떤 권력이 고정적이고 영구적일 수 있는가? 가변적이지 않은 권력은 대개 괴물이다. 우린 어떻게 살든 나름의 의미체계로부터 권력지향성을 갖는다. 권력을 새롭게 획득할 수 없다면, 다른 권력질서를 기획하지도 못한다면, 지금 권력을 조롱하거나 도전하지도 못한다면, 그런 삶은 참 우울하고도 무서운 일이다. 그런 점에서 우리는 담론을 배우고, 담론을 기획하고, 담론에 도전하면서 권력지향성을 학습해야 한다. 담론은 권력을 교체하고 순환할 수 있는 매개다. 담론의 리터러시를 학습해야만 담론장에서 지배적/경쟁적 권력에 접근하고, 의심하고, 욕망하고, 새롭게 창조할 수 있다. 권력은 거창한 정당정치의 권력뿐만 아니라 개별적 삶 혹은 일상 중에서 감당해야 하는 미시권력이기도 하다.

수십 년 전 우리가 독재/군부 권력으로 통제될 때는 민주적 공론장이 없었다. 권위주의 정부가 표현의 자유를 허락하지도 않았지만 저항하는 권력도 공론장이 중요하지 않았다. 그때는 독재/군부에 저항하는 이데올로기 전투가 필요했다. 군부독재와 싸우는 민주투사가 필요했다. 독재와 민주의 이항대립성은 선명했다. 담론장이 허락되지 않을때는 이데올로기 싸움이 필요할 수도 있다.

지금 시대는 어떤가? 지금은 민주주의 정부인가? 권위주의 정부인가? 의견이 다르다. 누구의 말은 늘 옳고 누구의 말은 거짓말인가? 그렇지 않다. 공론장에서 그들은 담론적으로 경쟁하며 맞붙고 있을 뿐이다. 매체도 다양하고, 이해관계도 복잡하고, 심지어 1인 유튜버까지 민주주의/권위주의 담론경쟁에 적극적으로 개입하고 있다. 담론장에 파워 엘리트만 접근할 수 있는 것도 아니다. 이제 담론장을 (불균형이 고착되는) 지배의 수단으로만 보지 말아야 한다. 담론장의 담론경쟁을 거치면 권력은 언제든 위치성이 달라질 수 있다. 불완전할 수밖에 없는 민주주의는 그나마 그런 공론장 덕분에 아슬아슬하게 유지되고 있다.

3. 툴민의 논증 구조

담론경쟁에서 우월한 지위를 얻기 위해서는 담론 자체의 논증적 경쟁력이 있어야 한다. 경쟁력이 있는 담론이란 담론 내부의 경쟁력, 담론끼리 비교되면서 갖는 경쟁력, 외부 맥락(사회적 조건)과 연결되면서 갖는 경쟁력으로 구분할 수 있다.[25] 그중에서 담론 내부의 경쟁력 측면에서 청자/독자를 설득할 수 있는 수사적 기술을 흔히 '논증argument'이라고 한다. 근거data 기반으로 주장claim을 하는 '논증'은 담론들이 서로 경쟁할 때 담론을 거시적으로 구성할 수 있는 논리적인 방법으로 알려져 있다.

담론경쟁의 행위자들은 각자의 주장을 뒷받침할 수 있는 논거warrant들을 통해 상대 혹은 청자/독자를 설득하고자 하며 여론의 지지를 유도한다. 담론들이 경쟁한다는 것을 논증의 수사로 설명하면 이해관계가 얽힌 주제를 놓고 서로 다른 주장들이 충돌하는 것으로 볼 수 있다. 담론경쟁자는 반대편 주장을 반박rebuttal하면서 관련 주장의 증거와 논거의 부적절함을 지적한다. 논증 기반의 경쟁은 결국 각자 붙들고 있는 이데올로기적 지적 토대와 연결된다. 그래서 텍스트 차원의 공방도 있지만 담론경쟁은 결국 각자 속한 진영의 이데올로기적 논술로부터 담론장의 지지를 호소하는 편이다.

도식화된 논증 구조는 담론자료를 거시적으로 분석할 때 사용되된다. 스티븐 툴민Stephen Toulmin의 논증 모형이 담론연구 문헌에 빈번하게 등장하는 편이며 구성요소는 앞서 간단하게 설명한 것처럼 주장, 근거, 논거, 반박등이다. 〈그림 5〉는 앞서 살펴본 영어시험 담론을 툴민의 논증 구조로 설명한 것이다.

국가영어평가시험 NEAT를 개발하자는 일간지 신문의 칼럼을 그림 8의 논증 구조로 요약해보았다. 논증의 기본 구조는 증거('시험 개발/사용으로 학생들의 영어실력은 향상되고 자국 이익은 커진다') 기반의 주장('우리만의 영어시험으로 국가 번영과 개인 역량을 극대화해야 한다')이다. 논거는 '영어시험은 영어교육에 긍정적 효과가 있다'로 요약할 수 있었다.

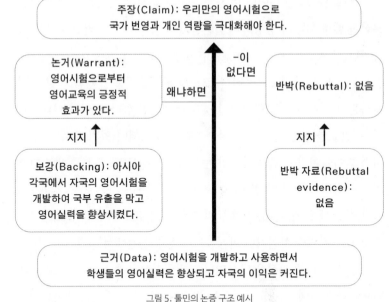

그림 5. 툴민의 논증 구조 예시

논거를 뒷받침하는 자료는 '아시아 각국에서 자국의 영어시험을 개발
하여 국부 유출을 막고 영어실력을 향상시켰다'는 것인데 반대편의 담
론경쟁자라면 당연히 '긍정적 효과'가 있다는 논거를 다른 반박 논거로
지적할 것이며 관련 자료 역시 부적절함을 지적할 것이다. NEAT를 개
발하자는 편의 증거-주장의 논증은 결국 '시험에 관한 긍정적 효과'에
관한 이데올로기를 전제하고 있다. 담론경쟁은 이데올로기의 충돌이
기도 하며 또 한편으로는 이데올로기와 결속된 (상호)텍스트성의 논거
와 논거자료에 관한 충돌이기도 하다.

　　이와 같은 논증 분석은 근거로부터 주장하는 실증적이고 합리적
인 접근이다. 이데올로기가 개입된 어떤 현실이라도 경험적인 사실을
수집하면서 (근거-주장의 고리를 정당화하는) 논거를 반박할 수도 있

고 수용할 수도 있다. 이런 이유로 툴민의 분석은 특정 담론의 내부를 분석할 때뿐 아니라 경쟁하는 담론들의 거시적 논리를 비교할 때도 유용하다.

텍스트와 콘텍스로부터 직조된 담론구성체는 근거와 주장을 연결하는 논거가 충분히 합리적일 것을 전제하곤 한다. 그러나 이데올로기는 '필요한 환상'일 뿐이며 불완전하게 구성되어 있기도 하다. 상식처럼 받아들여지고 있는 담론의 논증을 분석해보면 근거-주장의 연결이 느슨하거나, 논거가 빈약하기도 하다. 담론연구자는 논증의 문제점을 지적할 때 근거, 논거, 반박 등과 같은 특정 요소를 빼내어 그걸 구체적인 텍스트 기술 차원이나 이데올로기 설명 차원에서 비판해야 한다.

툴민의 논증 분석은 담론연구에 적극적으로 활용될 수 있고 국내 담론연구 문헌에도 가끔 등장하는 편이다. 이제 3부에서는 페어클러프 모형을 기반으로 텍스트, 상호텍스트성, 이데올로기 분석의 다양한 층위 분석에 주목하고자 한다. 여러 층위의 분석을 적절하게 구분해 수행할 수 있다면 논증 구조 역시 실제 연구를 집행할 때 적절하게 활용될 수 있다.

3부 담론자료 분석방법

3부에서는 담론자료를 구체적으로 분석할 수 있는 방법을 제시하고자 한다. 담론이 삼차원(텍스트, 상호텍스트성, 이데올로기) 층위에서 변증법적으로 실행된다고 보는 페어클러프의 분석모형을 참고하면서 내가 수집하고 분석한 담론자료를 추가했다. 텍스트 분석의 절차를 체계기능언어학의 범주로부터 기술description하고, 사회구성원의 기억과 기대로부터 생산되고 유통되고 소비되는 서로 얽힌 텍스트들의 실천과 관행을 해석interpretation하면서, 지배적인 혹은 경쟁하는 이데올로기들의 개입과 경합을 설명explanation하는 절차를 하나씩 소개했다.

페어클러프 모형은 비판적 언어학 전통의 할러데이의 텍스트 분석방법과 바흐친의 얽힌 텍스트의 해석 논점뿐만 아니라 구조주의와 언어적 전환의 지적 전통을 계승한 알튀세르와 푸코의 이데올로기, 권력, 담론연구까지 통합한 것이다. 다만 페어클러프 문헌에 상호텍스트성 및 이데올로기 분석의 절차 등이 분명하지 않아 내가 연구자로 활동하며 사용한 분석 방법론을 보태기도 했다.

1부에서 소개한 담론은 인간 주체가 자율적으로 산출하는 언어사용만 의미하는 것도 아니고, 거창한 사회질서의 단순한 재현도 아니다. 담론은 구조화된 세상에서 생성되지만 세상을 다시 구성하는 실천적 경로가 될 수 있다. 우리 눈에 띄는 것은 권력을 지향하며 사회에서 순환되는 다양한 텍스트일 뿐이다.

담론을 수집하고 분석할 수 있는 방법론으로는 흔히 비판적 담론연구(Critical Discourse Studies: CDS, 혹은 Critical Discourse Analaysis: CDA)가 언급된다. 이는 다양한 학술 분야에서 빈번하게 참고되는 연구방법론이며 1990년대부터는 다른 위계성을 가진 모어mother tongue, 성, 민족성, 인종, 문화양식 등으로부터 발생하는 지배와 차별의 의제 (예: 여성차별, 반유태주의, 외국인/이주민 혐오, 교육주체의 종속화, 단일언어주의나 신자유주의 정책의 강제적 집행 등)를 탐구할 때 주로 사용되어 왔다.*

CDS, CDA 연구자는 정의를 위반하는 규율적 지배나 불평등이 어떻게 관례가 되고, 은폐나 차별을 당연하게 수용하는 사회구성원의 상식이 어떻게 정당화되는지에 관심을 둔다. 이 책에서 나는 주로 페어클러프[26]의 '변증법적-관계적 접근dialectical relational approach'에 기반을 둔 담론자료 분석방법을 참조하겠지만, 인지이론을 담론의 층위 분석에 적용한 반 다이크[27]의 '사회 인지적 접근sociocognitive approach', 테오 반 루이웬Theo van Leeuwen[28]의 '사회행위자 접근social actors

---

* 앞서 CDS, CDA 연구방법론을 소개하면서 '비판적Critical'의 의미를 설명했다. 일단 여기서는 초창기 혹은 전통적인 비판연구 주제를 주로 소개하고자 한다. 그러나 나는 'C(ritical)' 수식어를 뺀 어떤 담론연구이라도 CDS, CDA 지식전통과 상보적으로 연결될 수 있다고 생각한다. 연구목적, 배경, 연구자의 역량과 경험에 따라 분석의 대상과 방법이 다를 순 있지만 무엇을 분석하든 담론의 층위 중 일부인 것이다.

approach', 루스 우닥Ruth Wodak[29]의 '담론-역사적 접근discourse-historical approach' 등도 학계에서 자주 언급되는 방법론이다.[30] 이와 같은 '비판적' 담론연구는 소집단 관찰해석방법ethnomethodology으로 사용된 대화분석, 교실에서 관찰되는 진술체계 연구[31], 상담에서 수집한 텍스트 분석[32] 등의 (미시적) 연구전통과는 분명히 구별된다.[33]

　　예를 들어 교실수업 환경에서 교사-학생 대화자료를 수집해 의미교환의 양상을 분석할 수 있다. 연구자는 수업이 대화참여자의 체계적인 말차례turn-taking 교환으로 전개된다는 점을 발견할 수 있다.[34] 그러나 교사가 주도하는 대화의 구조를 당위적이고 자연스러운 실천방식으로만 이해한다면, 담론의 속성과 층위를 고려한 분석은 불가능하다. 이런 관점에서는 교실을 관계적 정체성이 형성되는 사회정치적 공간으로 인식하지 못한다. 대화참여자 간의 위계성과 권력지향성이 다뤄질 수 있는 거시적 설명은 빠진다.[35]

　　대화분석 방법론은 권력관계나 이데올로기 논제를 빼고 개인들의 일상생활을 구성하는 (비)격식적 대화의 보편적 구조, 예를 들면 시작과 종결, 화제를 전개하거나 교체하는 전략, 인접쌍adjacency pairs, 말 차례 교환과 발언 기회 찾기, 기타 의미협상 기술 등을 다룬다. 물론 대화 구조의 비대칭성을 권력/담론으로 다루는 문헌도 등장하지만[36] 미시사회학 혹은 미시언어학 분야의 다수 연구자는 대화의 내적/보편적 구조에 집중하면서 대인간interpersonal 관계나 언어사용 맥락을 제한적으로 해석하는 데 그친다. 늘 비슷한 모양의 대화가 그렇게 구조화될 수밖에 없는 사회정치적 조건, 비대칭적 권력, 이데올로기 개입을 다루지 않는다.

　　그런 점에서 볼 때 CDS 연구방법론은 '대화분석'과 같은 가치중립적이고 비정치적인 담화/담론 연구전통과 구별된다. '비판적' 담론연구를 위해 실증적 자료를 수집하고 분석하는 연구방법은 지식전통마다 차이가 크다. 이 책에서 모든 분석모형을 다룰 수 없었고 페어클러프의 담론자료 분석모형이 주로 참조되었다. 페어클러프 모형은 수십년 동안 여러 학문 분야에서 실제적인 담론자료 분석에 가장 빈번하게 참조되고 있기도 하다.

2부에서 알튀세르의 이데올로기, 그람시의 헤게모니, 푸코의 권력/담론, 홀의 이데올로기 접합에 관해 간단하게 설명했다. 언어학자 소쉬르, 기호학자 바르트 등의 구조주의 사유체계로부터 시작된 언어적 전환linguistic turn은 담론연구의 토대를 구축한 지식전통이었다. 아울러 미하일 바흐친Michael Bakhtine, 미셸 폐슈Michel Pêcheux, 마이클 할리데이Michael Halliday 등의 비판적 언어학 연구전통으로도 담론연구의 이론적 토대가 형성되었다. 페어클러프 모형은 할리데이의 체계기능문법에서 가져온 텍스트 분석방법, 바흐친의 이론을 참조한 줄리아 크리스테바Julia Kristeva*의 상호텍스트성 해석, 사회구조 분석에 용이한 푸코의 고고학/계보학 담론이론, 그람시의 헤게모니적 투쟁 논점을 모두 결합하면서 미시 분석과 거시 분석만의 단점을 보완했다.

---

* 페어클러프가 크리스테바의 상호텍스트성 논점을 차용한 것인지는 분명하진 않다. 페어클러프 문헌에는 바흐친 문헌이 모호하게 언급되었지만 상호텍스트성 개념을 분명하게 정립한 크리스테바의 이름은 찾기 어렵다. 또한 상호텍스트성 분석방법 역시 그의 3차원 분석모형에 애매하고 산만하게 진술되어 있다. 페어클러프는 경쟁하는/지배적인 이데올로기 분석 역시 사회적 실천/관행에 관한 설명으로 애매하게 논술한다. 나는 그런 이유로부터 다수의 페어클러프 (번역) 문헌이 현장 연구자들에게 실제적인 도움을 주지 못한다고 보고 텍스트 차원의 분석방법을 제외하고는 페어클러프의 논점을 총론적인 수준에서만 참조했다.

이 책에서는 이에 관한 이론적/철학적 논의와 페어클러프의 통합적 분석모형에 관한 학술적 쟁점을 포함하지 않았다. (비판적) 담론연구의 실제적인 기획안과 집행에 관한 내용, 연구방법론으로서의 잠재력과 한계점 등도 제외했다.

11장 텍스트 분석: 기술 단계

1. 할리데이의 체계기능문법

언어를 인간의 인지능력으로 파악하지만 않고 세상에서 소통할 수 있는 기능적인 속성으로 탐구하는 학자군이 1980년대부터 등장했다. 체계기능문법은 기능주의 언어이론 중 하나로 볼 수 있으며 할리데이가 그의 스승인 영국인 언어학자 퍼스John Rupert Firh의 논점을 확장하면서 알려졌다. 페어클러프의 텍스트 분석방법은 할리데이의 체계기능문법에서 차용된 것이기에 여기서 우선 체계기능문법의 원리를 소개하도록 한다.

체계기능문법은 누구나 학교에서 배우는 페다고지 문법pedagogy grammar(예: SVO, 주어-동사-목적어 문장구조), 혹은 촘스키 학파로부터 확장된 보편문법universal grammar과 다르다. 체계기능언어학자는 구체적인 콘텍스트에서 '체계system'와 '기능function'의 관점에서 언어사용 측면을 주목한다.

구조주의 언어학이 시작되면서 통합체syntagmatic relation와 계열체paradigmatic relation의 축으로부터 의미형성은 결속과 선택의 원리로 이해되었다. 통합체는 의미를 구성하는 언어/기호 요소의 체계적인 결합이며 계열체는 통합체의 범주 안에서 서로 대체가능한 언어요소의 묶음으로 볼 수 있다. 'I eat pizza(나는 피자를 먹는다)'라는 의미체계를 살펴보면, 계열체적으로 같은 범주 안에서 하나의 텍스트(예: 'I', 'eat', 'pizza')가 선택되면 다른 텍스트(예: 'We', 'drink', 'coffee')는 선택되지 못한다.

보편문법 연구자라면 문장은 명사구와 동사구로 구성되며(S → NP VP), 명사구는 관사와 명사로 구성되거나(NP → det noun), 대명사로 대체된다(NP → pronoun)는 식의 보편적인 원리를 찾는다. 이와 같은 보편문법이 통합체적 인접성에 주목하는 언어학 이론이라면 체계기능문법은 계열체적 선택에 더욱 관심을 둔다. 체계기능문법의 '체계system'는 통합체적 인접 범주 중에서 선택 잠재력choice potential이 있는 계열체적 체계로 이해되는 편이다. 체계기능문법을 차용한 텍스트 분석은 당연히 계열체적 선택을 할 수 있는 체계로부터 구체적으로 그리고 다르게 '기능'하는 언어학적 요소에 집중한다. 예를 들면, 주어와 목적어와 같은 통사적 요소는 체계기능문법에서 '행위자agent', '운반자carrier', '감지자senser', '목표goal' 등의 기능적 이름을 갖는다.

체계기능문법학자는 텍스트 의미를 파악하려면 텍스트가 위치한 콘텍스트, 즉, 상황적 맥락context of situation을 알아야 한다고 본다. 콘텍스트를 이해하지 못한다면 텍스트 의미를 제대로 파악할 수 없다. 체계기능문법학자에게 콘텍스트는 구체적인 상황을 떠올리게 한다. 텍스트는 그 구체적인 상황에서 실제로 생성되고 유통되고 사용된다.

언어사용의 상황적 맥락은 세 가지 요소로 구분된다.[37] 첫째는 담론의 목적이나 주제가 드러나는 장 혹은 담론의 내용field, 둘째는 해당 담론의 참여자들이 맡은 지위나 역할이 드러나는 관계성tenor, 셋째는 담론이 일관적으로 조직되는 형태mode다. 담론의 장, 혹은 담론의 내용은 구체적인 상황 속에서 일어나는 행위에 관한 것이다. 담론에 참여하면서 발생하고 있는 것(what is happening?)과 행위의 성격(nature of social action that is taking place)인 셈이다. 관계성은 청자와 화자, 교사와 학생처럼 참여자들 사이의 관계를 보여준다. 참여자에게 부여된, 혹은 스스로 부여하고 있는 사회적 지위나 구체적인 역할에 관한 것이다. 형태는 해당 상황 속에서 어떤 유형의 텍스트가 실제로 배열되는지 보여준다. 이와 같은 요소들은 특정한 어휘문법적 장치를 거쳐 텍스트를 생성한다. 의미론semantics 차원에서 보면 경험적experiential, 대인적interpersonal, 텍스트적textual (혹은 문맥적) 의미를 각각 활성화하는 것으로 볼 수 있다. 경험적(관념적), 관계적, 텍스트적 의미를 구체적으로 부연하면 다음과 같다.

1) 경험적 의미

경험적 의미는 텍스트 생산자가 경험한 세상의 실재, 혹은 경험한 것을 관념적ideational으로 구성한 자신의 내면을 보여준다. 즉, 외부 세계에서 경험한 것이나 내면적인 관념의 재현이 '누가', '언제', '어디서', '무엇을', '어떻게', '왜' 등에 관한 특정 텍스트의 선택과 배치로부터 드러난다. 경험한 것은 사건의 인과관계, 시간순서, 기억하는 상황적 요인 등으로 재현되는데 그때 특정 텍스트의 선택inclusion, 부각prominence, 배제exclusion가 실행된다.

경험은 주로 어휘로 드러난다. 혹은 동사성transitivity(혹은 타동성)으로 불리는 통사구조를 변형하면서 전략적으로 재현된다. 예를 들어 위안부에 관한 일본인의 행위는 (직접 목격하지 않았더라도) "침략군", "가해자", "쪽바리" 등의 텍스트 선택으로부터 관념적으로 (그리고 편향적으로) 재현된다. "일본이 조선의 어린 소녀의 희망을 훔쳤다"와 같은 문장은 가해자 주체("일본이")를 맨 앞에 선명하게 드러낸 능동태 구조이며 그로부터 일본의 행위에 관한 경험(관념)을 부정적으로 보여 줄 수 있다.

전통적인 언어연구에서도 수동태와 능동태가 구분되는 동사성 논의가 있었다. 그러나 할리데이는 동사성을 세상 속에서 이해당사자들이 다른 재현을 위해 영리하게 텍스트를 배치하는 의미화 전략으로 보았다. 동사성을 이해하려면 체계기능문법 이론으로부터 문장을 구성하는 방식에 관한 다음과 같은 이해가 필요하다. 우선 할리데이는 경험적 의미를 언어로 표현하는 기본 단위로서 절clause이란 용어를 사용했다.

절의 기본적인 구성요소는 ① 참여자participant, ② 과정process, ③ 상황circumstance 등으로 구분할 수 있다. 참여자는 사람이나 물질로 드러나며, 과정은 사건의 발생이나 관계를 재현하는 동사(구)이고, 상황은 대개 부사나 전치사로 드러난다. 이 중에서도 동사(구)는 행위자가 행동을 하면서 누군가에게 영향을 끼치는 것일 수도 있고, 단지 속성이나 존재를 나타내는 과정에 그칠 수도 있다. 혹은 느끼고, 생각하는 정신적 경험을 의미화하는 문장 요소일 수도 있다.

할리데이는 모든 동사를 다음의 여섯 과정 유형process type으로 구분했다. 눈에 보이고 들리고 기억하는 모든 현상은 텍스트 생산자로부터 특정한 '과정'으로 선택되고 기술된다. 이를 유사한 과정 둘씩 묶어서 크게 세 가지로 구분할 수 있다.

첫째는 행위와 관련된 물질적 과정material process과 행동적 과정behavioral process이다. 물질적 과정은 주로 어떤 행동을 재현하며 행위자agent(또는 actor)와 목표goal를 핵심 참여자 정보로 제공한다. 행동doing, 사건happening, 생성creating, 그리고 변화changing에 관한 의미화에 개입한다. 예시 문장은 다음과 같다. "He(행위자 '그는') plays(과정, '하다') tennis(목표, '테니스를') in the morning(상황, '아침에')"로 연결된 문장에서 "He"는 "tennis"를 하는 방향성을 가진 행위자 역할을 주도적으로 한다. "She prepares a supper for him"이라는 문장에서 'She'는 행위자, 'prepares'는 과정, 'a supper'는 목표가 되며 'him'은 목표의 수혜자beneficiary로 볼 수 있다.

행동적 과정은 특히 생리적physiological 혹은 심리적인 변인과 관련된 동작을 전한다. 예를 들면, 웃다laugh, 울다cry, 고함치다roar, 듣다listen, 숨 쉬다breathe, 잠자다sleep, 꿈꾸다dream, 응시하다stare 등이 포함될 수 있다. 이와 같은 동작을 수행하는 참여자는 동작수행자behaver로 부른다. 동작수행자는 다음 예시와 같이 현상phenomenon이나 목표goal(또는 target) 구성요소를 동반하기도 한다. "He(동작수행자, '그는') sleeps(과정, '자다') alone(현상, '혼자서')." "She(동작수행자, '그녀는') stares(과정, '바라보다') the tree(목표, '나무를')."

둘째는 속성이나 존재를 나타내는 관계적 과정relational process과 존재적 과정existential process이다. 관계적 과정은 속성attribute과 해당 속성의 운반자carrier 기능을 하는 요소가 있다. "She seems to be scared"라는 문장에서 'She(그녀)'는 운반자, 'seems to be(-한 모습이다)'는 과정, 'scared(겁먹은)'는 속성의 기능을 한다. 속성은 집약적 관계intensive relational, 소유적 관계possessive relational, 상황적 관계circumstantial relational로 구분할 수도 있다. 다음은 예시 문장이다. "He(운반자, '그는') is(과정, '이다') angry(속성-집약적 관계, '화난')." "He(운반자, '그는') has(과정, '가지다') a strong body(속성-소유적 관계, '강인한 신체를')." "They(운반자, '그들은') are(과정, '있다') in the kitchen(속성-상황적 관계, '주방에서')."

관계적 과정은 식별자identifier 또는 가치value와 피식별자identified 또는 징표token로 구성될 수도 있다. 다음은 예시 문장이다. "He(피식별자, '그는') is(과정, '이다') the world's most famous outlaw(식별자, '세상에서 제일 유명한 도망자')." "She(피식별자, '그녀는') is(과정, '이다') who he is looking for(식별자, '그가 찾는 사람')."

존재적 과정에서는 존재자existent만이 핵심 참여자로 기능한다. 영어 구문이라면 "There+be"가 존재적 과정의 예시가 될 수 있다. 예를 들면 "There is violence problems at home." 문장에서 'violence problems(폭력 문제)'가 존재자의 속성으로 기능하며 'at home(집에서)'는 상황circumstance이다.[38]

마지막으로 정신적 과정mental process은 내면에 담긴 경험을 재현하며 구두적 과정verbal process은 말하기와 관련된 의식을 전한다. 우선 정신적 과정은 주로 감정을 느끼고feel, 사고하거나think, know, conclude, presume, 시각적으로 보는see 등에 관한 지각적 경험에 개입한다. 핵심 참여자는 감지자senser이며, 현상phenomenon은 감지자에 의해 인식되고 느껴지는 것이다. 다음은 예시 문장이다. "I(감지자, '나는') have thought about(과정, '생각해봤다') her recent dreams(현상, '그녀의 최근 꿈을')." "He(감지자, '그는') knows(과정, '알다') her strength(현상, '그녀의 강인함을')."

구두적 과정은 말로 전하는 (다소 정신적 과정이 연결된) 행동인 셈이며, 약속promising, 수다talking, 경고warning 등의 경험이 포함될 수 있다. 물질적 과정처럼 직접적인 영향력을 발휘하진 않지만 타인이 말하거나 듣게 하면서 언어로 투사된 행동에 영향을 끼치고 있다. 말하는 사람은 발화자sayer이며 듣는 사람은 청자receiver 혹은 목표target라고 부른다. 말로 전달한 내용은 말뭉치verbiage라고 부른다. 예를 들면 다음과 같다. "He(발화자, '그는') said to(과정, '말했다') her(청자, '그녀에게')", "I am angry now(말뭉치, '나 지금 화나')." 혹은 "She(발화자, '그녀는') asked(과정, '물었다') him(청자, '그에게') some questions(말뭉치, '몇 가지 질문을')."

다른 유형의 과정을 선택하면, 달리 말하면 동사성을 달리하면, 의미는 다르게 전달될 수 있다. 예를 들면 "She prepares a supper for him(그녀는 그를 위해 저녁식사를 준비합니다)"라는 문장은 물질적 과정으로 행위자(She)의 저녁식사를 준비하는 행위가 재현된다. 이걸 "I have seen her preparing a supper for him"처럼 정신적 과정을 개입시킨 문장으로 바꾸면 어떤가? 텍스트 생산자는 이제 느낀 것, 감지된 것을 전달한다. 일어난 일 자체보다는 일어난 사실에 대해 인식하고 있다는 것을 강조하고 있다. 인물과 사건은 좀 더 드라마틱하게 의미화될 수 있다.

기자가 보도 현장에서 사실적인 정보를 전달할 때, "지금 어린 아이가 울고 있습니다"라고 전달하는 것과, "여러분은 지금 어린 아이가 울고 있는 것을 보고 계십니다"라고 전달하는 것은 비슷해 보여도 서로 다른 의미화 실천이다. 정신적 과정을 포함하면 확정적인 사실이나 예측을 피할 수 있다는 동사성의 텍스트 효과도 발생할 수 있다. 관료나 정치인이 (문제가 발생한 책임을 인정하기를 회피하면서) 다음처럼 말하는 이유를 생각해보자. "우리 모두 그런 문제가 해결되길 원합니다. 그걸 믿어 의심치 않을 것입니다. 그러나 해결이 쉽지 않다는 건 누구나 느끼고 있을 것입니다."

2) 대인적 의미

경험적 의미와 달리 대인적 의미는 텍스트로부터 화자와 청자, 저자와 독자 등 참여자 사이의 관계성 측면을 드러낸다. 대인적 의미로부터 텍스트 분석자는 두 가지를 추론할 수 있다. 첫째는 어떤 대상에 대한 텍스트 생산자의 태도 혹은 평가evaluation다. 거리를 둔 무심한 태도가 보일 수도 있고, 친밀하고 우호적인 태도가 드러날 수도 있다. 둘째는 화자와 청자, 저자와 독자 사이에 형성되고 있는 사회적 관계성이다.

대인적 의미체계로부터는 텍스트 주체들의 사회적 역할, 감정, 태도 등이 주로 탐색된다. 담론에 개입하는 참여자들 사이의 상호작용 혹은 권력관계를 짐작하려면, 주로 호칭, 선호하는 명사나 대명사, 서법이나 양태, 기타 화행적인 전략을 분석한다. 20대 대학생을 아르바이트생으로 고용한 회사의 매니저가 반말로 "얘들아, 오늘도 우리 파이팅하자" 혹은 "민수야, 그건 이렇게 해"라고 말한다. 매니저는 청유형, 혹은 명령문 형식을 사용하며 반말로 호칭한다. 이와 같은 형식자질로부터 화자와 청자 사이의 역할과 사회적 관계를 추론할 수 있다.

3) 텍스트적 의미

텍스트적 의미는 경험적 의미와 대인적 의미가 자연스럽게 그리고 일관적으로 기능하도록 돕는 역할을 한다. 그로부터 청자나 독자는 전달된 의미를 문맥의 장치로부터 제대로 이해하게 된다. 달리 말하면,

내용이 기능적으로 잘 전달되려면 텍스트들의 위치를 잘 배열해야 한다. 정보가 조직되며 제시되는 방법에 관한 텍스트적 의미는 테마theme 와 레마rheme*, 전경화foregrounding와 배경화backgrounding, 결속력cohesion과 같은 정보구조information structure 등의 선택 및 변형을 분석하면서 짐작할 수 있다. 연구자는 주로 테마와 레마를 점검하면서 전달하고자 하는 테마가 잘 구조화되었는지 분석하거나, 결속구조로부터 전체 문맥의 일관성을 파악할 수 있다.

우선 '테마'와 '레마' 분석은 다음과 같이 할 수 있다. '테마'는 문장에서 전달하고자 하는 의도가 만들어지는 부분이며 영어의 경우 저자나 화자가 주로 맨 앞에 위치시킨다. '테마'는 문장이라는 형식을 통해 청자나 독자에게 전하려는 핵심 정보인 셈이다. 테마는 흔히 문장의 주어 위치를 차지하는 화제적 테마topical theme로 인식되지만, 접속사처럼 문장들을 연결하는 구조적 테마textual theme, 혹은 문장 앞에 위치한 의문사, 호격, 부사에 해당하는 대인적 테마interpersonal theme도 있다.

레마는 테마에 대한 정보를 전개하는 절에서 테마를 뺀 나머지 부분으로 보면 된다. 화자나 저자는 가장 중요하다고 생각하는 정보를 '테마' 위치에 놓는데 이와 같은 전경화 위치가 핵심 정보를 눈에 띄게 재현한다. 그래서 문장의 '테마' 위치를 살펴보면 특정 사건에 대한 텍스트 생성자의 의견과 감정을 추론할 수 있다. 테마와 레마의 점검은 한편으로는 문장 정보의 전경화/후경화, 혹은 신/구 정보의 배치를 분

---

* 흔히 theme, rheme은 주제와 평언, 이끔부와 딸림부 등의 용어로 옮겨져서 사용되는 편이다. 이 책에서 '핵심주제'라는 용어가 상호텍스트성 개념 일부에 사용되고 있고 이끔부와 딸림부도 익숙한 용어가 아니라서 여기서는 테마와 레마라는 용어를 일단 사용하기로 한다.

석하는 일이기도 하다.

대학에서 위기를 극복하자며 비전선포문을 홈페이지에 게시한다고 하자. 이때 "we" 혹은 "우리"를 행위자 주체의 어휘로 선택하여 선포문 여러 문장에서 맨 앞에 반복적으로 배치한다. "우리"라는 테마로 시작하는 문장의 텍스트적 의미는 그렇게 구성된다. 그러나 한편으로 보면 말하는 주체의 목소리가 모호하기도 하다. "우리가" 비전을 선포하고 있는데 대학 주체의 정체성이 애매하다. "우리"라는 테마는 누구까지 포함하고 있는가? 반복적으로 "우리"는 전경화되어 있지만 그러한 텍스트 구조에서 위기를 극복하는 이해당사자들의 복잡한 정체성이 오히려 감추어질 수 있다. 역설적이게도 대학 구성원 주체의 의미가 왜곡되거나 축소될 수도 있다. 이처럼 누군가의 정체성이 어떻게 표현되고 있는지 논의하기 위해서 전경화된 테마와 같은 텍스트를 분석할 수 있다. 주절과 종속절 배치도 마찬가지이다. 흔히 주절에 중요한 정보를 배치하고 종속절에 중요하지 않은 정보를 배치한다. 화자는 텍스트적 의미를 구성하면서 주절을 먼저 제시하기도 하고 종속절을 먼저 배치하기도 한다.

테마와 레마 다음으로는 전체 문맥의 일관성을 결속성의 장치로 점검해볼 수 있다. 다음 장치로부터 텍스트는 서로 연결된다. 첫째, 준거reference 장치는 앞 문장의 화자 정보를 대명사나 기타 지시어(예: 여기, 거기, 그때)로 결속하는 방식이다. 앞서 예시로 든 비전선포문 웹문서에 "우리는"이라는 대명사가 준거적 장치인 셈이다. 둘째, 생략ellipsis 장치가 사용되기도 한다. 이때 다른 어휘로 대치replacement하면서 생략하면 교체substitute라고 하며 아예 삭제를 하는 경우를 생략ellipsis이라고 부른다. 셋째, 접속conjunction 장치가 접속사를 사용하면서 텍스트 의미를 더 낮게 조정enhancement하거나 확장extension하거나 부연elaboration하기도 한다. 넷째, 어휘 결속성lexical cohesion은 유의어synonym끼리, 또는 원인-결과 어휘를 결합시키면서 앞뒤 의미가 일관적으로 연결되도록 돕는다.

지금까지 논점을 〈표 1〉에 요약했다. 이를 정리해 설명하면 다음과 같다. 상황적 맥락을 구성하는 세 가지 의미체계는 보다 구체적인 차원인 어휘문법적 장치로부터 실현된다. 경험적 의미는 화자가 경험한 세계, 화자의 감정, 인식 등의 내면이 텍스트로 재현된 것이다. 경험을 재현할 수 있는 기본 단위는 절이며, 참여자, 과정, 상황 등으로 구성된다. 할리데이는 사건의 발생이나 참여자의 경험을 효과적으로 재현할 수 있는 동사, 즉 과정의 유형을 가장 주목했다. 경험적 의미를 전하는 어휘문법적 장치로는 특정 어휘의 선택, 동사성 등이 있다. 대인적 의미는 텍스트로부터 화자와 청자, 저자와 독자 사이의 상호작용이 드러난 것이다. 화자 혹은 저자의 태도나 평가가 드러나기도 하며 참여자 간 사회적 관계가 추론될 수 있다. 주로 호칭, 서법(예: 명령법), 양태(예: 조동사 사용), 평가어 등과 같은 화행적 장치를 통해 의미화된다. 텍스트적 의미는 경험적 의미와 대인적 의미가 매끄럽게 기능하도록 돕는다.

상황적 맥락의 구성		
① 내용	② 참여자 간 관계	③ 형태
의미적 재현의 구분		
① 경험적	② 대인적	③ 텍스트적
어휘문법적 장치		
특정 어휘 선택 동사성	호칭 서법 양태 평가어	테마-레마 구조 전경화/배경화 결속성 구조 신/구 정보의 배치

표 1. 텍스트의 의미화 과정[39]

텍스트적 의미는 테마-레마 구조, 결속의 장치, 기존 혹은 새로운 정보가 제시되는 방법 등으로부터 조정된다.

2. 페어클러프 모형

페어클러프와 같은 담론연구자는 텍스트를 콘텍스트로부터 분석할 수 있는 적절한 방법론으로 체계기능문법을 일부 적용했다. 페어클러프는 거대 이데올로기에 이의를 제기하는 비판 연구자집단이 텍스트를 엄밀하게 분석하지 않는 관례를 지적하면서, 비판적 담론분석, 비판적 언어인식critical language awareness 교육 등에 체계기능문법의 방법론을 부각시켰다. 체계기능문법을 차용해 담론에 배치된 텍스트를 분석한다면, 언어를 인지적 과정cognitive process으로만 보지 않게 되고 일종의 사회적 구성물social construct로 수용하게 된다. 의미가 구성될 때 역사적이고 사회적인 변인이 개입되며, 텍스트 선택과 배치는 상황적 맥락으로부터 변증법적 관계를 갖는다고 보는 것이다.

페어클러프는 이와 같은 할리데이의 논점을 그대로 가져와서 텍스트 선택과 배치의 경향성을 '기술'하는 방법으로 사용한다. 그는 텍스트 속성을 체험적(혹은 경험적) 가치experiential value, 관계적 가치relational value, 표현적 가치expressive value로 구분하는데 할리데이의 분류에서 용어만 살짝 바꾼 것이다. 세 가지 유형의 가치가 어휘, 문법, 문장 간 결속 등의 단위에서 서로 다른 텍스트의 형식자질로부터 드러난다는 논점도 다를 바가 없다.

세 가치를 하나씩 살펴보면 다음과 같다. 첫째, 체험적 가치로부터는 텍스트 생산자가 이미 경험한 세상을 '재현'하는 방식(의 흔적이나 단서)가 추론될 수 있다. 체험적 가치는 담론의 내용을 전하고 확장하고 제약하는 역할을 하면서 사회적 신념이나 지식에 구조적인 효과를 끼칠 수 있다. 둘째, 관계적 가치로부터는 텍스트를 통해 사회적 관계(의 흔적이나 단서)가 추론될 수 있다. 익숙한 사회적 관계성은 늘 사용하는 텍스트의 배치로부터 구조화된 것이다. 셋째, 표현적 가치로부터는 텍스트로부터 어떤 표현을 할 때(즉, 특정 어휘와 문장 유형을 배치하면서 나름의 방식으로 텍스트를 배열할 때) 어떤 가치가 내포되는지 추적할 수 있다. 달리 말하면 특정한 실재에 관해 텍스트 제공자가 어떤 태도를 갖는지, 어떻게 평가하는지 추론할 수 있다. 표현적 가치는 주체의 지위를 제약하며 사회적 정체성에 관한 구조적인 효과를 발휘한다. 선택되고 배치된 텍스트는 여러 가치를 동시에 가질 수 있다.

　페어클러프는 할리데이의 경험적, 대인적 의미를 각각 체험적, 관계적 가치로 용어만 바꾸어 사용했다. 특히 페어클러프의 표현적 가치는 할리데이의 텍스트적 의미와 일면 다르게 보이지만 같은 개념이다. 할리데이가 정의한 텍스트적 의미는 텍스트 조직으로부터 생긴 의미다. 텍스트가 특정한 방식으로 일관적으로 배치되고 조직되는 방식만으로도 메시지 기능은 다르게 발휘된다. 앞서 테마와 레마, 혹은 전경화와 후경화 등의 텍스트 짜임으로부터 다른 의미가 만들어진다고 설명했다. 그것은 무언가/누군가에 관한 텍스트 제공자의 평가(에 대한 흔적과 단서)이기도 하다. 페어클러프의 표현적 가치도 나름 일관적으로 텍스트를 구성한 누군가의 태도와 평가와 관련되어 있다. 화자나 저자는 가장 유의미하게 주목하는 무언가/누군가를 두고 일관적으로 텍스트를 배치하며 직접적이든 간접적이든 어떤 평가가 이루어지는 셈이다.

의미의 유형	가치의 구분	구조적 효과
내용	체험적 가치	지식/신념
관계	관계적 가치	사회적 관계성
주체의 지위	표현적 가치	정체성

표 2. 의미, 가치, 구조적 효과[40]

지금까지 논의한 내용을 〈표 2〉처럼 정리할 수 있다. 권력을 더 가진 쪽은 위계적 관계로부터 세 가지 의미의 유형(내용, 관계, 주체의 지위)에서 영향을 끼친다. 권력관계가 비대칭이라면 텍스트 기반의 의미 유형에서부터 누군가를 계속 압박할 수 있고 담론질서는 그렇게 구조화된다. 즉 담론의 내용으로, 담론으로 재현된 사회적 관계로, 그리고 주체의 지위로부터, 구조적인 권력효과를 만들어낸다.

담론의 내용을 반복적으로 제약한다면 해당 지식과 신념에 대한 상식을 유지하거나 새롭게 무언가를 생성할 수 있다. 담론으로 재현된 사회적 관계나 주체의 지위도 구성원끼리의 관계성이나 특정 집단의 정체성 형성에 구조적으로 개입할 수 있다. 담론은 사회적 실천/관행이기 때문에 텍스트 배치는 중립적 가치를 전제하기 힘들다. 사회적 구조와 질서를 재생산하거나 새롭게 변화시킨다. 그로부터 구축된 사회질서는 관련된 의미를 생산할 수 있는 텍스트를 세상에 배치한다.

12장 텍스트 분석의 예시

텍스트 분석은 두 가지 축으로 나눌 수 있다. 하나는 어디에서 누군가 '선택'한 텍스트의 형식자질을 어휘, 문법, 문장간 결속, 텍스트 배열의 전체 구조로 구분하여 분석하는 것이다. 다른 하나는 앞서 설명한 것처럼 체험적, 관계적, 표현적 가치로 (혹은 할리데이의 개념을 따르면 경험적, 대인적, 텍스트적 의미로) 구분하고 텍스트가 생성되는 콘텍스트를 의식하며 분석한다. 여기서는 '어휘'–'문법'–'결합'–'전체 텍스트 배열'을 우선적으로 구분해보고 그 안에서 체험적–관계적–표현적 가치로 다시 나누어 텍스트 분석방법을 제시하도록 하겠다.

다음과 같은 순서를 따르기로 한다. 첫째, '어휘'의 선택을 주목한다. 선택된 개별 어휘의 속성이나 의미가 이항적으로 구조화되는 관계를 분석한다. 이데올로기의 함축, 유사 어휘의 반복, 동의어/반의어/하의어 배치 등을 살펴보면서 체험적 가치를 파악한다. 완곡한 혹은 격식을 갖춘 어휘를 찾아보면서 관계적 가치를 분석하거나, 표현적 가치와 은유적 표현 역시 별도로 주목한다. 둘째, '문법'의 선택을 주목한다. 행위주, 명사화, 태, 긍정/부정, 과정 유형 등의 범주로부터 체험적 가치를 파악한다. 서법, 양태, '우리'/'당신' 대명사 구분으로부터 관계적 혹은 표현적 가치를 분석한다. 셋째, 문장들 사이의 결합장치를 주목하면서 관계적 가치를 파악하거나, 넷째, 전체 텍스트의 거시적 배열 측면에서 말 차례와 같은 상호작용적 관례를 체험적이거나 관계적 가치로부터 파악해본다. 텍스트 모음은 너무나 커다란 덩어리라서 여러 차원의 범주로부터 구분하고 분해하지 않고서는 텍스트로부터 구성된 콘텍스트, 혹은 콘텍스트로부터 구조화된 텍스트 배치의 속성을 파악하기 쉽지 않다.*

텍스트 분석을 할 때 다음을 전제해야 한다. 텍스트는 실재를 정확하게 반영하지 않는다. 텍스트를 생산하고 전달하는 행위자의 필요, 목적, 이해관계에 따라 실재의 다른 단면이 얼마든지 새롭게 기술될 수 있다. 여러 선택안 중에서 텍스트 생산자는 특정한 형식form과 내용content을 선택하고 그로부터 함축된 의도를 전달한다. 그러면 (다른 선택안으로부터 배제되고 전달될 수도 있었던) 또 다른 의도는 사라지는데 이를 '조작적 침묵manipulative silence'으로 분석해볼 수도 있다. 화가, 작곡가, 역사 집필가의 작업을 생각해보면 하나의 색깔이나 원근

---

* 하늘을 바라보며 손을 모아 제사를 지내던 때가 있었다. 자연은 경외의 존재였다. 그러나 자연이 개별 요소로 분해되고 근본적 작동원리가 밝혀지면서 주술의 시대는 점차 사라지게 된다. 자연계 질서에서도 연구자 집단이 개입하면서 막연한 공포와 신비로움을 상당 부분 이겨낼 수 있었다. 인문사회 연구자도 마치 자연과도 같이 거대하고 신비로워 보이는 담론구성체를 직면해야 한다. 커다란 텍스트 덩어리 중 일부를 파내고 발굴하듯 분해하고 분석해야 한다. 그것이 인문사회 영역에서 세상의 두려움을 이겨내는 또 다른 도전이고 개척이다. 커다란 덩어리를 분해하고 분석하지 못하면 막연한 두려움을 이길 수 없다.

법, 리듬, 인물의 성격이나 특정 사건이 선택되면 거기에 들어갈 수 있는 다른 선택안은 배제된다. 특정한 텍스트의 선택이 연결되면서 하나의 풍경, 곡, 서사 등이 의미적으로 구성된다.

분석되는 텍스트는 형식, 내용으로 보다 명시적으로 구분할 수 있다. 그러나 형식과 내용은 서로 결합되어 인식된다. 내용은 형식 안에서 형성되고 내용의 차이는 형식의 차이를 수반한다. 형식자질로부터 텍스트 범주를 나누고 거기서 형식과 내용을 함께 탐구하면 유의미한 경향을 발견할 수 있다.

1. 어휘 분석

1) 특정 어휘는 어떤 체험적 가치를 가지는가?

자연이든 사회구조든 '어휘' 단위에서 먼저 선명하게 무언가/누군가가 재현된다. 어휘만으로도 (이데올로기적) 의미는 얼마든지 새롭게 생성되고 유지될 수 있다. 문장구조에서, 또 문장과 문장이 연결되는 지점에서도 체험하고 기억하고 기대하는 관념은 드러난다. 그러나 다수 담론연구자는 자료수집과 관리가 편하고 대중적인 논증 자료로 사용하기 좋은 어휘 차원의 분석을 선호한다. 텍스트를 사용하는 입장에서도 생각이나 행위를 가장 분명하게 재현할 수 있는 언어적 장치가 어휘다. 건달의 욕, 의사나 변호사와 같은 집단의 전문용어가 대표적인 예시다. 이제 어휘의 체험적 가치부터 시작해서 범주마다 분석의 예시와 방법을 차례대로 설명하기로 한다.

(1) 지나치게 반복하는 어휘 사용(오버워딩)이 있는가? 의미를 의도적으로 바꾼 유사 어휘 사용(리워딩)이 있는가?

우선 오버워딩overwording은 "세계화", "글로벌화", "지구촌 시대" 등 사실상 동의어 수준인 어휘를 반복적으로 사용하는 의미화 전략이다. 정책문서를 완성하면서 "자기계발", "자기실천", "자기주도성", "능동적 개인" 등을 반복한다면 비슷한 의미를 나열하는 오버워딩 수사법이 사용된 것이다. 실재는 복잡하다. 그렇지만 한편의 단면을 부각하기 위해 유사한 어휘를 여기저기 계속 배치한다면 양적인 차원의 빈도수 효과를 유도하는 것이다.[41] 높은 빈도수의 어휘군은 텍스트 사용자(소비자)의 감각을 서로 자극하게 하고, 텍스트 사용자를 일종의 화용적인 효과, 즉 '친숙하게 만들기' 효과로 유도할 수 있다.

나치 정권과 같은 전체주의 권력집단은 능수능란한 프로파간다propaganda 기술 중 하나로 사실이 아닌 진술을 단순한 형태로 반복적으로 사용했다. 자꾸 들리게 하면 진실의 효과가 발생한다. 그러나 20세기 초반 홍보Public Relation(PR)를 '대중을 설득하는 과학'으로 격상시킨 에드워드 베네이스Edward Bernays는 이미 전체주의 사회가 아닌 곳에서도 이와 같은 수사적 전략이 제품을 팔고 브랜드를 알릴 때 잘 통한다고 보았다.

정치인은 왜 비아냥을 들으면서도 네거티브 선거전략을 유효한 권력기술로 사용할까? 상품이나 서비스 광고를 할 때나 브랜드 효과를 기획할 때 '노이즈 마케팅'은 왜 시장에서 잘 통할까? 우리는 소셜 네트워크 서비스를 통해 자기홍보를 할 때도, 흔히 "악플보다 슬픈 건 무플"이라며 제일 중요한 건 자꾸만 자신을 노출시켜야 한다고 믿는다. 우리는 이미 그만한 담론의 효과에 익숙해져 있다.

자꾸 들리고 보여야만 진실(의 효과)가 만들어진다. "나는 소중하니까"라는 유명한 광고 문구가 있다. 이와 같은 텍스트를 비슷한 어군으로부터 자꾸만 만들고 유통하고 소비하면, 우리는 자아-중심, 세상이 내 중심으로 돌아가는 세상의 질서에 순응하게 된다. 그런 세상이 있는지 없는지는 중요하지 않다. 그런 말로 구성된 세상에서 살고, 그런 세상이니 그런 말을 사용하면서 살아간다.

리워딩rewording은 오버워딩과 다르다. 페어클러프는 리워딩을 "지배적으로 사용하면서 관행이 된, 자연화된naturalized 어휘 사용에 대립하면서 그걸 의식적으로 다른 단어로 대체"[42]하는 텍스트 전략으로 보았다. 예를 들면, 어떤 정치인이 '사회불안'이란 워딩을 사용한다면 반대편 이데올로기적 진영에 속한 정치인은 '사회변혁'이란 리워딩을 선택한다. 보수 미디어가 '폭동'이란 워딩을 선택하더라도 혁명적인 정치운동을 지향하는 유튜버라면 이를 '민중 봉기'로 바꿔쓸 수 있다. '민영화'는 '사유화'로 리워딩된다. '매춘'은 '매매춘' 혹은 '성매매'로 리워딩된다. 이처럼 리워딩을 통해 지배적이고 자연화된 어휘 사용의 질서에 새로운 경험적 가치를 개입시킨다. 워딩이 리워딩이 되는 이유는 언어가 권력과 결합되어 있기 때문이다. 미시적 텍스트는 거시적 콘텍스트와 서로 영향을 주고받는다. 권력이 충돌하고 담론이 경합하는 곳에서는 리워딩의 수사전략이 넘칠 수밖에 없다.

(2) 특정 이데올로기에 편향적인 어휘가 있는가?

체험적 가치를 쉽게 파악할 수 있는 방법 중 하나는 분석자료 중에서 특정 이데올로기에 편향적인 어휘를 찾는 것이다. 그렇게 하려면 연구자는 자국민중심주의, 가부장주의, 페미니즘, 신자유주의, 생태주의 등 특정 이데올로기로부터 선호되는 어휘군을 미리 파악하고 있어야 한다.* 한 매체에서 '시장, 경쟁, 성장'을 긍정적인 가치를 담은 어휘로 나열한다면 보수주의 이데올로기의 체험적 가치를 담고 있다고 봐도 된다. '공동체, 소수자, 공존, 권리'에 관한 어휘를 나열한다면 진보주의 입장의 체험적 가치로 분석할 수 있다. 이처럼 특정 이데올로기에 친화적인 어휘가 발견되면 거기에 함께 등장하는 어휘 역시 동등한 수준의 이데올로기적 체험의 가치를 제공한다고 가정할 수 있다.

(3) 함께 등장하는 어휘가 서로 어떤 관계(동의어, 유의어, 하의어, 반의어)인가?

수집하고 분석하는 미디어 기사, 정책문서 등에 함께 등장하는 어휘는 서로 의미적 관계를 갖기도 한다. 동의어synonymy, 유의어near synonymy, 하의어hyponym, 반의어antonym 같은 관계가 그 예다. 어휘를 나열하고 관계성을 추적해보면 화자 혹은 저자가 상정한 체험적 가치가 나타난다. 동의어나 유의어를 사용하는 관계적 설정이 있다면 유사한 이데올로기적 지향성을 서로 갖는 것이다.

1부에서 예시로 든 위안부에 관한 신문기사나 방송물을 찾아서 텍스트를 수집해보자. "위안부" 어휘는 "조선의 처녀", "조선의 희생

---

* 이데올로기로부터 편향적 어휘 사용의 예시는 다음과 같다. 관행적으로 'free-dom(자유)'은 전통적인 우파 가치로, 'solidarity(연대)'는 좌파 가치로 수용되었다. 좌파 정당이라면 '자유'라는 어휘를 피할 것이고 우파적인 시민단체는 '연대'와 같은 어휘를 사용하지 않는다. 지금도 우파-좌파의 정치수사는 이렇게 구분될 수 있다. 그러나 전 지구적으로 지난 30년 동안 혼종적인 권력질서들이 출몰했고, 사회민주주의, 복지, 중도, 실용 등의 가치를 두고 기득권과 저항적 정치세력은 서로가 선점한 텍스트(담론)를 참고하고 전유하고 의도적으로 혼합하기도 한다.

자", "조선의 앳된 소녀"와 같은 유의어와 함께 등장한다. 그와 같은 유의어 관계로부터 텍스트끼리 서로 참조하고, 인용하고, 전제하고, 결속하는 것이 일종의 상호텍스트성intertextuality 실천이다. 텍스트가 그렇게 결합되면서 이데올로기적(한국-일본의 이항적 대립세계) 구성이 가능해진다. '그들은 가해자'이며 '우리는 피해자'라는 담론을 계속 유지하기 위해서는 "작고", "가녀린", "앳된" 소녀 희생자를 떠올리는 유의어 배치가 중요하다. 또는 특정 장르에서, 유사한 스타일을 사용하면서, 동의-반의 어휘가 대립하면서 구조화된 사회정치적 실천(한국=피해자, 일본=가해자, 서로는 대립할 수밖에 없는 이데올로기)이 이루어진다.

하의어는 하나의 어휘 의미가 다른 어휘의 의미체계 안에 포함된 경우이며, 체험적 가치를 찾아내고 텍스트 배치를 기술하는 과정에서 유용한 자료다. 예를 들어 토종영어시험 담론이 구성될 때 '토종시험'의 의미는 국내에서 만들어지고 시행되는 시험의 하의어를 모두 포함한다. 텝스, 니트, 펠트 등의 토종영어시험은 각각 개발과 시행의 목적, 필요, 사용처가 다르다. 그러나 수입시험(토익, 토플)과 대립되는 토종시험으로 새롭게 의미화될 때 서로 다른 속성은 가려지고 토종시험의 하의어로만 부각된다.

한 어휘가 다른 어휘의 의미와 불가양립성을 가질 때 반의어가 된다. 반의어는 의미론적 속성으로는 서로 가장 가깝지만 서로 양립하지 않은 관계다. 예를 들면, 남녀를 이항으로 대립시키는 근본주의 젠더 담론을 살펴보면 '남성'과 '여성'이 반의어로 기능하곤 한다. '남성'과 '여성'은 '동물'이나 '식물' 등에 비해 서로 공유하는 의미자질이 많다. '남성'도 '여성'도 서로 다른 속성과 유형이 있을 것이고 관계성도 복잡하다. 그렇지만 불가양립성을 전제하면서(혹은 불가양립을 체험하거나 관넘적으로 전제하면서) '남성'과 '여성'의 어휘는 서로 반의어로 기능하게 된다.

'해외파', '토종인재'도 글로벌 인재 담론에서 서로 반의어로 기능한다. '해외파'와 '토종인재'의 정의는 매우 모호하다. 의미를 구성하는 속성으로 두고 보면 이도 저도 아닌 다양한, 어중간한 인재군이 넘친다. 다만 반의어 관계로부터 새로운 체험적 가치를 드러내고 싶을 때 '해외파'와 '토종인재'는 그처럼 단순하게 대립된다.

(4) 분류 도식이 어떻게 사용되는가?

분류 도식classification scheme 안에 배치된 유사한 의미의 어휘군도 체험적 가치로부터 분석할 수 있다. 분류도식은 어휘를 특정한 형태(예: 동사를 명사화한 "–하기", "–할 것")로 표준화시켜 서로 결속된 의미를 반복한다. 유사한 의미를 계속 등장하게 하면서 다른 의미체계가 나타날 가능성을 제한한다. 특정한 체험적 가치를 갖는 어휘들만 등장한다면 특정한 이데올로기의 실천을 유도할 수 있다.

예를 들어 '죽기 전에 가봐야 할 100군데 여행지', '대학생이 학교를 졸업하기 전에 꼭 해야 하는 다섯 가지' 등과 같은 요즘 유행하는 분류 도식을 찾아보라. 다음과 같은 유사한 의미를 담은 텍스트는 자기계발서, 광고, 유튜브 영상 등에서 쉽게 발견할 수 있다.

"교복을 입고~" 고등학교 졸업 전 해야 할 6가지: 1. 공부 정말 열심히 해보기, 2. 야자 땡땡이 쳐보기(때로는 일탈을 하는 것도 좋다. 매일 하는 야자를 하루쯤 빠져보자), 3. 교복 입고 친구들과 우정 사진 찍기(기억에 오래 남는다), 4. 교복 입고 풋풋한 연애하기, 5.

평생 친구 사귀기, 6. 친구들과 우정여행 떠나기.[43]

분류 도식 안에 있는 명사화된 어휘는 형식으로든 내용으로든 서로 유사한 방식으로 고정되어 있다. 여기서는 '무언가를 누군가와 해야 하는' 체험적 어휘가 당연하다는 듯이 반복된다. 이와 같은 도식으로부터 특정 이데올로기(예를 들면 개별성, 차이, 다양성보다 집단성, 또래 친구와 친밀한 관계성이 더 중요한 집단주의, 동료주의 문화의식, 혹은 신자유주의 시대에 자신을 주변 관계로부터 계발하는 주체의식)가 쉽게 드러날 수 있다.

"–하기"라는 어휘 형식을 유도하기 때문에 뭐라도 반드시 해야 한다는 이데올로기가 쉽게 전제된다. 분류 도식, 유사 의미관계의 어휘(의 내용과 형식)는 이데올로기를 작동하게 하는 장치가 되는 셈이다. 이와 비슷한 텍스트 전략은 어디서든 쉽게 찾아볼 수 있다. 왜 이렇게 분류 도식으로부터 유사 어휘를 자꾸만 나열할까? 다음은 또 다른 예시다.

'대학생이 학교를 졸업하기 전에 꼭 해야 하는 다섯 가지' 강연회 : 1. 죽도록 공부해보기, 2. 인생의 멘토를 만나기, 3. 자신만의 사업을 직접 꾸려보기, 4. 좋아하는 일과 사랑에 빠져보기, 5. 돈 없이도 여행 떠나보기.

이와 같은 도식에 등장하고 있는 어휘도 특정한 그리고 유사한 체험적 가치만을 자꾸 유도한다. 관련 텍스트를 보고 듣는 다수는 도식의 유사 의미체계를 반복적으로 수용하고 학습할 수밖에 없다. 도식 안에서 유의어가 반복적으로 목격된다면, 이데올로기가 개입된 텍스트적 실천/관행일 가능성이 있다.

2) 어휘는 어떤 관계적 가치를 가지는가?

어휘는 개인적이면서도 사회적인 관계를 드러낼 수 있다. 다만 관계적 가치는 다른 가치(체험적, 표현적 가치)와 함께 나타나곤 한다. 일본인을 '쪽바리'라고 호칭한다면 특정 집단에 대한 인종/민족성 차별의 표현이기 때문에 체험적 가치를 보여주는 것이다. 그런 차별적 어휘를 사용하면서 같은 편 구성원들이 그걸 적절한 의미체계로 함께 수용한다면, '쪽바리'라는 어휘는 다분히 관계적인 가치를 갖는다. 일본인과 이항으로 대립하고 있는 한국인이 일본인을 '쪽바리'라고 관계적인 (부정적인) 의미를 만든 것이다. 그뿐만 아니라 '쪽바리'라는 어휘가 어디선가 적극적으로 사용된다는 것은 같은 편 목표 독자나 청자와 긍정적인 관계의 가치를 공유한다고도 가정할 수 있다.

(1) 완곡한 표현을 담은 어휘가 있는가?

어떤 어휘 사용으로부터 완곡하게 누군가를 표현한다면 관계적 가치가 거기 있는 것이다.* 누군가에게 완곡한 표현을 사용하는 이유는 비대칭의 권력관계로부터 형성된 관행일 수도 있고, 새롭거나 저항적인 권력관계가 시작된다는 징후이기도 하다. "단일국가, 단일민족, 단일언어라는 우리의 아름다운 역사를 지키기 위해서", "우리 모두 피

---

* 페어클러프는 신경정신과에서 사용되는 어휘 텍스트를 수집하고 비교했다. 관행적으로 배치되던 텍스트와 달리 정신과 환자를 따뜻하게 배려하는 전문가 집단은 보다 완곡한 표현을 선택했다. 예를 들어 "commit suicide(자살하다)" 혹은 "escape(도망가다)" 텍스트는 각각 "succumb to depression(우울함에 굴복하다)" 혹은 "elope(달아나다)"로 완곡하게 표현되었다. "도망"이 아닌 "달아남"으로, "자살"이 아닌 "우울함의 굴복"으로 표현되는 완곡어법은 부정적인 화용 효과를 막고 새로운 관계적 가치를 보태기 위한 수사적 전략이다. 관련 추가 논의는 《언어와 권력》(2판) 97~98쪽에 담겨 있다.

를 나눈 한민족이기 때문에", "우리만이 지킬 수 있는 모교의 전통이기 때문에", "시장을 지키는 자본주의 수호자로서" 등의 어휘 사용을 보자. 배제, 거절, 대립, 응징 등을 유도하는 부정적 관계의 가치를 선명하게 드러내지 않으면서 완곡한 어휘("아름다운 역사", "피를 나눈", "모교의 전통", "수호자" 등)가 선택된다. 정치담론, 학술담론, 경제담론 어디에서든 이와 같은 완곡한 수사법은 기득권력의 이해관계를 보존하거나 확장한다. 직접적인 회피를 피하고 완곡한 어휘를 선택하는 이유는 무엇일까? (이데올로기 경쟁의 구도에서) 관계적 가치를 의식하기 때문이다.

(2) 지나치게 격식을 갖춘 어휘가 있는가?

특정 시공간에서 청자나 독자에게 지나치게 고급스럽거나 격식을 갖춘, 혹은 격식을 무시한 어휘를 사용한다면 거기도 관계적 가치가 개입되어 있다. 예를 들면, 미국 아카데미 시상식에서 상을 주고받는 배우들의 수상 소감은 유별나다. 고급스럽고 격식을 갖춘 텍스트가 자주 등장한다. 브래드 피트Brad Pitt가 2020년에 상을 받으면서 "mesmerizing(너무나 대단한)"이라는 단어를 사용한 기억이 난다. 왜 그럴까? 그건 그만한 수준의 텍스트가 사용되는 콘텍스트 내부의 관계적 가치 때문이다. 전 세계에서도 가장 권위 있는 영화 시상식이라는 콘텍스트는 배우들로 하여금 서로 고급스럽거나 격식을 갖춘 (서로 대단한 사람들임을 인정하는) 텍스트(정장, 표정, 동작, 말)를 구성하게 한다. 관행적으로 구조화된 관계적 가치가 잘 드러나 있는 곳이다.

상호텍스트성이나 이데올로기 차원의 분석에서도 격식성은 중요한 분석 항목이 된다. 일상에서 흥미롭게 관찰한 격식성 텍스트를 하나 소개하면 다음과 같다. 내가 일하는 대학 앞에도 밀크티 브랜드로 잘 알려진 '공차' 매장이 있다. 그곳은 카운트에서 직원이 손님에게 이렇게 늘 묻는다. "당도는 어떻게 해 드릴까요?" "얼음 양은 어떻게 해 드릴까요?" 별로 중요하지 않은 질문처럼 보이지만 직원은 반복적으로 (지나치게) '정중하게' 당도와 얼음 양을 묻고 확인한다. 당도와 얼음 양까지 매장을 방문한 고객의 선호를 배려하겠다는 의도일 것이다. 유표적*인 수준으로 격식성을 지나치게 강조하는 텍스트 배치다. 그런 어휘 사용으로부터 직원-고객의 관계적 가치가 나타난다.

그런데 좀 더 관찰해보면, 많은 고객은 당도와 얼음 양에 관한 텍스트의 선택이 낯설다. 다른 브랜드 매장에서는 그런 질문을 하지도 않고, 당도와 얼음 양을 선택하는 절차와 내용이 매장 안에서 잘 보이지 않기 때문이다. 그런데 직원은 자꾸만 모노톤으로 당도와 얼음 양을 물어본다. 이를 반복적으로 지켜보면 '고객이 잘 모르지만 직원은 그걸 제대로 알고 있는 관계적 가치'가 새롭게 보인다. 처음 보면 그곳의 직원은 깍듯하게만 보인다. 그러나 텍스트적 실천을 계속 관찰해보면 고객-직원의 사회적 관계는 결코 일방적이지만은 않다. 당도와 얼음 양을 물어보는 직원의 텍스트로부터 그곳의 콘텍스트가 다시 읽힌다.

---

* 20세기 초중반에 활동한 프라그 학파Prague School의 음운학자 로만 야콥슨Roman Jakobson은 특정 속성이 존재하는 유표marked와 그것이 부재하는 무표unmarked의 구분으로 소쉬르의 이항적 의미체계에서 위계적 구조를 개념화했다. 그와 같은 논점은 여러 분야로 확장되어 이제 어휘, 문장구조, 미학적 장치 등에서도 유표/무표 속성이 구분된다. 예를 들면, 형태언어학자들은 영어의 무표적 형태를 동사의 현재형, 명사의 단수형, 혹은 능동태 구문으로 인식했다.

(3) 어떤 호칭을 어떻게 사용하는가?

우리는 서로 어떻게 호칭하는가? 호칭은 개인, 집단, 기업, 학교, 국가 등이 나름의 역학관계를 드러내는 방식이다. 즉, 호칭하는 방식은 권력의 비대칭성, 위계성, 결속의 관계를 보여준다. 호칭의 형식자질을 주목하면 (텍스트를 생산하는) 화자 혹은 저자의 사회적 지위도 추론할 수 있다. 호칭은 어휘 차원의 텍스트 선택이기도 하지만 문법 차원에서도 다뤄질 수 있다.

3) 어휘는 어떤 표현적 가치를 가지는가?

텍스트를 배열하고 문맥을 만들 때 텍스트 제공자는 어휘를 선택하면서 자신의 태도를 드러내고 평가도 한다. 표현적 가치로 드러난 태도와 평가는 텍스트에서 언급된 특정 주체의 지위를 제약하기도 하고 누군가/무언가에 관한 사회적 정체성에 구조적인 효과도 끼친다.

나는 중국인 유학생에 관한 미디어 담론자료를 분석한 적이 있다.[44] 이 연구를 통해 특정 매체마다 중국인 유학생(에 관한 사건)에 관해 특정한 태도로부터 평가하고 있으며 어휘는 그걸 추론할 수 있는 흔적과 단서임을 확인했다. 선택된 어휘는 특정 주체(중국인 유학생)의 지위를 긍정적으로 혹은 부정적으로 표현하면서 그와 관련된 사회적 정체성에 의미를 보탠다.

예를 들면 수집한 조선일보 기사 자료 중에서 중국인 유학생은 "큰 손", "부유층", "소황제"처럼 경제적으로 부유한 누군가로 지시되고 있다. 동사 어휘 역시 "상대하다", "겨냥하다", "모시다" 등이 빈번하게 선택되었다. 그들은 마치 '우리가 특화된 서비스나 상품을 개발해서 구매하게끔 해야 하는 대상 혹은 손님'으로 표현되고 있다. 텍스트 제공자인 조선일보가 중국인 유학생이란 주체에게 어떤 평가를 하고 있는지, 그리고 그들의 사회적 정체성에 어떤 의미화 작업을 하고 있는지 알 수 있다. 중국인 유학생이 '손님'이라면 손님의 맞은편에 있는 우리는 '주인'이라는 사회적 정체성을 갖는다. 그런 의미화 과정에서 표현적 가치와 연계된 특정 어휘의 선택을 담론연구자로서 주목해야 했다.

4) 어떤 은유metaphor로부터 체험적/관계적/표현적 가치를 드러내는가?

메타포로 흔히 불리는 은유의 의미화 전략은 어휘 차원에서 반드시 주목해야 하는 분석이다. 은유는 권력관계를 드러내고 조정하는 탁월한 수사적 전략이기 때문이다. 은유는 흔히 문학적 장치로 인식되는데 담론작업에서도 익숙했던 의미체계를 쉽고 효율적이고 새롭게 전환할 수 있는 기술로 알려져 있다. "LG는 (고객)사랑입니다." 여기서 'LG'가 '사랑'으로 갑자기 의미화될 수 있는 것은 은유 덕분이다. 은유는 무거운 이데올로기를 가볍게 수행하고, 복잡한 개념을 선명하게 전달할 수 있는 장치다. 단순하면서도 구체적이고 오래 기억에 남을 수 있는 슬로건을 만들 수 있다. 적은 수의 표현으로도 경제적이고 감각적으로 묵직한 의미를 전달한다. 특히 광고 매체는 은유적 텍스트를 선호하지 않을 수 없다.

나는 글로벌 인재에 관한 미디어 담론을 분석하곤 했는데 20여 년 전부터 출현한 '글로벌 인재' 주체성이 다양한 은유적 장치로부터 다르게 재현되고, 누군가와 사회적 관계를 새롭게 맺는 변화를 탐구했다. 글로벌 인재라는 역동적이면서도 가변적인 정체성은 새로운 사회적 조건을 만나면 전과 다르게 구성되었다. 예를 들면 글로벌 인재로 호명되지 못한 외집단 '그들'이 "우물 안 개구리"로 희화화된 적이 있다. 속담에 등장하는 동물로 비유된 것은 해당 구성원의 사회적 가치를 낮게 보는 것이며 '부정적인 타인제시의 전략'이기도 하다.

또는 글로벌 인재가 활동하는 장소를 "무대"로, 그 안에서 활동하는 글로벌 인재를 "멀티플레이어"로 은유화한다. 관심이 집중되는 현장, 혹은 경쟁적인 운동경기에서 여러 역할을 감당하며 재능을 발휘하는 뛰어난 선수에게 "멀티플레이어"라는 은유적 표현으로 호명한다. 그럼 독자들은 글로벌 인재의 역량을 긍정적으로 기대한다. "우물 안"은 "무대"가 될 수 없다. 비-멀티플레이들은 소외된다. 아래 분석자료를 보면 비-글로벌 인재와 글로벌 인재에 관한 은유의 대항 관계를 쉽게 이해할 수 있다.[45]

> 1997년 말 찾아온 외환위기는 우리가 **우물 안 개구리**임을 실감나게 했다. 글로벌 시대 선진국이 되기에는 아직 역부족이었다.[46]
>
> 세계 어디서든 자신의 생각을 표현하고 타인과 의사소통할 수 있는 글로벌 커뮤니케이션 능력은 **전 세계를 무대**로 경쟁을 펼쳐야 하는 IT 분야에서 무엇보다 중요한 경쟁력이 된다.[47]
>
> 학창 시절의 신문반 활동과 방송반 활동은 그녀에게 **멀티플레이어**가 될 수 있는 자질을 심어줬다. 김 상무는 "좋아하는 과목에 연결된 취재도 하고 방송제도 준비하면서 **무에서 유를 창조하는 경험**을 해본 것이 큰 도움이 됐다"며 "청소년기엔 자신의 호기심을 단순히 지나치지 말고 구체화하는 기회로 삼았으면 좋겠다"고 조언했다.[48]

앞서 예시로 들었던 중국인 유학생에 관한 미디어 담론에서도 은유는 자주 발견된다. 예를 들면 유학생 담론이 형성되면서 '전쟁' 혹은 '국가 간 경쟁' 은유가 자주 등장한다. 중국인 유학생들을 잘 "관리"하는 것이 "국제사회에서의 '한국의 우군'을 양성"하는 과정이라고 표현된다. "우군" "양성"의 전쟁터를 은유로 사용하는 기술은 국내 중국인 유학생에 관한 체험적 가치를 담고 있다. 텍스트 제공자는 국가 구성원 혹은 관련 이해당사자들에게 중국인 유학생 담론을 전쟁 텍스트로부터 구조화하고 있다.*

2. 문법 분석

앞서 여러 차례 지적한 것처럼 (비판적) 담론연구는 흔히 내용분석이나 이데올로기 분석에서 멈춘다. 어휘 차원의 텍스트 분석이 있더라도 문법 차원의 분석은 거의 찾아보기 힘들다. 하지만 문장의 형식자질에서도 체험적, 관계적, 표현적 가치가 유의미한 수준으로 추론될 수 있다.

1) 문법의 형식자질은 어떤 체험적 가치를 가지는가?

(1) 동사성의 변화가 있는가?

텍스트 제공자가 현실을 어떻게 체험하고 관념화하고 있는지 파

---

* 페어클러프의《언어와 권력》(2판) 100쪽에는 시위나 폭동을 연상하게 하는 어휘가 선택될 때 '왁자지껄한 항의voliferous protests'와 같은 지시적 속성의 텍스트가 아닌 '암cancel'과 같은 은유적 텍스트가 사용된 예시가 있다. 암은 반드시 제거되거나, 도려내야 하는, 그래서 타협과 조정이 없다는 것을 암시할 수 있다. 그와 같은 은유로부터 관련 텍스트 제공자의 시위나 폭동에 관한 태도 혹은 평가방식을 추론할 수 있다.

악하려면 문장구조를 분석할 수도 있다. 부정문이 빈번하게 사용된다면 부정형으로 현실이 이해되(기를 바라)고 있다고 추론할 수 있다. 단정적인 현재형 혹은 긍정문 형식을 자주 사용하는가? 행위주가 모호한 수동태 문장구조가 자주 선택되는가? 명사화가 자주 등장되는가? 텍스트 제공자가 보고 듣고 경험한 것을 재현하는 배경, 방법, 이유 등을 찾는 과정에서 문장구조 차원의 분석에서 체험적 가치의 단서가 발견될 수 있다.

동사성에 대해서는 2부와 3부의 서두에서 간략하게 설명했다. 다음 예시를 통해 문법 단위의 형식자질 중에서도 동사성이 어떻게 체험적 가치를 선명하게 보여주는지 설명하고자 한다. 1975년 6월 1일 아프리카 짐바브웨에서 총격 사건이 발생한다. 6월 2일부터 영국의《타임스The Times》와《가디언The Guardian》신문은 동사성 유형을 바꾸면서 해당 사건의 행위자 주체를 드러내거나 감춘다. 당시 신문기사에 사용된 문장구조는 우연적인 선택이 아닌 것으로 추론된다.

동사성의 배치가 의도된 것임을 추론한 연구 논점을 간단하게 요약하면 다음과 같다.[49] 폭동과 총격 사건에 관한 기사로부터 13명이 피살되고 28명이 부상을 입었다는 기사가 처음 나온 이후로 시간이 흐를수록 타임즈의 헤드라인에 나온 동사성은 다음과 같은 형식자질의 변화를 겪는다.

① Police **shoot** 11 dead in riots(경찰이 폭동 중인 11명을 발포해 사살했다)

② Rioting blacks **shot dead by** police(폭동 중인 흑인들이 경찰에 의해 사살되었다)

③ 13 African **were killed**(13명의 아프리카인들이 살해되었다)

④ Africans died··· Africans **lost their lives**(아프리카인들이 죽다··· 아프리카인들이 목숨을 잃다)

⑤ **loss of life··· death**(인명 손실···죽음)

⑥ factionalism caused deaths(파벌주의가 죽음을 야기했다)

①은 능동태 형식을 갖고 있다. 발포 행위의 주체인 경찰이 문장의 주어 위치에 선명하게 위치한다. 발포해서 사망했다는 인과 구조가 나타나는 문장이다. 하루가 지나고 문장 ②가 헤드라인으로 등장한다. 발포 주체가 전경에 보이지 않는다. 수동태 문장구조다. 발포의 주체는 by-이후로 후경에 위치된다. 발포와 살해의 행위 주체에 관한 책임이 퇴색된다. ③에서는 주체가 아예 없어진다. 발포의 주체가 사라지니 사망의 원인 정보도 없어진다. 인과성의 추론은 어려워진다. ④에서는 타동사가 아닌 자동사가 등장한다. 인과성은 더욱 추적하기 힘들다. ⑤에서는 동사가 없어지고 명사화된 정보만 남는다. 인과성은 추론할 수도 없고 명사화된 파편 정보만 있으니 이유는 없고 죽음이란 결과만 남은 셈이다. ⑥에서는 새로운 문장 정보에 원인이 흡수되거나 왜곡된다. 경찰의 발포로부터 시위대가 죽었다. 그러나 ⑥에서는 죽음을 이끈 새로운 원인factionalism(아프리카 민족협의회의 파벌성)이 문제인 듯하다. 원래 있었던 발포-사망의 정보는 사라진 것이나 다름없다.

　폭동과 사망에 관해 원래 체험한 것, 혹은 그로부터 만들어진 관념은 시간이 흐를수록 동사성의 형식자질을 달리하면서 전혀 다른 체험으로 재현된다. 텍스트의 형식이 달라지고 내용이 재구성된 이유는 무엇일까? 분명 콘텍스트(이데올로기) 효과일 것이다. 아프리카 짐바브

웨(의 폭동), 혹은 아프리카 민족협의회에 관한 영국, 영국인, 해당 영국 신문의 사회정치적 입장이 신문 보도라는 장르 안에서 텍스트적 실천을 유도한 것이다. 이처럼 동사성을 분석할 때는 주어 위치의 주체가 능동적으로 행위를 수행하는지, 혹은 행위가 수동태나 명사화로부터 기술되어 있는지 살펴봐야 한다. 달리 말하면, 특정 주체가 전경화되었는지 혹은 후경화되었는지 관찰하는 것이다. 특정 대상을 전경으로 드러내거나 후경으로 미룬 것을 찾았다면 그런 텍스트 배치를 유도하는 사회역사적 맥락을 추론해야 한다.*

(2) 행위주가 모호한가?

행위주agent와 피동주patient는 특정한 행위에 서로 다른 방향성으로 관여한다. 행위주는 피동주를 대상으로 행동한다. 행위주나 피동주가 유정물animate이 아닌 경우도 많다. 대개 하나의 사건은 하나의 참여자를 개입시킨다. 누군가의 어떤 행동(에 관한 사건)을 텍스트로 보여줄 때, 책임소재가 분명한 행위주 주도의 정보가 제공될 수도 있고, 행위주가 없는 (즉, 행위의 책임자가 없는) 상태적 정보만 제공될 수도 있다.

예를 들면 광화문 시위에 관한 텍스트를 만들 때, 다음 문장처럼

---

* 앞서 설명했던 것처럼 할리데이의 경험적(관념적) 의미는 경험의 재현에 관한 것이다. 서로 다른 재현은 어휘의 선택으로도 가능하지만 동사성을 다르게 바꾸면서도 가능하다. 전통적인 언어학에서 동사성은 자동사와 타동사를 문법적으로 구분할 뿐이었다. 할리데이는 동사성 기반의 의미작업이 서로 다른 재현의 기초를 제공한다고 보았다. 이 책에서 나는 담론연구자가 텍스트 분석에 비중을 더 두어야 한다고 강조했는데 형식자질 중에서도 동사성이 면밀하게 탐구될 필요가 있다고 생각한다. 동사(구)의 모양으로부터도 세상은 얼마든지 다르게 재현될 수 있다.

행위 책임의 주체인 행위주를 문장 앞에 위치시킬 수 있다. "민주당 국회의원 75명은 광화문 시위에 참여하여 … 10만 명이 모인 시위대와 함께 … 책임있는 사과를 요구했습니다." 그러나 다음 문장처럼 행위주를 감추고 행위의 결과나 상태적 정보만 보여줄 수도 있다. "버스가 오도 가도 못하는 광화문은 … 하루 종일 10만 명이 모인 시위대와 함께 … 몸살을 앓았습니다." 국회의원이 시위에 참여하고 사과를 요구하는 것과 버스가 오도 가도 못하며 광화문이 몸살을 앓은 것은 광화문 집회에 관한 전혀 다른 재현이다. "저는 그러한 정황이 발생한 것에 대해 사과합니다"라는 문장은 책임을 지는 행위주 정보가 분명히 드러나지만, "그러한 결과는 참으로 안타깝고 유감입니다"라는 문장은 행위주 정보가 분명하지 않은 만큼 책임의 소재도 모호하다.

영어, 영어공부, 영어시험, 관련 교육정책의 중요성이 다뤄진 담론 자료를 찾아보면 행위 주체는 늘 모호하게 보인다. 미디어 자료든 정책 문서든, "영어가", "세계화가", "토종시험은" 등으로 문장이 시작한다. 무정물 주어로부터 문장을 시작하면 행위주는 없는 것이나 다름없다. 인간 주체의 행위주 정보가 왜 자꾸 빠질까? "영어", "세계화", "토종시험"이 문장의 행위주 위치를 차지하고도 남을 만큼 거대한 권력이 되어서 그럴 것이다. "영어", "세계화", "토종시험"이 그렇게 거대한 권력 주체가 아님에도 그런 문장형식이 자꾸 사용된다면, 이들 행위주가 주도하는 만큼 인간은 대상화된다. 어쩌면 누군가 작정하고 영어, 세계화, 토종시험에 관한 수익이나 권력을 지향하면서 그런 형식자질의 텍스트를 배치할지 모른다.

아래 기사 예시를 보자.

스펙은 과거의 행적을 통해 미래의 성과를 가늠해 보는 지표 구실을 합니다. 미래의 역량을 쌓기 위해 과거 어떤 노력을 기울였는가를 객관적으로 보여줄 뿐 **스펙이** 미래의 성과를 담보하는 건 아닙니다. 물론 **스펙을 위한 스펙은** 예외고요.이런 **스펙은** 말하자면 화장발 같은 거예요. 같은 값이면 다홍치마라고 다른 조건이 같다면야 기업으로서는 **스펙이** 더 좋은 사람을 쓰겠죠. 그러나 회사의 문턱을 넘는 순간 스펙의 격차는 거의 무의미해집니다.[50]

굵은 글씨로 강조한 "스펙"이 문장의 주어 위치에 자주 등장한다. "스펙"과 "노력"은 그 자체로 능동적인 행위를 할 수 없다. "스펙"과 "노력"의 능동적 주체는 사람일 수밖에 없다. 그러나 기사에서는 "스펙"에 주어 위치를 허락하고 행위를 수행할 수 있는 위치성을 부여한다. 이런 텍스트를 자꾸만 쓰고 읽고 보고 말하면, 스펙은 마치 능동적으로 수행하는 실존자처럼 인식된다. 책임지는 인간 행위주를 문장 앞에 내세우지 않거나 아예 없애는 문장형식의 선택이 만약 무의식적이고 상식적인 수준으로 이루어지고 있다면 우리는 그만한 수준의 담론/권력 주체로 살아가고 있다는 것이다. 그게 어쩌면 해당 텍스트를 제공하는 측에서 바라고 있는 담론질서, 혹은 상식적인 세상일 수 있다.*

---

* 다음 예시 기사는 행위주 정보에 관한 논점을 이해할 때 도움이 된다.

Quarry load-shedding problem
Unsheeted lorries from Middlebarrow Quarry were still causing problems
by shedding stones on their journey through Warton village, members of

(3) 어떤 유형의 과정(동사구)이 사용되는가?

앞서 살펴본 것처럼 할리데이는 텍스트로 전달되는 경험적 의미를 절의 기본적인 구조(예: 참여자participant, 과정process, 상황circumstance)로부터 이해했다. 그중에서도 경험한 관념을 가장 효과적으로 재현하는 문장 요소는 '과정'의 선택이라고 보았다. 경험을 재현할 수 있는 모든 동사는 화자나 저자의 태도와 생각을 기호화한 특정한 유형의 '과정'이다. 예를 들면, 재현을 물질적material 과정으로 구성하면 목표에 영향을 끼치는 행위자가 등장하면서 특정 행위의 능동성이 재현될 수 있다. 앞서 소개한 "세계화", "토익", "토종시험"으로 시

---

the pariah council heard at their September meeting. The council's observations have been sent to the quarry management and members are hoping to see an improvement.

(채석장 적재된 화물이 흘러 내리는 문제
미들베로우 채석장에서 천으로 덮지 않은 대형 트럭들이 와튼 마을을 통과하는 과정 중에 돌조각을 흘리는 문제를 발생시키고 있다고 지역 의회 의원이 9월 회의에서 들었다. 의회 소견서는 채석장 관리팀에 전해졌고 의원들은 상황이 나아지기를 기대하고 있다.)

−페어클러프, 《언어와 권력》(2판), 42쪽.

우리가 불명확한 행위주가 이끄는 문장구조에 익숙해지면 이와 같은 형식성에 문제의식을 가질 수 없다. 한국어든 영어든, 모호한 행위주가 이끄는 문장형식에 우리는 너무나 익숙하다. 이 보도기사에 나온 (문제를 일으킨, 책임을 져야 하는) 주체는 왜 트럭으로 귀속되었을까? 운전자나 운전자가 소속된 회사가 행위주 위치에 드러나지 않는 이유는 무엇이었을까? 트럭에서 돌이 떨어져서 사고가 발생한 체험은 행위주를 모호하게 위치시키는 문장구조로부터 재현된다. 책임질 행위주를 숨기기 위한 의도가 있었던 건 아닐까? 사고의 주체를 자동차로 위치시키는 텍스트 배치는 그게 보도기사 작성의 관행이든, 의도적으로 트럭회사나 미디어 측에서 책임 주체를 감추고자 하는 목적이 실행했든, 그런 형식자질이 선택된 이유를 콘텍스트로부터 얼마든지 찾을 수 있다.

작하는 문장에서는 (행위자와 목표를 선명하게 설정하고 반복할 수 있는) 이데올로기적 동기가 드러날 수 있다.

토익 광고를 만든다고 가정한다면 다음과 같이 서로 다른 '과정' 유형으로부터 다른 재현을 상기시킬 수 있다. 우선, 물질적/행동적 과정을 강조한다면 토익 공부와 시험준비는 다음과 같이 재현될 수 있다. "여러분은 열심히 공부했습니다. 그러나 성공하지 못했습니다. 우리는 새롭게 가르칩니다. 여러분은 토익의 비법을 찾을 것입니다." 만약 관계적/존재적 과정을 선택한다면 다음과 같은 광고 문구가 될 것이다. "우리는 늘 토익 수험자를 생각합니다. 그리고 드디어 여러분의 고민을 알게 되었습니다. 당신에게 이제 힘을 내보자고 말해봅니다." 마지막으로 정신적/존재적 과정에 비중을 둔다면 다음과 같다. "여러분 두려우시죠? 토익 공부 참 어렵습니다. 그러나 토익은 기술입니다. 여기 토익 공부의 비법이 있습니다."

어떤 과정 유형으로부터 토익 공부와 시험준비에 관한 이데올로기가 가장 효과적으로 재현되는가? 당신이 광고를 만들어 토익에 관한 콘텐츠로 수익을 획득하려는 경영주라면 어떤 유형의 과정을 선택할 것인가? 콘텍스트 변인을 충분히 고려해야 하겠지만 과정 유형만 놓고 볼 때는 "토익은 기술이다" 혹은 "토익은 필수이다" 등에서 드러나는 관계적 과정이 토익에 관한 이데올로기적 효과를 만들 수 있는 가장 강력한 과정 유형으로 보인다.

"토익은 기술이다." "토익은 세계화 시대에 필수다." 이런 문장에서는 상태를 잘 드러내게 할 수 있는 관계적relational 과정이 의도적으로 배치된 듯하다. 관계적 과정으로부터 토익 이해당사자의 위치성을 강화하는 것은 우연이 아니다. 해당 텍스트를 만드는 편에서는 토익이 그러하다는 이데올로기를 강하게 주입할 수 있는 가장 적절한 과정 유형으로 보는 것이다.

그렇지만 어디서나 관계적 과정만이 담론적 효과를 유의미하게 유도한다고 볼 수 없다. 과정 유형은 서로 섞여서 권력관계를 드러내고 지배적인 담론질서를 유지시키는 편이다. 이주민을 돕자는 다음 공익광고 텍스트를 한번 보자. 문법의 형식자질 중 하나인 과정 유형에 주목하면서 체험의 재현에 어떤 효과가 유도되는지 살펴보자.

우리는 세계의 변화를 수용해야 합니다. 이제 그들을 도와야 합니다. 그들은 아파하고 두려움에 떨고 있습니다. 우리가 먼저 그들에게 다가가야 합니다. 그들은 우리의 이웃입니다. 거기에 우리의 새로운 미래가 있습니다.

어떤가? 광고 텍스트는 '우리' 내국인이 '그들'을 돕자는 것이니 일면 이상할 것도 없다. 그러나 과정 유형만 주목해도 '우리'와 '그들'은 이항으로 선명하게 구분되어 있음을 알 수 있다. 특히 '우리'라는 행위자 주체는 모두 물질적 과정과 결합되어 있다. "수용해야 하고", "도와야 하고", "다가가야" 하는 과정의 행위자는 모두 '우리'이다. 그에 반해 '그들'은 모두 "아파하고 두려움에 떨고 있"는 속성의 "이웃"이다. 모두 관계적 속성에 해당되는 과정 유형이며 '그들'은 그러한 속성의 운반자 carrier 역할을 맡고 있다. "새로운 미래" 역시 존재자의 속성이다. 이주민인 '그들'은 누군가에게 영향을 주고받는, 스스로 행동하는 과정 유형으로 묘사되지 않았다. 내국인인 '우리'는 '그들'을 돕자고 하지만 '그들'은 '우리'와 구분된 수동적인 주체성으로 기술되어 있다.

위 공익광고에서 같은 주제로 '우리'와 '그들'이 함께 물질적/관계적/정신적 과정 유형을 공유하도록 다음과 같이 바꾸어 쓴다면 기존 텍스트를 지배하는 자민족중심주의, 혹은 동화주의 이주민 정책에 분명 틈을 낼 수 있을 것이다.

우리는 세계의 변화를 수용해야 합니다. 그들이 우리를 도운 것처럼 이제 그들을 도와야 합니다. 우리가 아픈 것처럼 그들도 아픕니다. 우리 모두 서로에게 다가가야 합니다. 우리 모두 같은 이웃입니다.

동일한 관점으로 다양한 매체에서 재현되고 있는 누군가의 주체성을 문법 단위에서 얼마든지 문제화할 수 있다. 로맨스 대중서사에서 남성성과 여성성이 어떻게 재현되고 있는지 탐구하기 위해서 과정 유형을 다음과 같이 분석할 수 있다. 아래 장면의 남녀 주인공의 대사를 살펴보자.

여: 나 지금 너 힘들어, 민수야 지금 와줘
남: 응 오빠가 지금 금방 차 타고 금방 갈게. 넌 내게 중요한 사람이야. 내가 지켜줄게.
여: 오빠 온다고 생각하니까 마음이 좋네. 기다릴게.

여기서 앞선 공익광고와 마찬가지로 '오고' '타고 가고' '도와주는' 물질적 과정의 행위자 주체는 민수(남성)이다. '힘들고' '중요한 사람이'고 '마음이 좋'아지는 속성 혹은 식별자의 운반자 혹은 피식별자는 여성이다. 여성이 '기다린다'는 행동적 주체로 나타나기도 하지만 목표가 없는(타인에게 영향을 주지 못하는) 동작에 불과하다. 한 장면에서만 그런 것이 아니라 통속적인 로맨스 다수로부터 남성은 물질적 과정의 행위자로, 여성은 관계적/정신적 과정의 운반자, 혹은 감지자로 빈번하게 등장한다면 문장구성 차원의 텍스트 분석으로 유의미한 논증을 만들 수 있다. 그러한 과정 유형의 텍스트가 빈번하게 등장하는 특정 장르적 장치, 혹은 그런 능동적/수동적 정체성과 연결되는 스타일, 혹은 남성성이 주도하는 사회질서에 관한 논점을 추가로 다뤄볼 수 있다. 대중서사를 분석하고 남성 중심 사회구조를 비판한 학술문헌은 많다. 그러나 대개 내용을 직관적으로 분석하는 수준이며 텍스트의 형식체계는 다뤄지지 않고 있다.

소설에서 특정 직업을 가진 남/녀 주인공은 어떻게 묘사되고 있을까? 캐릭터에 의미를 부여해야 할 텐데 어쩌면 과정 유형이 거기에도 개입되고 있을지 모르겠다. 대학을 배경으로 한 플롯이라고 하자. A를 소개하면서 "He teaches his students on applied linguistics(그는 응용언어학에 대해 학생을 가르친다)"라고 하면서 B는 "She asks her students some questions in classroom(그녀는 학생들에게 질문을 묻는다)" 또는 "She writes about her papers on applied linguistics(그녀는 응용언어학 논문에 관해 쓰고 있다)"라고 한다면 A는 물질적 행위로 묘사되고 B는 구두적 과정이나 목표가 없는 물질적 과정으로 소개되는 것이다. 과정 유형의 배치가 특정한 주체성의 기술에 편향적이라는 증거를 찾아볼 수 있다.

반려견과 함께 사는 누구나 강아지와 함께 산책하는 시간을 사랑하겠지만 그들이 매일처럼 산책을 다녀온 후 남긴 텍스트가 다음처럼 서로 다르다고 가정해보자. ① I took my dog to the park(나는 내 강아지를 공원에 데려갔어요). ② I went to the park with my dog(나는 내 강아지와 함께 공원에 갔어요). ③ My dog and I went to the park together(내 강아지와 나는 공원에 함께 갔어요). ①번 문장은 타동사의transitive 물질적 과정과 함께 행위주인 견주 '나', 그리고 목표인 강아지로 문장이 구성되어 있다. 목표에게 영향을 줄 수 있는 견주의 권력이 분명히 드러난다. ②번 문장은 자동사의intrasitive 물질적 과정으로부터 행위주인 견주가 강아지에게 발휘할 권력이 조정되었음을 짐작할 수 있다. ③번 문장은 행위주 위치에 견주와 강아지 모두 위치했으니 보다 평등한 관계성이 고려되었다고 말할 수 있다.

과정 유형에 관한 분석은 번역연구자들도 주목해야 한다. 'CNN', 'New York Times'와 같은 유명 미디어 기사는 흔히 국내 미디어에서 번역되어 여러 목적으로 소개되고 인용된다. 담론적으로 민감한, 혹은 담론경쟁이 치열한 상황이라면 번역이 되면서 같은 내용은 다른 체험적 의미체계로 유도될 수 있다. 다음과 같은 예시를 간단하게 상정해볼 수 있다. 원문("In Japan, investigation of a coronavirus infection is significant in the National Institute of Health")은 다소 거칠게 직역("일본에서는 코로나바이러스 감염에 관한 조사가 국립보건원에서 중요하다")될 수도 있지만 편의적으로 다음과 같이 의역("일본 국립보건원은 코로나바이러스 감염을 중요하게 다룬다")이 되기도 한다. 동일한 체험적 의미가 영어로는 속성을 다루는 관계적 과정으로 전달되었고, 한국어로 번역되면서 목표를 향한 행위자의 능동성이 돋보이는 물질적 과정으로 기술되었다. 체험이 일관적으로 다른 방식으로 기술된다면 텍스트의 임의적 배치로 볼 수 없다. 번역 연구자는 어느 번역의 지점에서 이데올로기적 개입이 빈번하게 발생하는지 탐색할 수 있다.

(4) 명사화가 사용되는가?

문장의 술어 부분을 명사형이나 관련 명사로 끝내는 방식을 명사화 전략이라고 앞서 설명했다. "나는 이제 집으로 돌아왔어"라고 하지 않고 '난 집으로 돌아옴' 혹은 '귀가' 같은 형식으로 구성된다. 미디어에서 헤드라인을 뽑을 때 명사화 전략이 자주 사용된다. 흔히 사람들은 말하기에서도 그렇지만 쓰기에서도 원문장을 명사화 형식으로 전환해도 의미가 다를 바 없다고 생각한다. 그러나 명사화된 형식체계는 단호한 의미를 만든다. 의미를 의도적으로 축소하기도 하며, 다른 의미로 왜곡되기도 한다. 명사화는 다분히 정치적인 문법이다. 명사화를 사용하면 행위주는 슬며시 사라진다. 의미 중 일부는 사라진다. 현실은 재구성된다.

(5) 능동태와 수동태를 어떻게 사용하는가?

동태는 체험적 가치를 다르게 전달할 수 있는 형식자질이다. 의도적으로 행위주를 감추는 문장구조인 수동태 형식이 반복한다면 이는 이데올로기적 동기를 가진 텍스트적 실천으로 봐야 한다. 문법론 수업에서는 문장의 표면 구조와 심층 구조를 같은 속성이라고 가르친다. 능동태든 수동태든 '태는 문장의 의미를 변화시키지 않는다' 혹은 '심층 구조는 같고 표현방식만 차이가 있다'는 식이다. 혹은 의미가 변하지 않고 구문이 변하는 것은 변형적 문법transformational-generative grammar으로부터 가능하다고 가르친다. 그러나 담론적 전환으로부터 언어 사용을 탐구하는 연구자라면 태가 그저 동작의 방향성을 지시할 뿐 의미적 차이가 없다고 보지 않는다. 세상의 재현은 태의 선택만으로도 달라지기 때문이다.

미국 중앙정보국CIA 신조creed의 문장구조를 살펴보면[51] 능동태-현재형의 선언적 형식을 갖고 있다. 이를 수동태 형식으로만 바꾸어도 체험적 가치에 변화를 줄 수 있다. 예를 들면 문장 (1)을 (2)로 바꿔보자.

① We measure our success by our contribution to the protection and enhancement of American values, security, and national identity.
② Our success is measured by our contribution to the protection and enhancement of American values, security, and national interest.

어떤가? 다르지 않은가? ①의 자기표현 방식은 능동태이며 미국 중앙정보부 스스로 지향하는 선명한 조직적 가치가 드러난다. '우리는 미국의 가치, 안전, 국가 정체성을 지키고 향상하는데 기여하면서 우리의 성공을 측정한다.' 이렇게 한국어로 의미가 옮겨질 수 있다. ②는 ①을 수동태로 변환한 것일 뿐이다. 한국어로 굳이 옮겨보자면 다음과 같다. '우리의 성공은 미국의 가치, 안전, 국가 정체성을 지키고 향상하는데 기여하면서 측정된다.' 그럼 어느 문장구조에서 중앙정보국이 더욱 멋지고 책임 있는 조직으로 보이는가? 당연히 ①이다. 중앙정보국은 미국의 국가 안보와 관련 정책을 조정하는 데 필요한 정보를 수집하고 관리하는 곳이다. 최고의 정부 기관으로서 전문적이면서도 국민에게 신뢰받을 수 있는 기관이고 싶다. 그런 기관이 수동태 문장으로 소개되면 "We(우리)"는 후경화되거나 사라진다. 독립성과 능동성의 의미는 퇴색된다.

그곳에서는 신입 요원을 뽑을 때도 "We seek the best and work to make them better(우리는 최고를 찾고 그들을 더 낫게 하면서 일한다)"라는 능동태를 선호할 것이다. "The best are sought(최고가 추구된다)"라는 수동태 문장구조로 시작해도 의미가 크게 다르게 전달되지 않겠지만 중앙정보국이라는 행위자를 능동적 주체로 위치하지 않을 이유가 없다. 중앙정보국의 구성원으로서 해당 기관을 자랑스러워한다면, 스스로를 행위 주체로서 모호하게 만드는 수동태가 선택되지 않을 것이다.

(6) 긍정문과 부정문이 어떻게 사용되는가?

행위는 대개 긍정적이거나 부정적인 체험으로 인식된다. 긍정문은 긍정적인 체험 가치를, 부정문은 부정적인 체험 가치를 재현하는 편이다. 앞서 예시로 든 미국 중앙정보국 신조를 보면 부정문이 하나도 없다. 독자는 중앙정보국이 전하고 있는 신조를 일단 긍정적 체험으로 떠올려야 한다.

역사적인 사건을 떠올려보면 미국 중앙정보국은 부정적인 체험과 관념에서 자유롭지 못하다. 중앙정보국이 개인과 조직에 부적절하게 개입한 전례, 즉 부정적인 체험은 다른 매체에서 부정문으로 얼마든지 재현되곤 했다. 그러나 그와 같은 사건과 별개로 여기서 중앙정보국은 긍정문의 텍스트를 선택하면서 자신의 정체성을 오직 긍정으로만 구성하고 있다.

2) 문법 자질은 어떤 관계적 가치를 가지는가?

(1) 어떤 서법mode이 이용되는가?

서법은 주로 화자의 심적 태도를 드러내기 위해서 동사의 형태를 변화시키는 것이다. 서법의 유형은 서술문(평서법), 의문문(의문법), 명령문(명령법), 청유문(청유법) 등으로 구분할 수 있다. 의문문은 여러 종류가 있다. 영문법의 예로 들면, wh-의문사로 문장을 시작할 수도 있고, 조동사로 시작할 수도 있고, be 동사로 시작하면서 yes/no 답변을 유도할 수도 있다.

서법은 주어의 지위를 각각 다르게 부여한다. 관행적으로 사용되는 서술문이라면 화자 혹은 저자는 정보 제공자이며 청자/독자는 수신자의 지위를 갖는다. 명령문이라면 화자 혹은 저자는 청자 혹은 독자에게 무언가를 요청하는 지위를 갖고 청자 혹은 독자는 수동적인 역할을 맡는다. 의문문이라면 화자 혹은 저자는 무언가를 요구하고 청자 혹은 독자는 정보 제공자의 지위를 갖는다.

예를 들면 교실수업에서, 수행평가 현장에서, 혹은 진학이나 취업에 필요한 면담으로부터 연구자료를 수집하고 분석한다고 하자. 먼저 서법 유형을 주목하면서 선택한 텍스트의 관계적 가치를 파악할 수 있다. 계속 의문문으로 질문하는 이가 있고, 반대편 누군가는 서술문으로 답변을 하고 있는가? 한편에서는 의문문 형식을 사용조차 할 수 없는가? 특정 서법만으로도 고정된 관계가 형성되어 있다면 그 관계는 구조적 효과를 만드는 권력관계일 것이다.

공항 직원이나 비행기 승무원은 고객에게 어떤 서법의 문장형식을 사용할까? 대화를 수집해보면 단정적인 명령, 청유, 질문의 서법을 고객 편에서 지배적으로 사용한다. 그렇다면 그것만으로도 관계적 가치, 혹은 사회적 관계성을 다룰 수 있다. 특정 서법을 사용하는 빈도수로 비대 칭성의 권력관계가 구조화되었다고 추론하는 것이다. 한편에서 다른 편 에게 정보를 요구하거나 행위를 유도하는 의문문이 반복적으로 사용된 다면 권력의 위치성이 쉽게 짐작될 수 있다.

나는 대학수학능력시험의 영어 듣기평가에 나온 대화 속성을 분 석한 적이 있다. 늘 두 명(A, B)의 참여자가 평가 속 대화의 말차례를 교 환한다. A가 B에게, 혹은 B가 A에게, 늘 무언가를 묻거나, 요구하거나, 지시하는 서법이다.[52] 화제가 전환되거나 의미가 협상되는 경우는 없 다. A든 B든, 한편으로 권력이 쏠린 비대칭적인 관계성이 해당 시험(장 르) 대화에 관행적으로 나타나 있다. 교실에서도, 교재에서도, 면담장에 서도, 원어민/교사/평가자가 비원어민/학생/수험자에게 비대칭적인 권력관계로부터 무언가를 제안하거나 요구하거나 물어보는 지배적 관 행을 쉽게 찾아볼 수 있다.

권력을 지향하는 관계적 가치는 서법과 같은 문법 속성으로부터 드러나고 그렇게 재현된 만큼 대화 참여자의 사회적 관계를 제약한다. 달리 말하면, 원어민-비원어민, 교사-학생, 면담자-피면담자 등의 사 회적 관계는 서법으로부터도 영속화될 수 있다. 관계적 가치가 사회적 관계를 제약한다면 관계와 권력을 바꿀 수 있는 실천은 다른 서법을 선 택하면서 가능해진다.

다만 서법을 분석할 때 서법과 주어의 지위 관계를 단순하게 연결 하지 말아야 한다. 텍스트가 사용되는 콘텍스트를 감안하면, 서술문이 지만 정보를 요청할 수 있고, 의문문 형식으로 행위를 요구하는 가치가 드러날 수도 있고, 명령문으로도 부드럽게 제안할 수도 있다. 권력적인 텍스트를 사용하곤 하는 사장님 위치에서는 비서에게 명령문만 사용하지 않는다. 의문문이나 서술문으로도, 아니 어떤 기호로도 권력적인 관계를 유지할 수 있다.

국제학술대회에서 누군가 나를 보고서 "You must be Dongil(너 동일임이 틀림없어)"이라고 한다면 서술문 서법이지만 정보를 요청하는 가치가 드러난다. 우체국 집배원이 문 앞에서 "Will you kindly take this, please?(이거 좀 받아줄래요?)"라고 말하다면 그건 의문문 형식이지만 행위를 요구하는 가치가 있다. 친구에게 맛난 피자를 소개하면서 "Try this pizza(이 피자 먹어봐)"라고 한다면 그건 명령이 아니라 제안에 가깝다.*

(2) 어떤 양태가 사용되는가?

자신의 태도를 표현하는 문법 범주로서 양태modality, 혹은 양상은 체험(한 관념)의 재현에 중요한 역할을 한다. 좀 더 자세한 예시를 영어자료로 설명하면 다음과 같다. 먼저 대화로부터 정보를 교환하는 진술이나 질문은 일종의 명제proposition 교환으로 볼 수 있다. 그런 명제의 기초적인 의미는 '그렇다'는 주장asserting과 '그렇지 않다'는 부인denying으로 구분된다. 다만 우리가 실제로 소통을 할 때는 '그렇다' 와 '그렇지 않다'라는 양극 사이에서 해당 명제에 대한 체험적 가치는 다소 어중간하게 조정되는 편이다.

즉 확신과 빈도의 정도를 표현하는 중간적인 가치가 필요하며 이

---

* 서법은 관계를 만든다. 그러나 형식자질에 의해 단순히 구분될 수 없다. 기술보다 해석이 필요할 때가 많다. 해석주체의 가정, 가치적 판단에 따라 관계를 해석할 수 있다. 페어클러프 담론연구방법론에서 기술뿐 아니라 해석의 단계가 필요한 이유이기도 하다.

가치를 담는 언어적 장치가 양태이다. 영문법으로 본다면 명제를 드러내는 서술문에 양태부사 'perhaps', 'possibly', 'certainly' 등으로 확신의 정도를, 'sometimes', 'usually', 'always' 등의 양태부사로 빈도의 정도를 조금씩 조정한다. 양태서술modalization이란 것은 흔히 확신과 빈도를 조정하는 문법인 셈이다.

명령이나 제안은 '하라'는 지시prescribing와 '하지 마라'는 금지postscribing의 양극단의 의미가 있다. 그러나 명령이라고 하더라도 'allowed to', 'supposed to', 'required to'와 같은 서술어로부터 의무obligation 정도를 조정할 수 있고, 제안 역시 'willing to', 'anxious to', 'determined to'와 같은 서술어로부터 의향inclination 정도를 조정할 수 있다. 변조서술modulation은 의무나 의향 정도를 조정하는 문법이다.

양태를 드러내는 문장형식은 훨씬 더 다양할 수 있다. "He may be Dongil"과 같이 조동사modal operator로 단정을 피할 수 있다. "He is probably Dongil"과 같이 양태부사modal adjunct를 삽입할 수도 있고, "He will be probably Dongil"과 같이 조동사와 양태부사를 혼용할 수도 있다. "It must be that that's Dongil" 또는 "I guess that he could be Dongil"처럼 양태적 의미를 복합절의 주절로 표현할 수도 있다. "In all likehood, he's Dongil"과 같이 전치사구로 표현하거나, "The likelihood of his being Dongil is very great"처럼 명사구로 나타낼 수도 있다.[53]

양태는 표현양태와 관계양태로 나눌 수도 있다. 표현양태는 실제적인 사건을 바라보고 서술하는 양태이며, 범주양태 및 가능양태로 구분한다. 범주양태는 참이나 거짓을 구분하며 이들 사이의 중간값은 없다. 가능성이나 개연성이 고려되지 않는 상태이다. 가능양태는 중간값이 고려된 상태이다. 관계양태는 의무감에 따라 행위가 다르게 기술되는 정도를 보여준다. 화자나 저자가 관계양태 조동사인 'may not', 'must' 중에 무엇을 사용하느냐는 허락을 보류하거나 의무를 부과하는 구체적인 근거로 작동할 수 있다.

앞서 살펴본 미국 중앙정보국 사이트에 적힌 신조를 양태 속성으로 분석해보면 어떤 문장도 양태화되지 않았다. 양태적 의미를 만들 수 있는 텍스트적 장치는 어디서도 발견되지 않는다. 'may', 'possibly', 'it could be' 등의 장치가 없다는 것이다. 중앙정보국이 정부기관으로서 드러내고 싶은 독립성과 신뢰성을 감안한다면 괜한 양태적 정보를 더하지 않을 것으로 짐작할 수 있다. 온라인상에서 중앙정보국의 행위는 단호하면서도 무엇이든 객관적으로 보인다. "We conduct our activities and ourselves according to the highest standards of integrity"와 같은 문장에서 조동사 may 하나만 포함해도 중앙정보부가 구성하고자 하는 윤리적 가치는 일부분이나마 퇴색될 수 있다.*

---

* 페어클러프는 양태가 텍스트 분석의 관계적 가치뿐 아니라 표현적 가치에서도 주목할 필요가 있다고 언급했다. 예를 들면 법규 위반의 텍스트를 전할 때, 경찰이라면 운전자에게 'must'라는 관계양태를 사용할 것이고, 자원봉사자라면 운전자에게 'may not'이라는 관계양태를 사용할 것이다. 생성되고, 유지되고, 강화되는 사회적 관계(경찰, 자원봉사자, 법규 위반자)는 이와 같은 텍스트의 관계적 가치로부터 파악할 수 있다. 페어클러프는 《언어와 권력》(2판) 105쪽에서 도서관으로부터 송부된 책 반납에 관한 통지문을 예시로 들었다. 공립 도서관 측과 도서관 사용자와의 사회적 관계는 양태 조동사만으로도 쉽게 추론할 수 있다. "Your library books are overdue and your library card may not be used until they are returned(당신이 빌린 도서관 책은 마감을 지났고 반환될 때까지 당신의 도서관 카드는 사용되지 못할 수도 있습니다)"라는 통보문을 보면 'may not'이라고 하는 관계양태 조동사로부터 다소 명백하지 않은 권력의 위계성

(3) 인칭대명사가 관계적 가치 구성에 어떻게 이용되는가?

한국어든 영어든, 선거운동이든 제품광고에서든, 인칭대명사 We(우리), You(너희, 혹은 너), I(나) 등은 관계적 가치를 담고 있고 서로의 사회적 관계를 추적할 수 있는 근거를 보여준다. 인칭대명사로 시작하는 문장은 어떤 대명사가 오냐에 따라 서로 다른 속성의 관계적 가치를 유도할 수 있다.

예를 들면 정치인이 흔히 사용하는 '우리(We)'로 시작하는 문장 형식은 관계적 가치를 갖자고 작정한 장치다. 정치인이나 특정 정당 대변인이 늘 '우리'-문장의 관계적 가치만을 강조하는 것은 아니다. 본인이나 정당 이름을 뒤로 빼는 탈개인화 전략이 필요할 때만 '우리'로 시작하는 문장이 등장한다. 그런 문장으로부터 자신이 속한 정당, 자신을 지지하는 국민, 그리고 정치인 자신을 동일화한다. 그러나 자신을 명시적으로 드러낼 때는 '우리'-문장의 관계적 가치는 얼마든지 사라질 수 있다.

예를 들면 1997년 대통령 선거에서 김대중 후보는 자신에게 고착된 '빨갱이' 정치인의 의미를 퇴색시키기 위해 자신을 1인칭으로(예: "저 김대중은") 자주 지시하지 않았다. 오히려 자신이 속한 정당이었던 '새정치국민회의'로 시작하는 '우리'-문장구조를 선호했다. 정당을 전면에 세우고 자신을 1인칭으로 부르지 않은 '우리'-문장형식은 후보와 국민(투표자)의 관계적 가치를 조정하려는 텍스트적 실천이다.

을 추론할 수 있다. 해당 도서관과 개인 사용자와의 관계적 가치가 반영된 것이다. 공무의 권력이 위압적인 시공간이라면 반납 마감을 어긴 사용자에게 다른 관계적 가치 (예: 관계양태 조동사 must)를 담은 형식이 등장할 수도 있다.

2002년 대통령 선거에서 노무현 후보의 전략은 달랐다. 김대중 정부의 실정이 드러나면서 당시 집권 여당에 속한 노무현 후보는 자신이 속한 민주당의 문제점과 연결되기를 거부했다. '여당 vs. 야당' 대결의 프레임은 불리하다고 보고 노무현 후보 진영은 '노무현 vs. 이회창' 대결의 프레임을 선택했다. 노무현 스스로 자신을 1인칭으로 드러내는 수사적 전략이 자주 사용되었다. "저 노무현은"으로 시작하는 1인칭 문장이 당시 집권 여당의 선거운동 텍스트의 실천이었다면, 반대로 이회창 야당 후보는 당시 제왕적 후보라는 프레임에서 벗어나기 위해 '한나라당'을 주어 위치로 내세우는 문장형식을 자주 사용했다.[54]

'나(I)'와 '너(You)'가 주도하는 문장형식은 광고에서 전략적으로 선택된다. '너(You)'로 시작하는 문장형식은 통사적으로는 명령문, 격식성으로 보면 대화체와 자주 결합한다. 흔히 'You-마케팅'이라고도 하는데, 예를 들어 "열심히 일한 당신, 떠나라!" 혹은 "네가 원하는 디카, 찍어봐!"라고 소비자에게 명령문으로, 그리고 대화체로 말을 건다. 소비자, 고객에서 반말로 명령하는 문장형식은 처음엔 낯선 관계적 가치였지만 이제는 모두에게 꽤 익숙한 구조가 되었다.[55]

개인주의 시대가 더 확장되면서 '나(I)'로 시작하는 텍스트는 여러 매체의 광고에서 단연코 돋보인다. '너(You)'는 여전히 호명을 통한 객체의 주체화이지만 'I' 마케팅은 '나'라는 자기선언적 표현을 보다 적극적으로 담고 있다. 나-중심적 관계성으로부터 해당 소비자를 보다 적극적으로 주체화시키는 셈이다. "내 인생 가장 빛나는 여름을 만났습니다.", "나의 화이트닝은 다르다.", "내 삶의 쉼표." 심지어 아이폰, 아이패드의 "I"의 의미는 (물론 다중적이지만) 상품을 통해 관계적 가치를 최대치로 증강한 탁월한 브랜드 효과라는 평가가 있다. 어떤 인칭대명사,

호칭을 사용하는가는 나, 너, 우리의 관계적 가치를 어떻게 설정하는 것과 관련성이 높다.*

(4) 어떤 호칭을 어떤 구문으로 사용하는가?

우리가 상대방을 호칭할 때 어떤 구문을 사용하는가는 상호관계를 맺는 사람끼리의 사회적 관계를 보여준다. 명령문과 반말로 상대를 호칭한다면 화자와 상대방의 사회적 관계를 어느 정도 짐작할 수 있다.

3) 문법자질은 어떤 표현적 가치를 갖는가?

문법 차원에서도 특정한 현실에 대한 텍스트 제공자의 태도나 평가를 추론할 수 있다. 문법자질 역시 주체의 지위를 제약할 수 있고 사회적 정체성에 관해 구조적인 효과를 끼칠 수 있다. 예를 들면 페어글러프가 《언어와 권력》 108쪽에서 양태로부터 표현적 가치를 다뤄볼 수 있는 예시로 소개한 다음 기사를 살펴볼 수 있다. 'Daily Mail' 신문 1982년 5월 3일자 보도기사이며 당시 포클랜드 전쟁에 관한 대처 수상의 계획을 다음처럼 텍스트를 배열하면서 전하고 있다.

---

* 《언어와 권력》(2판) 106쪽에는 전쟁 보도기사가 예시로 언급되면서 문장 맨 앞에 "We"를 배치하는 정치적 수사전략이 소개된다. 정치인은 청자나 독자를 모두 포함하는 '포괄적 우리(Inclusive we)' 대명사를 자주 사용한다. 국내 정치인도 '우리 국민'이란 표현을 늘 사용한다. 이건 '우리' 안에 청자나 독자를 제외하는 '배제적 우리(Exclusive we)'와 다르다. 포괄적 "We"는 전쟁에 관한 합리적인 판단을 할 수 있는 영국 국민이 상정된 셈이며 알게 모르게 '합리적인 국민인 여러분이 지지할 것'이라고 압박하고 있다. 이와 같은 대명사 선택은 사소하고도 임의적인 것으로 보이지만 사회구성원 다수가 집단적인 이념corporate ideologies을 따르도록 강압하는 텍스트적 장치로 봐야 한다.

Foot refuses offer from No. 10 but…

MAGGIE PLANS THE INVASION

By GORDON GREIG, Political Editor

MRS THATCHER is preparing for the crunch in the Falklands crisis with a landing by commandos and paratroops.

(보병은 10번가(영국 수상측)의 제안을 거절하지만…

매기(대처 수상)는 침략을 계획하다

-정치 편집국의 고든 그레이그 작성

대처 수상은 포크랜드 위기로부터 특공대와 낙하산 부대의 상륙으로 중대 상황을 준비하고 있다.)

오래전 전쟁 기사이기 때문에 구체적인 배경 설명은 생략하고, 문법자질 중에서 양태 부분만 보기로 하자. 기사 첫 부분부터 모두 양태 표시가 생략된 현재시제가 (혹은 일부 현재완료 시제를 포함하여) 사용된다. "Foot refuses", "Maggie plans", "Mrs Thatcher is preparing" 이런 식으로 가능성, 개연성이 고려될 수 없는 범주양태가 반복되면 그러한 상황과 사건에 관한 내용 역시 탈가치화된다. 표현적 가치는 복잡하면서 미묘한 태도와 평가를 드러내는 것이며 여기서는 모든 가능성, 개연성, 의무성이 감춰진다.

이와 같은 표현방식으로부터 독자는 어떤 인상을 받을까? 군인들과 영국 수상 대처는 중립적인 사회적 정체성을 구축하며, 묵묵히 전쟁에 참여하고 있는 것으로 기술된다. 전쟁을 준비하고 참여하는 과정에 함축될 수 있는 이데올로기들의 개입과 갈등도 사라진다. 논박할 것도 없는 상황이 열린다.[56]

페이클러프의 이와 같은 논점을 쉽게 지나칠 수도 있지만 나는 한참 동안 현재시제의 권력성을 두고 국내 정황과 연결해서 생각해봤다. 분단국가를 경험하고 있는 우리는 반공 이데올로기로부터 전쟁에 관한 수사에 언어적 민감성이 높을 것 같지만 사실 그렇지도 않다는 생각이 들었다. 핵무기를 포함한 북한의 전쟁 담론, 위협과 공포와 대처하는 우리 측 미디어의 텍스트 배열을 찾아보면 양태가 사라진 당연함과 무심함이 동일한 수준으로 드러난다.

예를 들면 2017년은 북한의 전쟁 위협이 극심할 때였다. 어떤 텍스트가 배열되고 있는지 신문기사를 찾아보았다. 다음 기사가 곧장 검색되었다.[57]

만약 전쟁 난다면… 개인별 재산 관리 방법은?

《한반도에서 전쟁이 발발한다면 내 재산은 어떻게 보관해야 하나. 내가 살던 집에 피해가 생긴다면 보상을 받을 수 있는 건가. 평소라면 관심을 가질 필요 없는 궁금증들이다. 하지만 최근 북한의 도발 수위가 높아지면서 전쟁이 났을 때 내 재산이 안전하게 유지될 수 있을지 궁금해하는 이들이 적잖다. 정답은 상황마다 조금씩 차이가 있어 일괄적으로 답하기는 어렵다. 다만 은행예·적금이나 펀드, 보험 같은 금융자산은 별도로 관리할 필요가 없다. 기록이 그대로 유지될 수 있어서다. 또 아파트 등은 별도의 보험에 가입해 두지 않았다면 피해가 생기더라도 보상받기 어려울 것으로 보인다. 이 밖에 전쟁 시 금융회사들은 대통령이 선포하는 전시 법제에 따라 대응 체계를 갖추도록 돼 있다. 다만

이 계획은 국가 기밀 사항이라 외부에 공개되진 않는다. 전시 자산 관리와 관련해 궁금한 사항을 금융회사와 법조계 전문가들을 통해 확인해 봤다》

Q. 예·적금, 연금, 펀드는 어떻게 되나?

A. 전산기록이 유지돼 통장이나 문서 등을 별도로 챙길 필요가 없다. 금융회사들은 금융거래 정보를 주전산센터에 우선 보관하고, 주전산센터가 파괴될 가능성을 고려해 다른 안전한 지역에 백업센터를 두고 있다. 또 은행 직원들은 매일 영업이 끝난 뒤 계좌 정보를 외장하드나 디스크, 테이프 형태로 저장한 전자원장(元帳)을 만들어 다른 장소에 보관한다. 이와 별도로 다른 장소에는 거래전표를 보관한다.(이하 생략)

놀랍게도 기사는 양태 표시가 없다. 현재시제로 담담하게 전쟁 중 재산관리방법을 소개한다. 시제는 현재(완료)일 뿐이다. 전쟁을 좀처럼 진지하게 다루지도 않지만 기사가 표현양태의 극단적 서술, 범주형태 수준으로 구성되고 있으니 우리에게 이제 전쟁은 '참'이고 '사실'이 되는 것으로 보인다. 무서웠다. 중간 매개가 없기 때문이다. 양태적 표현가치의 개입도 없고, 현재 시점의 진리로 재현되고 있는 전쟁의 언어가 우리 눈앞에서 펼쳐져 있다. 전쟁도 무섭지만 전쟁의 텍스트를 선택한 미디어의 무심함도 걱정이다.

좀 더 쉬운 예시적 상황을 생각해보자. 서로 사랑하는 사람이 사랑한다는 현재 시제의 텍스트를 주고받는다. 연애 관계에서 쓰이는 수사에서 관행적이면서도 권력적인 현재형 장치는 어디서나 쉽게 찾아볼 수 있다. 다분히 표현적 가치가 드러나면서 사회적 정체성이 드러나는 텍스트적 실천이다. "내가 너를 사랑하잖아", "I love you" "Te amo"(스페인어) "Ich liebe dich"(독일어)처럼 우리가 아는 사랑의 수사는 대개 단문이고 현재형이다.

그러나 엄밀하게 말하면 사랑의 표현은 계속적 함축을 가진 현재완료형이나 현재진행형이 되어야 한다. 혹은 미래완료형이거나 과거형이어야 한다. 단문보다 복문 형태가 적절할 것이다. 그러나 서로 좋다고 키스를 하면서 "I love you(너를 사랑해)"로 말하지 않고 "I have been in love with you since 2019(2019년 이후로 너와 사랑해왔어)" 이렇게 말하면 멋이 없고 김이 빠진다. 영화나 TV 연속극에서 우리는 현재형으로 사랑한다고 고백하는 문장을 반복적으로 듣는다. 그리고 현재형은 누군가를 사랑한다는 담론(서사)적 효과를 극대화하고, 상대방에 대한 태도와 평가를 추론할 수 있는 표현적 가치의 장치로 사용된다. 시제를 달리하거나 양태를 보태야 할 지점은 없다.

영원한 사랑, 운명적인 사랑이 없다고 보면 이것을 두고 사랑에 관한 비본질적인 (담론적) 접근이라고 말할 수 있다. 현재형은 본질화된 사랑으로 쉽게 의미화된다. 영원한 사랑이나 진짜 사랑을 현재형으로 표현할 수도 있다. 그러다가 서로 죽을 때까지 계속 사랑하면 현재형 시제의 선택은 타당할 수도 있다. 그러나 그건 아주 예외적인 경우다. 그건 두 사람이 능동적으로 사랑하기로 작정했기 때문에 현재형으로 계속 사랑하다가 해피 엔딩이 된 것이 아니다.

집값이 갑자기 오르고, 창업을 하다가 망하고, 코로나 상황으로 둘이 만날 수 없게 되고, 그런저런 일로 우린 언제든 서로를 미워할 수 있고 헤어질 수 있다. 그러니까 운명적 사랑을 만나 평생 사랑할 것처럼 기술하지 말고 여러 시제와 다양한 양태를 보탠 사랑에 관한 복잡한 표현이 더욱 적절하다. '나는 본질의 사랑을 선택했고 그것을 현재형으로 늘 이룬다'고 주장한다면 그건 인간-중심적, 행위-중심적 언어사용일 뿐이다. 잘 생각해보면 입학이나 졸업, 연애와 결혼, 입사와 업무 활동, 이게 모두 현재형으로만 존재하는 사회적 정체성은 참 획일적이면서도 무섭다. 떠나고 싶어도 떠나지 못하는 본질화된 세상의 질서이기 때문이다.

3. 문장 결합 분석

지금까지 한편으로는 어휘와 문법 차원에서, 다른 한편으로는 체험적, 관계적, 표현적 가치로부터 텍스트 분석의 범주를 제시했다. 여기서는 문장이 서로 결합하는 지점에서 일종의 '연결적' 가치를 주목하기로 한다. 연결적 가치는 텍스트 차원에서는 문장들을 자연스럽게 이어주는 형식자질(예: 접속사)에 불과하지만, 텍스트를 콘텍스트와 연결하는 중요한 역할을 갖는다. 연결적 가치를 지닌 형식자질은 다른 가치(체험적/관계적/표현적)도 동시에 가질 수 있다.

문장과 문장의 결합을 본다는 것은 텍스트들의 배열과 조직을 분석하는 차원이지만 이 책에서 다루는 상호텍스트성 분석은 여러 매체를 오가는 전제와 인용, 장르와 스타일 등에만 제한해 다룰 것이다. 여기서는 여전히 단수 텍스트 차원의 형식자질에 집중할 것이며 결속성cohesion, 주제일관성coherence 등을 돕는 언어적 장치에 주목하기로 한다. 결속성과 주제일관성을 돕는 형식체계에도 장르적 관행, 특정 스타일의 선호, 권력관계나 이데올로기가 함축될 수 있다.

영어 텍스트를 예로 들면, 문장과 문장 사이에서, 혹은 문단과 문단 사이에서 다음과 같은 결속성 장치가 사용된다. ① 'we' 혹은 'it'과 같은 대명사를 포함한 지시 장치다. 주로 준거정보로부터 앞에 있거나 뒤에 나오게 될 어휘를 가리킨다. ② 'therefore' 혹은 'but'과 같은 단순 접속사conjunctions만으로도 문장들은 쉽게 연결된다. ③ 'so do I' 등의 문장처럼 선행 정보의 생략ellipsis도 결속의 장치다. ④ 반복적으로 동일 어휘를 사용하면서 어휘적 결속lexical cohesion을 유지할 수도 있다. '어휘 사슬lexical chain' 전략이라고도 한다.

주제일관성이라고 하면 에세이, 논문, 정책보고서, 신문기사, 광고, 영화 어떤 매체에서든 주장이나 핵심 서사가 인과성이든 시간순서든 나름의 방식으로 잘 연결된 정도를 가리킨다. 문장 수준을 벗어나 문단들이나 전체 구성요소가 서로 잘 배열되어야 한다. 처음-중간-끝 전체 구조에서 주제를 일관적으로 잘 유지하고, 시작, 연결, 부연, 예시, 종결 등을 알리는 부사어 등이 적절하게 사용된다면 주제일관성이 높다고 평가한다.

1) 문장 사이에 어떤 접속사가 등장하는가?

문장 사이의 접속사만 꼼꼼하게 분석하더라도 텍스트가 속한 장르와 스타일의 특성이나 이데올로기적 동기를 찾아낼 수 있다. 우선 다음과 같은 간단한 예시 문장을 살펴보자. "They refused to pay the higher rent when an increase was announced. As a result, they were evicted from their apartment(월세 인상이 통보되었을 때 그들은 더 높아진 집세를 지불하지 않기로 했다. 결과적으로 그들은 그 아파트에서 쫓겨났다)."[58]

"As a result(결과적으로)"는 결과를 유도하며 기대된 것(상식적인 것)이 실제로 일어났음을 함축한다. 결합된 문장 정보로부터 추론하면

월세를 내지 않으면 쫓겨나는 것이 당연한 상식으로 전제된다. "As a result" 이후의 문장 정보는 기대된 대로('비싼 월세를 내지 않으면 쫓겨나게 된다') 일어났음을 알려줄 뿐이다. 여기서 전제하는 담론질서는 무엇인가? 월세를 올릴 때 그걸 내지 않으면 쫓겨난다는 것이다. 이는 당연한 것인가? 그렇지 않다. 법률과 계약서, 사회적 관례를 검토해야 하겠지만 월세를 올릴 때 세입자는 추가 지불을 거절하거나 일방적으로 쫓겨나지 않을 수도 있다. 그러나 여기서 보는 텍스트 구성이 세상에서 지배적으로 유통되고 소비되면, 월세를 마음대로 올리는 것은 괜찮고, 월세를 내지 않으면 쫓겨날 수도 있는, (갑-을 관계 중에서) 갑 중심의 상식(이데올로기)이 계속 유지된다.

이와 비슷한 결합적 장치는 어디서든 손쉽게 찾아볼 수 있다. 토플 대란과 토종영어시험에 관한 신문 텍스트가 다음과 같이 나왔다고 하자. "토플 대란이 수많은 한국인 학생들에게 불편함을 끼쳤다. 그러므로 한국형 토플, NEAT가 개발될 수밖에 없었다." 여기에 "그러므로"라고 하는 논리적 접속사가 등장한다. '토플 대란의 불편함'(원인)으로부터 '한국형 토플을 개발'(결과)하는 현실이 논리적 접속사로부터 손쉽게 연결된다. 2007년 4월 12일 중앙일보에 '토플 대란, 토종 시험으로 해결하자'라는 제목의 기사를 보면 다음 텍스트가 나온다. "제대로 된 토종 영어인증시험을 만들어 기업, 대학 등이 널리 활용토록 하자. 그러면 토플 의존도가 크게 줄고, 우리의 영어시험 관리 능력도 크게 향상되지 않겠는가."

토플 대란이 일어난 원인은 복잡하다. 사회정치적이고 역사적 콘텍스트에서 이해되어야 한다. 이런 복잡한 현실을 공리(비용-효과), 경제(수요-공급), 국가주의(토종-수입) 등과 같은 간단한 원인 변인으로 축소하고, 그 결과 한국형 토플을 만들 수밖에 없고, 그러면 또 해외 시험 의존도가 줄고 우리의 영어교육은 질적으로 향상될 것이라고 단언한다. 그만한 논증에 "그러므로" 혹은 "그러면"과 같은 접속사는 텍스트적 장치로 큰 역할을 한 셈이다. 그런 접속사가 없다고 해도 문장들의 선형적인 배열만으로 그만한 결속성이 자연스럽게 만들어질 수 있다. 해당 담론을 비판하고 경쟁적 담론을 기획할 것이라면 이와 같은 연결적 가치의 텍스트를 특별히 주목해야 한다.

2) 복합문의 등위접속이나 종속접속이 어떻게 사용되는가?

복합문장complex sentence은 종속접속subordination으로부터 문장들을 결합한다. 종속접속은 주절main clause, 종속절subordinate clause이 있고, 종속절은 배경정보를 주로 제공하고 주절은 종속절보다 더욱 중요한 정보를 제공하는 편이다. 이때 종속절의 내용은 당연한 것으로 전제되는데, 청자나 독자도 그걸 이미 알려져 있거나 '주어진 것'으로 쉽게 인정한다.

종속절의 접속사는 이데올로기적 전제를 제공하는 경로로 사용된다. 다음 예시 문장을 보자. "지금이 세계화 시대임에도 불구하고 국내 중등학교 현장은 영어 말하기를 제대로 가르치지 못하고 있는 실정이다." "10년을 공부했지만 영어 말 한마디 못 한다." 문장들 사이의 연결을 보면 "불구하고"와 "했지만"이 있고 이를 포함한 문장 정보는 당연한 상식으로 간주된다. 즉 '지금은 세계화 시대' 혹은 '영어 말하기를 할 수 있기에는 충분한 기간으로서의 10년'이 당연하게 전제될 수 있는 속성으로 기대된다. 그런 기대는 영어만능주의, 언어기능주의, 말(표현) 중심주의, 단일언어주의 등의 이데올로기를 당연한 상식체계로 조건화하고 있다. 다원주의, 탈식민주의, 다중언어, 횡단적 언어실천, 다양한 기호체계 기반의 생태적 언어학습 이데올로기가 들어갈 여지가 없다.

　"세계 대학이 글로벌 인재를 적극적으로 영입하고 있는 반면에, 우리 대학은 아직도 우물 안 개구리처럼 세계에 눈을 돌리지 못하고 있다." 여기서도 문장 요소의 결합 차원에서 비슷한 논의를 해볼 수 있다. 종속절인 "세계 대학이 글로벌 인재를 적극적으로 영입하고 있는"이라는 내용은 하나의 '사실'처럼 전제되어 있다. 주절인 "우리 대학은 아직도 우물 안 개구리처럼 세계에 눈을 돌리지 못하고 있다"는 내용은 '주장'이다. 우리는 대개 주절의 내용에 주목하기 때문에 종속절의 함축은 그냥 넘어가곤 한다. 그건 늘 진짜인 것처럼, 혹은 오래전부터 사실이었던 것처럼 전제된다.

　페어클러프는 13살이 된 여자아이가 데이트를 어떻게 해야 할지 고민하는 칼럼을 예시 문장으로 사용하면서 연결적 가치를 설명했다. 다음 문장을 보자. "I've never been out with anyone even though Mum says I'm quite pretty(엄마는 내가 진짜 예쁘다고 말하는데도 나는 아무와도 데이트해본 적이 없었어요)." 이 문장만 놓고 봐도 '13살 정도의 소녀가 예쁘다면 누군가와 데이트하고 있음을 기대할 수 있다'라는 전제를 쉽게 추론할 수 있다.[59]

　예쁘고 똑똑한 여학생을 두고 남학생 집단이 "걔는 얼굴이 진짜 이쁜데 공부도 잘해"라고 칭찬한다면 거기엔 얼굴이 예쁜 여학생은 공부를 못할 것이라는 사회적 기대, 전제, 상식의 단서를 제공하는 연결적 가치가 있다. 어휘나 문법 장치에 비해 선명하게 보이지 않지만 결합 장치로부터 다수에 의해 무의식적으로 (혹은 의식적으로) 선택되는 담론(예: 남성보다 여성의 경우 외모가 중요하다는 담론)적 실천/관행을 유도하게 한다. 성차별주의(여성차별주의), 외모지상주의와 같은 이데올로기적 동기를 자연화할 수도 있다.

젠더 차별에 관한 사회적 캠페인은 넘친다. 어휘 선택을 놓고 페미니스트들이 문제를 지적한다. 어휘를 놓고 이데올로기적 지형을 논평한다. 그러나 문장과 문장이 연결되는 방식을 두고 권력질서를 비평한 문헌은 찾기 어렵다.

3) 어떤 (화용적) 전제가 발견되는가?

복합문장 내부에서도 그러하지만, 독립된 문장들이 연결될 때 화용적 전제를 쉽게 발견할 수 있다. 그런 전제는 대개 결속성과 주제일관성의 결속적 장치를 분석하면서 찾아낼 수 있다.* 동일한 전제를 공유하고 있는 구성원들 사이에서는 무언가/누군가에 관한 가치가 당연한 것으로 수용된다.

예를 들면, '국내 유학생의 한국어 능숙도가 심각한 문제'라는 기사를 보면 유학생이 한국에서 수학하려면 한국어(말하기)를 능숙하게

---

* 《언어와 권력》133쪽에는 화용적 전제에 관해 다음 예시가 실려 있다. 버얼리Berlei 제품인 산모용 브라 광고에 다음 문구가 등장한다. "The Maternity Bra with cotton by Berlei. The first bra to look after the woman and mother in you(버얼리가 무명으로 만든 산모용 브라. 당신 안의 여성다움과 모성성을 돌봐줄 바로 그 최상급 브라)." 페어클러프는 여기서 축약된 형태로 앞서 소개된 무언가/누군가를 언급하기 위해 사용된 대명사(it, he, she, this, that)와 정관사(the)에 주목한다. 해당 광고가 전제하는 것은 두 가지이다. 하나는 누구에게나 여성성과 모성성이 함께 있다는 것을 전제한다. 다른 하나는 버얼리 제품을 입기 전까지 여성의 여성다움woman과 모성성mother이 잘 조화되지 않는다고 가정하고 'the Berlei' 제품을 입으면 두 가지 전제(여성성과 모성성)가 양립할 수 있다고 본다. 광고는 제한된 시공간에서 전달되는 텍스트에 의존하기 때문에 이와 같은 수준의 전제(로 구성한 관행과 상식)을 쉽게 발견할 수 있다.

잘해야 하고, 그걸 표준화 시험을 통해 검증해야 한다는 전제가 넘친다. 기사뿐 아니라 학술논문이나 정책보고서에서도 그런 논술은 자주 발견된다.

"중국인 유학생 가운데 상당수는 한국어로 기초적인 의사소통도 하지 못할 정도로 어학실력이 낮다. 외국에 교환학생으로 가면 그 나라 언어에 적응하는 게 맞는 것 아니냐?"와 같은 문장 연결을 보면 한국에 오면(혹은 한국에서 살면) 한국어를 당연히 잘해야 하며, 그걸 요구하고 독려하고 확인해야 한다는 전제가 있다. 마치 다수 청자나 독자가 이를 상식적으로 알고 있다고 생각하는 듯하다. 그러나 한국인 다수는 해외에서 유학할 때 혹은 다른 목적으로 이주하며 살아가기 시작하면서 그곳의 단일언어, 혹은 목표언어를 얼마나 능숙하게 사용했었나?

문장들이 그처럼 결속되는 이유는 지배적인 기득권력으로부터 특정 이데올로기(예: 표준/단일언어주의 사회구조)가 상식으로 기능하고 있기 때문이다. 그런 식으로 구조화된 언어사회라면 유학생이 보호받을 수 있는 언어권리/정체성, 자원이나 전략으로 인식될 수 있는 그들의 다중적 언어사용 역량은 결코 합법적이거나 유의미한 것으로 인식되지 못한다. 표준/단일언어주의를 전 사회적으로 강제하는 언어/교육 정책은 ('우리'와 다른 언어를 사용하거나 다른 언어문화에서 이주해온) 타자에게 차별과 불평등이 될 수 있다는 전제가 등장할 수도 없다.[60]

유학생은 입학 절차를 거쳐 합법적인 사회구성원으로 국내에서 수학하고 있다. 그러나 한국어를 잘하고 못하는 것에 관한 암시적 정보(전제)를 통해 비합법적 체류자로 차별받고 있다. "한국어를 전혀 구사할 줄 모르는 학생도 있었[으며] 결국 이 대학 외국인 유학생의 96.5%는 중간에 학교를 그만두었다"와 같은 문장에 담긴 정보 사이의 화용적 전제를 보자. 유학생의 한국어 능숙도가 결국 장기결석, 중도탈락, 그리고 불법체류자의 신분으로 한국사회의 범법자가 되게 하는 원인이 된다는 결속구조다.

정말 그럴까? 유학생은 한국어 능숙도 때문에 학교를 그만두고, 범법자가 되는가? 이는 한국어능력에 관한, 혹은 (중국인) 유학생에 관한 특정 이데올로기가 개입한 텍스트 선택으로 봐야 한다. 해외 유학생이 한국어를 당연히 잘해야 한다는 전제는 그들이 학문적인 토론을 하지 못하고, 수업에 방해가 되고, '우리' 한국 학생들에게 피해를 끼치는 '그들' 외집단이라고 반복적으로 구별하는 이데올로기적 동기로부터 반복될 수 있다.*

4. 전체 텍스트의 배열 구조

어휘, 문법 범주의 텍스트 수집은 담론분석방법에 큰 도움을 준다. 문장들의 결속 차원에서도 보완적인 분석자료를 구할 수 있다. 그와 함께 모든 텍스트가 전체적으로 어떻게 배열되어 있는지도 유용한 자료가 될 수 있다. 전체적인 배열 구조는 상호텍스트성 분석에서도 다룰 수 있고 장르, 스타일, 핵심주제 분석과 겹쳐지는 논점이기도 하

---

* 유학생-내국인의 '그들-우리' 이항대립 텍스트는 (한국어가 서툰) 중국인 유학생이 조별 활동에서 제 역할을 못하면서 한국인 학생이 고스란히 "피해"를 안게 된다는 기사에서도 나온다. 나도 관련 연구를 하면서 유학생 담론자료를 분석한 적이 있는데 유학생의 한국어 구사 능력을 문제화하는 텍스트는 어디서나 쉽게 발견되었다. 그들의 역량, 태도, 체류와 유학의 권리 등은 일방적으로 왜곡되고 비합법화되고 있었다.

다.** 물론 텍스트가 선택되고 연결되고 배열되는 방식은 여전히 텍스트 차원의 분석이기도 하기에 여기서는 미시적 수준에서 몇 가지만 언급하기로 한다.

1) 대화의 상호작용을 위해 텍스트는 어떻게 배열되는가?

(1) 말 차례의 특징은 무엇인가?

대화자료를 수집해 텍스트 분석을 할 때 대화의 전체적인 구조를 먼저 살펴볼 필요가 있다. 대화 참여자 간 관계적 가치가 드러날 것이고 비대칭적인 권력관계를 드러내는 형식자질도 발견할 수 있다. 흔히 대화자료에서는 말 차례를 주고받고, 화제를 제시하고 유지하고 혹은 바꾸거나 종결하는 배열로부터 체험적, 관계적, 표현적 가치가 다뤄질 수 있다.

예를 들면 대화 참여자들 사이에 있는 권력관계에 따라 발언의 기회를 교환하는 말 차례가 달라진다. 전체적으로 문장 배열에 변화가 생기는 것이다. 이와 관련된 페어클러프 논점[61]을 다음과 같이 정리할 수 있다. 대화자료의 텍스트 배열을 분석해보면, 누가 말 차례를 빈번하게, 혹은 주도적으로, 가져오거나 유지할 수 있는지 알 수 있다. 누가 자신이나 상대방의 말에 대해 수정을 빈번하게, 주도적으로, 요구하고 있는가? 누가 화제를 바꾸고 있거나 종료하고 있는가? 누가 지배적으로 말하는 위치를 가지고 있는가? 누가 반응만 하면서 수동적인 위치를 차지하는가? 그런 질문으로부터 권력관계나 특정한 이데올로기의 개입

** 《언어와 권력》의 여러 지면에서는 경찰과 목격자, 의대 교수와 의사 실습생 대화 등이 예시로 사용되는데 대개 전체 텍스트 구조로부터 콘텍스트 속성이 추론된 것이다.

을 추론해볼 수 있다.

비원어민보다 원어민이, 학생보다 교사가, 여성보다 남성이, 빈번하게, 주도적으로, 말 차례를 가져오고, 수정을 할 수 있고, 화제를 전환하고 종료한다면, 원어민/교사/남성 주체가 상호작용의 중심이라는 체계가 체험적, 관계적, 표현적 가치에 모두 드러난 것이다. 텍스트를 지배하는 그들이 주도하는 사회구조는 그처럼 텍스트가 배열되는 관행적인 구조에 따라 계속 유지되는 것이다.

(2) 발언 기회는 통제되는가?

앞서 다룬 말 차례에 관한 논점과 비슷하지만 페어클러프 논점을 참조하면서 대화자료 분석을 통한 언어-권력, 텍스트-콘텍스트 상호연결성을 다음과 같이 다시 강조하고자 한다.[62] 페어클러프는 권력을 더 가진 발화자(집단)이 상대방 발화자(집단)을 다음 네 가지 전략으로 통제한다고 보았다. ① 간섭하기interruption, ② 솔직하고 분명하게 말하도록 강요하기enforcing explicitness, ③ 화제를 통제하기controlling topic, ④ 입장을 정리하기formulation.

이를 우리 상황에 맞게 좀 더 쉽게 부연하면 다음과 같다. 우선 누군가 텍스트 배열을 간섭하면서 권력이 만들어지고 유지된다. 페어클러프는 의대생의 실습 현장에서 수집한 대화자료로부터 담당 교수와 의대생 사이의 권력관계를 보여준다. 의대생이 어떤 정보를 제시하려고 할 때 교수는 수시로 말 차례를 저지한다. 텍스트 배열을 저지할 수 있기에 권력적인 발화자가 되는 것이고, 권력적인 발화자이기에 그렇게 마음대로 텍스트 배열을 저지할 수 있다. 이걸 달리 해석하면, 권력이 결핍된 편에서는 기득권력의 일반적인/상식적인 텍스트 배열에 간섭할 때 저항적 권력을 생성시킬 수 있다. 간섭은 얼핏 보기에는 무례하다. 구조화된 텍스트 배열을 흩트린다. 그렇지만 언어-권력, 텍스트-콘텍스트 관계성으로 볼 때 간섭할 때만 변혁적인 질서 혹은 새로운 관계성이 만들어질 수 있다.

애매하게 말하거나 침묵하는 것은 권력이 결핍된 편에서 기득권력을 가진 발화자에게 대응하는 나름의 수사적 전략이다. 그러나 권력적인 발화자가 그걸 놔두지 않는다. 애매한 수사와 침묵으로 권력에 지향하고자 하는 상대편에게 보다 솔직하고 분명하게 말할 것을 요구한다. 요구의 결과는 중요하지 않다. 자신에게 그렇게 말하라고 요구를 해야만 권력적인 대화질서, 대화 기반의 권력관계는 지금처럼 유지된다. 다음과 같은 문장이 자주 등장하면서 대화가 이어진다면, 권력관계 측면에서 비대칭적인 대화로 보아야 한다. "Is it true?" "Do you understand?" "Do you agree?" "What do you think?" 이와 같은 강요의 질문은 비권력자가 선택하려는 침묵을 놔두지 않는다. 한국어 대화에서도 "그런가요?" "알겠어요?" "동의하세요?" "어떻게 생각하세요?" 등의 질문은 자주 등장한다.

코로나 시대에 통용된 줌 수업도 마찬가지다. 대개 순응적인 역할을 맡는 학생이 권력적인 발화자(교수)로부터 저항하기 가장 좋은 전략은 익명성 혹은 비가시성이다. 대면 수업이라면 뒷자리에 앉는 것이고, 비대면 수업이라면 카메라를 꺼두는 것이다. 그런데 줌 수업에서 대부분 교수는 익명성과 비가시성을 허락하지 않는다. 학생들에게 카메라를 반드시 켜고, 시선을 맞추라고 한다. 발표자에게 보다 크고 분명하게 말하도록 요구한다. 학생은 대면 수업 때부터 화제를 새롭게 시작하거나 종료할 수 있는 권리를 배우지 못했다. 교수자가 선택한 화제에 간섭하거나 화제를 바꾸기도 어렵다. 그런 관계성에 익숙하다면 줌 수업이란 매체는 대면수업과 다름없는 권력적인 공간으로 인식될 것이다.

'화제 통제'는 말할 것도 없다. 권력을 가진 편에서는 많은 말을 하든, 화제를 자주 바꾸든, 자꾸만 특정 화제로 유도하든, 배열되는 텍스트의 내용을 지배하고 통제한다. '입장 정리하기'는 이미 배열된 텍스트를 두고 대화 참여자에게 자신이 파악한 내용과 방식을 받아들이도록 이끌어가는 것이다. 차후에 상대편이 기여하거나 바꿀 수 있는 내용에 대한 선택을 사전에 제약하게 된다. 입장의 정리는 기득권력만의 특권으로 인식되는 텍스트 배열 방식이지만 저항적 권력이 생성되는 텍스트 배열 전략으로 이해할 수도 있다. 즉 입장을 정리할 수 있는 통제적 권력이 방해를 받으면 새로운 권력관계가 형성될 수 있다.

꼰대 아빠가 아들을 앉혀두고 훈계를 한다. 나이가 많은 아빠가 아들을 가르치는 텍스트 배열 방식은 서로에게 익숙하다. 1시간 동안 훈계를 한 아빠는 드디어 지금까지 얘기한 자신의 말을 정리하려고 한다. 이때 아들이 갑자기 끼어들면서 자기 식으로 입장을 정리해버린다. 아빠가 지금까지 얘기한 것이 한 번에 뒤집히게 된다. 텍스트를 배열하는 전체 구성이 뒤틀리면서 일반적으로 배열되는 대화의 관행, 권력관계의 질서에 금이 간다. 대화의 배열에 균열이 생긴 만큼 아빠는 아들을 마음대로 할 수 없게 된다.

권력관계가 충돌하는 회의장에서는 늘 마지막 장면이 중요하다. 주주총회의 마지막 장면, 학술대회의 마지막 장면은 대개 질의응답의 시간이다. 입장을 정리하는 권력적 발화자가 정리를 하지 못하게 하면 새로운 국면의 콘텍스트가 만들어진다. 대화 텍스트의 배열이 그렇게 바뀌는 만큼 체험되고 관념적으로 구성되는 것도, 혹은 관계적 구도도,

혹은 표현적 방식도 그만큼 달라진다.* 텍스트로 만드는 새로운 세상은 늘 그런 식이다.

2) 텍스트 배열이 전체적으로 어떻게 구성되는가?

대화자료 말고도 텍스트의 전체적인 배열은 경험적, 관계적, 표현적 가치를 다룰 때 유용하다. 페어클러프 문헌에 나오는 화재 사고에 관한 기사 분석[63]이 도움이 될 듯하다. 영국 신문《랭캐스터 가디언Lancaster Guardian》에 'Firemen tackle blaze(소방관들 화재와 씨름하다)'라는 헤드라인의 화재 기사가 등장했다. 소방관들이 화염과 대결했다는 기사의 전체 텍스트는 어떻게 차례대로 배열되었을까?

기사 텍스트는 모두 네 문단으로 구성되었다. ① 화재가 발생한 뒤에 근로자들이 대피했다. ② 네 대의 소방차가 왔고 소방관들이 화염과 싸우고 있다. ③ 화재는 손상을 입혔고 연기가 꽉 들어찼다. ④ 목요일 아침까지도 소방서에서 진화 작업을 하고 있다. 자, 텍스트가 전체적으로 어떻게 배열된 것으로 보이는가? 언뜻 보면 평범한 화재 보도 기사로 보인다. 그러나 전체 텍스트를 모두 펼쳐두고 논리의 전개를 살펴보면 흥미로운 점을 발견할 수 있다. ② 혹은 ③ 문단 즈음에서 등장해야 할 사고의 원인이나 책임이 나타나지 않는다.

---

* 제도가 바뀌면 텍스트도 알아서 바뀌고, 권력관계도 바뀔까? 쉽진 않다. 직장에서 사용하는 카톡을 퇴근 후에는 금지한다는 법을 시행한다고 하자. 법이 그렇게 바뀌면 카톡 텍스트 사용의 관례가 사라질까? 카톡 텍스트를 교환하면서 지시하고 명령하고 요구하는 질서는 쉽게 바뀌지 않는다. 그러나 저항의 주체가 간섭, 무시, 침묵, 방해를 텍스트 차원에서도 개입하면 권력관계, 사회구조, 사회적 관계성은 달라질 수도 있다. 1부에서 반복적으로 지적한 것이지만 주체의 텍스트 차원의 실천이 없다면 카톡 금지법은 그냥 법으로만 남는다.

일반적으로 사고나 사건 보도는 다음 순서로 배열된다. ① 무엇이 일어났는가? ② 그것의 원인은 무엇인가? ③ 그것을 처리하기 위해 어떤 일이 실행되었는가? ④ 그것이 즉각적으로 어떠한 효과를 지녔는가? ⑤ 그것이 어떠한 장기적 결과를 갖고 있는가? 위 기사의 경우 제목에서는 불이 났다고 언급되었다. 기사에서 해당 사건을 처리하는데 어떤 일이 실행되었는지 소개된다. 며칠에 걸친 진화 작업도 언급된다. 그렇다면 이러한 텍스트 배열은 어떤 권력관계가 개입하고 있다고도 추론할 수도 있다.

해당 신문사가 불이 난 그곳의 이해당사자 권력집단이나 기업 측에 우호적인 입장을 유지했을 수 있다. 일부러 문제점이나 사건의 원인을 언급하지 않거나 축소했을 수도 있다. 기업주가 안전과 예방 조치에 투자하지 않았기 때문에 불이 났을 수도 있다. 모든 불은 우연한 실수가 아닐 수 있고 고질적이거나 반복적인 인재일 가능성이 있다. 그러나 화재 보도의 텍스트 배열에서 마땅히 책임져야 할 누군가/어딘가에 관한 정보가 없다는 것은 무엇을 의미할까?

권력을 가진 쪽에서 이와 같은 텍스트 배열에 개입한다면, 혹은 해당 신문사가 권력을 가진 쪽의 편의를 고려하며 특정 배열의 텍스트를 선택한다면, 기사의 의미체계는 그만큼 달라질 수 있다. 해당 사건의 묘사만 치중하고 원인은 설명하지 않는 관행이 시작될 수 있다. 해당 신문사는 기업에 친화적인 태도를 갖고, 기업은 신문사를 지원하는 양자의 사회적 관계성이 견고해질 수도 있다. 주체를 놓고 사회적 정체성마저 체계적으로 제약하거나 왜곡할 수 있다. 소방관이나 기업가 등은 비정치적 주체로 얼마든지 새롭게 위치될 수 있다.

다른 예시를 생각해보자. 영어(교육)에 관한 미디어 기사를 살펴보면 늘 원인(의 텍스트)는 선명하지 않고 편향적으로 왜곡될 때가 많다. 2007년 '토플 대란'의 원인은 수요와 공급, 비용과 편익의 문제로 간단하게 환원될 수 없다. 그러나 단 며칠 만에 다수 미디어는 해당 문제점을 경제적-공리적 요소로 간단하게 진단하고 선언했다. 그리고는 성급한 해결책(예: 토종시험 개발)이 같은 지면의 텍스트로 등장했다. 짧은 기사에서 문제-해결, 원인-결과 텍스트가 선명하게 배열된 것이다. 이런 텍스트 배열 역시 (문제와 해결, 원인과 결과) 재현을 편향적으로 고착시키고, 사회적 관계성을 만들며(수입시험에 대한 적대감, 토종-민족-국가의 가치 향상, 수입-토종의 대립적 관계 형성), 여러 주체(수험자, 교사, 사교육자 등)의 정체성을 제약하거나 왜곡할 수 있다.

5. 예시: 대중가요 가사 분석

다음은 장기하가 2022년에 발매한 앨범 '공중부양'의 타이틀곡 '부럽지가 않어' 가사이다.

야 너네 자랑하고 싶은 거 있으면 얼마든지 해

난 괜찮어

왜냐면 나는 부럽지가 않어

한 개도 부럽지가 않어

어? 너네 자랑하고 싶은 거 있으면 얼마든지 해

난 괜찮어

왜냐면 나는 부럽지가 않어

전혀 부럽지가 않어

네가 가진 게 많겠니

내가 가진 게 많겠니

난 잘 모르겠지만

한번 우리가 이렇게 한번

머리를 맞대고 생각을 해보자고

너한테 십만원이 있고

나한테 백만원이 있어

그러면 상당히 너는 내가 부럽겠지

짜증나겠지

근데 입장을 한번 바꿔서

우리가 생각을 해보자고

나는 과연 네 덕분에 행복할까

내가 더 많이 가져서 만족할까

아니지, 세상에는 천만원을 가진 놈도 있지

난 그놈을 부러워하는 거야

짜증나는 거야

누가 더 짜증날까

널까 날까 몰라 나는

근데 세상에는 말이야

부러움이란 거를 모르는 놈도 있거든

그게 누구냐면 바로 나야

너네 자랑하고 싶은 거 있으면 얼마든지 해

난 괜찮어

왜냐면 나는 부럽지가 않어

한 개도 부럽지가 않어

어? 너네 자랑하고 싶은 거 있으면 얼마든지 해

난 괜찮어

왜냐면 나는 부럽지가 않어

전혀 부럽지가 않어

전혀

전혀

아 그게 다 부러워서 그러는 거지 뭐

아니 괜히 그러는 게 아니라

그게 다 부러워서 그러는 거야

아 부러우니까 자랑을 하고

자랑을 하니까 부러워지고

부러우니까 자랑을 하고

자랑을 하니까 부러워지고, 부러워지고

부러워지고, 부러우니까 자랑을하고

자랑을하고, 자랑을하고, 자, 자, 자랑을 하고

부, 부, 부, 부러워지고

부러우니까, 자랑을하고, 자랑을하니까

부러워지고, 부러우니까, 자랑을하고

자랑을하니까, 부러워지고

부러우니까 자랑을하고, 자랑을하니까

부러워지고, 부러우니까 자랑을하고

자랑을하니까 부러워지고

자랑을하니까 부러워지고, 부러워지고, 부러워지고, 부러워지고

하지만 너무 부러울테니까

너네 자랑하고 싶은 거 있으면 얼마든지 해

난 괜찮어

왜냐면 나는 부럽지가 않어

한 개도 부럽지가 않어

어? 너네 자랑하고 싶은 거 있으면 얼마든지 해

난 괜찮어

왜냐면 나는 부럽지가 않어

전혀 부럽지가 않어, 어

괜찮어

대중가요 텍스트를 굳이 담론질서의 지형에서 엄밀하게 분석할
명분은 마땅치 않다. 다만 몇 편의 '부럽지가 않어' 패러디를 유튜브나
인스타그램 등으로 보던 중에 재미난 상상을 했다. 학생이 교수를 부
러워하지 않고, 간호사가 의사를 부러워하지 않고, 지방에 사는 사람이
서울에 사는 사람을 부러워하지 않고, 중소기업 직원이 대기업 직원 부
럽지 않고, 노년의 삶을 산다고 청년의 패기가 부럽지 않다는 식으로
저마다 '부럽지 않다'며 깐죽대는 문화현상, 혹은 사회구조를 상정할
수 있다면 이걸 재미나게 텍스트 분석을 해볼 수 있다고 말이다.

'부럽지가 않어' 곡의 패러디를 재미나게 보던 중에 최근 대형 서점
에서 쉽게 보던 자기계발 단행본의 텍스트가 떠올랐다. 행복하자며, 괜
찮다며, 재밌게 살자는 책들 말이다. 자기계발 서적이 포획된(혹은 지향하
는) 담론질서를 상상하면서 장기하의 곡과 같은 대중매체 콘텐츠를 텍
스트 차원에서 분석해볼 수 있겠다 싶었다.

간단하게 주목할 만한 논점을 정리하면 다음과 같다. 우선 체험적 텍스트의 차원에서 문법 단위에서 유의미한 경향성을 손쉽게 발견할 수 있다. 직관적으로 봐도 가사에 관계적/존재적 '과정' 유형이 넘친다. '부럽지가 않어' 텍스트의 다수는 속성과 존재에만 집중하고 있다. 속성의 운반자는 "나" 아니면 "너"이다. "괜찮아", "부럽지가 않어", "짜증나겠지", "만족할까", "자랑을 하고", "부러워하"는 속성이 반복한다. 일부 텍스트에서 정신적/구두적 과정 유형도 발견된다. 감정과 사고에 관한 의미화, 또는 말로 전하는 (정신적 과정이 연결된) 행동은 "모르겠지만", "생각을 해보자고", "입장을 바꿔서 생각을 해보자고" "널까 날까 몰라 나는" 등에서 발견된다. 행동과 변화는 보이지 않는다. 근거와 원인도 분명하지 않다. 자신의 감정과 판단가치에 충실한 정태적 속성만 가득하다.

대인적 차원에서는 우선 어느 문장에서도 양태적 정보가 없다. 서법은 반말 형식으로 의문문(예: "네가 가진 게 많겠니? 내가 가진 게 많겠니?" "나는 과연 네 덕분에 행복할까?" "내가 더 많이 가져서 만족할까?" "누가 더 짜증날까? 널까? 날까?")과 명령문("얼마든지 해") 문장구조가 눈에 들어온다. 발화자는 청자에게 어떤 행위를 할 것인지 적극적으로 그리고 단정적으로 제안하는 형식체계로 이해된다. 말하고 듣는, 혹은 '나'와 '너'의 관계는 서로 분리된 (혹은 독립된) 주체로 보이며 한편으로는 일종의 조언자와 피조언자의 역할로 추론된다.

마지막으로 표현적 차원에서는 테마-레마 조직만 보자. 전반부에는 주제를 이끄는 테마는 오직 "난", "내가", "나는", "너가" 등이다. 그리고 빈번하게 "부럽지가 않고", "부럽고", "짜증나고", "만족한다"는 라마를 이끈다. 곡 중반에 "전혀 전혀" 부럽지 않다는 부분이 나온다. 그때부터는 테마와 레마의 조직은 극적으로 바뀐다. "자랑을 하니까 부러워지고, 부러우니까 자랑을 하는" 테마가 문장 앞에 반복적으로 배치된다. 부럽고 자랑하는 속성을 문장 앞에서 보다 적극적으로 가득 채운 다음에 노래 마지막 부분에서 나-중심 문장이 두어 차례 테마 위치를 차지하고 곡은 끝난다. 전경화된 테마의 위치성만 보더라도 나-너의 분리와 독립, 자랑과 부러움이란 속성이 강조되면서, 체험적-관계적 의미체계의 조직을 일관적으로 유도하고 있다. 자신과 타자의 감정체계를 일관적으로 구조화하는 텍스트 기능이 돋보인다.

이와 같은 '부럽지 않다'는 텍스트의 실천이 학교 게시판 장르에서 학생이 교수에게 유희적인 스타일로, 강북 아파트 입주민의 커뮤니티 게시판에서 강남 아파트 부럽지 않다며 삶의 질에 관한 이의를 제기하는 스타일로, 동시다발적으로 여러 장르와 스타일로 세상에 드러난다고 상상해보자. 그럼 이제 담론연구자는 '나는 부럽지 않다'는 텍스트를 동시대의 콘텍스트로부터 분석해볼 수 있다. 어떠한 감정레짐, 자기관리와 정신승리의 이데올로기가 '부럽지 않다'는 텍스트와 결속되고 있을까?

이런 질문도 해볼 수 있다. 장기하의 '부럽지가 않어'는 지금의 개인주의 이데올로기 질서에서 만들어진 텍스트인가? 혹은 장기하란 가수가 그런 텍스트를 도발적으로 선택하면서 '남이 그저 부럽고 부러워서 열심히 사는' 이데올로기 질서에 새롭게 틈을 낸 것인가? 앞서 1부 총론에서 설명한 대로라면 둘 다 숙고해볼 필요가 있는 논점이다. 실제로 이와 같은 대중 콘텐츠를 적극적으로 소비하며 산다면 남을 부러워하며 살지 않는 세상의 질서가 한편 만들어지는 것이다.

이런 걸 한번 해보면 어떨까? 장기하의 '부럽지가 않어' 가사를 다시 써보는 것이다. 주제는 가급적이면 유지하자. 그러나 체험적 차원에서 관계적/존재적/정신적 과정을 담은 가사를 물질적/행동적 과정 유형으로 바꿔보자. 대인적 차원에서는 분리하고 독립하고 조언하고 조언을 듣는 주체가 아니라 서로 공존하고 상호인정하는 관계성을 의식해보자. 그럼 이런 식으로 엉뚱한 가사가 만들어진다.

난 자유롭게 살아요. 시골에서 집을 지었죠. 채소도 심었어요.
소박하게 밥도 해 먹고, 강아지를 데리고 나가 산책도 해요.
좋은 사람들과 함께 노래하고 춤춥니다.
아침부터 밤까지 그렇게 일하고 먹고 놀고 그렇게 삽니다.

물질적/행동적 과정으로 체험을 재현하니까 장기하가 부르던 '부럽지가 않어' 곡 분위기가 싹 달라진다. 이건 마치 노동요나 트로트와 같은 느낌이다. 텍스트를 바꾸니까 장르가 달라진다. 장르를 바꾸면 텍스트가 자연스럽게 바뀐다. 이제 텍스트 선택과 배치에 긴밀하게 영향을 주고 받는 장르와 스타일 등의 상호텍스트성에 관해 애기해볼 때이다. 나는 텍스트를 분석하기 전에 상호텍스트성부터 먼저 점검하는 편이다.

13장 상호텍스트성 분석: 해석 단계

텍스트 차원의 분석이 주로 어휘, 문법, 문장 결합 등과 같은 형식 자질 축으로 이루어지거나, 체험적, 관계적, 표현적 가치 등과 같은 의미체계 축으로 이루어졌다면, 상호텍스트성 분석은 텍스트와 텍스트가 보다 일관적으로 연결되는 생산, 유통, 소비 과정이나, 장르, 스타일, 핵심주제와 같은 좀 더 큰 차원의 텍스트-콘텍스트 상호작용을 이해하는 단계다.

텍스트 생산, 유통, 소비는 독립적이고 창의적일 수만 없다. 사회구성원이라면 이미 집단적으로 공유하고 있는 기억자원, 혹은 기대심리로부터 자신의 텍스트 사용을 스스로 제약하기도 하고 타인으로부터 제약받기도 한다. 기억자원은 사회구조, 사회적 관계성 등을 모두 포함한 것이라서 상호텍스트성을 분석하려면 텍스트의 기술 단계를 벗어나서 텍스트들이 연결되고 있는 콘텍스트, 즉 사회구성원의 집단의식과 텍스트 사용의 관계를 참고해야 한다. 텍스트들이 자꾸 연결되고 함께 어딘가 일관적으로 등장하는 실천과 관행은 사회구성원 다수가 관례적으로 인정하고 익숙하게 사용하기 때문이다. 그건 기술하는 것이라기보다 해석하는 것이다.

페어클러프는 담론의 층위를 3차원으로 나누어 각각 텍스트적 실천/관행textual practice, 담론적 실천/관행discursive practice, 사회적 실천/관행social practice 분석으로 구분했다. 내연과 외연의 매개/중간 역할을 맡는 '담론적 실천/관행' 분석이 총론적으로 사용하는 '담론'이란 용어와 겹쳐지면서 많은 사람이 개념적인 이해든, 실제 자료 분석을 할 때든 혼란을 겪곤 한다. 그런 이유로 나는 모호하게 논술된 페어클러프의 '담론적 실천/관행 분석'을 '상호텍스트성 분석'이란 이름으로 교체하고 이 책에서 좀 더 실제적인 분석 절차를 제시하고자 한다.

텍스트를 기술하는 앞선 분석단계와 달리 이제 사회구성원이 공유하는 집단의식이나 텍스트가 결합하는 사회적 관례를 참조하면서 상호텍스트성을 '해석'하기로 한다. 언어의 권력은, 혹은 권력의 언어는 어디에서 올까? 텍스트 배치로부터? 기득권력의 사회구조나 지배적 이데올로기로부터? 여기서는 담론/권력이 하나의 방향에서만 형성된다고 보지 않을 것이다. 텍스트와 텍스트가 서로 연결되는 지점에서 텍스트의 생산, 유통, 소비 과정을 살펴보자. 텍스트와 콘텍스트가 나름의 경향성을 갖고 결합되는 곳에서 장르, 스타일, 핵심주제 범주로부터 상호텍스트성의 개입을 찾아보자.

1. 상호텍스트성의 이해

텍스트가 선택되고 배치될 때는 체험적, 관계적, 표현적, 혹은 연결의 가치를 가지면서 콘텍스트(예: 지배적인 이데올로기, 기득권력과 관계성)를 함축적으로 전제하거나 직접적으로 구성하기도 한다. 가부장적 시대 풍조가 만연하다면 이는 남성성/여성성을 드러내는 텍스트의 형식자질과 의미체계에 그만큼 영향을 끼친다. 앞서 〈표 2〉에서 살펴본 것처럼 의미의 유형인 내용, 사회적 관계성, 주체의 지위는 그에 관련된 텍스트의 선택으로부터 구조화된다. 그러나 반드시 기억해야 하는 것은 텍스트(의 형식자질)이 사회구조와 같은 콘텍스트와 직접적으로, 투명하게, 늘 당연한 것으로 결속된 것은 아니라는 점이다.

1부에서 이런 예시적 상황을 사용했다. 회사에서 남성 상사가 여성 신입직원에게, "아이쿠, 귀여운 우리 강아지!"라고 말했다. 그걸 남성-중심주의 이데올로기가 개입된 (여성을 강아지로 희화화하는) 텍스트 배치라고 주장할 수 있을까? 남성이 여성과의 젠더 관계를 드러내면서 "강아지"라는 체험적 텍스트, 혹은 견주와 강아지라는 관계적 텍스트가 사용되었다고 분석될 수 있다. 여학생이나 여성 신입직원을 바라보는 평가적 텍스트로 표현적 가치를 가지고 있다고도 주장할 수 있다. 그래서 남성-중심주의, 혹은 인간-남성 중심의 이데올로기로부터 재현된 "강아지" 텍스트를 남성이 여성에게 사용하지 말아야 한다며 민사소송이라도 한다면 법정에서 이길 수 있을까?

내가 판사라면 담론적 근거에 관해 먼저 질문할 것이다. "강아지" 텍스트는 일군의 가치를 함축하고 있으며 이데올로기적 잠재력도 있다. 그렇지만 "강아지"는 여성성을 폄하하는 이데올로기를 늘 담고 있지 않다. "강아지"가 권력적인 텍스트라면서 소송을 걸려면 상호텍스트성 차원에서 담론의 개입을 의심할 수 있어야 한다. 특정 장르에서, 나름의 스타일을 지키며, 무엇보다 반복적으로 부당한 권력관계에 의존하면서, "강아지" 텍스트가 반복적으로 선택되고 있어야 한다. 그래야 남성, 상사, 혹은 어떤 위계적 권력을 가진 누군가가 (소송을 당할 만한) 권력적 텍스트를 사용하고 있다고 볼 수 있다.

달리 말하면 "아이쿠, 귀여운 우리 강아지!"를 남성/상사가 위계적 권력을 가진 이데올로기로부터 재현된 텍스트라고 논쟁하려면 다음 질문을 먼저 해야 한다. '강아지' 텍스트는 누가 만들어서 누구에게 전달하고 있는가? '강아지' 텍스트는 얼마나 반복적으로 사용되고 있는가? '강아지' 텍스트는 어떻게 인식되고, 소비되고, 전유되고 있는가? '강아지' 텍스트는 어떤 장르에서 자주 등장하는가? 어떤 스타일로 '강아지' 텍스트가 자주 전달되는가? '강아지' 텍스트가 배치되면서 전달되는 핵심주제는 무엇인가? 즉, 텍스트와 텍스트, 텍스트와 콘텍스트를 묶는 상호텍스트성 차원에서 질문해야 한다. 그런 질문으로부터 '강아지' 텍스트 사용의 경향성, 혹은 권력지향성을 찾아낼 수 있다면, '강아지'는 사전적인 의미를 지시하는 수준에 머물지 않고, 특정 이데올로기로부터 동기화된 것으로 추론할 수 있다.

바흐친의 이론을 참조하면서 크리스테바*는 이와 같은 텍스트들의 관계성, 혹은 콘텍스트에 끼워진 텍스트의 역사성에 관해 보다 분명

---

* 구조주의부터 후기구조주의 지식전통이 시작될 때 크리스테바는 객관성, 합리성보다 비결정성, 주관성 등에 주목했다. 텍스트는 본질적인 의미가 있지 않고 이데올로기적 동기를 가지면서 사회적이고 조작적인 의미를 갖는다고 보았다. 텍스트의 배치는 이데올로기 경쟁을 위한 실천일 수도 있지만 권력구조의 관행으로 이해되어야 했다. 언어적 전환과 구조주의 전통이 텍스트의 공시적 속성을 주목하게 했지만 크리스테바는 상호텍스트성 개념으로부터 텍스트의 통시적 가치를 다시 강조했다. 크리스테바는 바흐친의 이론을 참조하고 대화주의를 재해석했다.

하게 정의했다.* 상호텍스트성은 다양하게 개념화될 수 있지만 텍스트 의미와 해석은 해당 텍스트 생산자가 독점적으로 소유할 수 없다. 오히려 기존 텍스트나 기타 사회적 규약과 관습에 의존한다. 텍스트는 '모든 인용의 모자이크'이며 늘 이전 텍스트를 인용하고 흡수하고 새롭게 변형하면서 새로운 텍스트가 구성된다.

텍스트의 역사성을 분석하는 것이 곧 상호텍스트성을 분석하는 셈이다. 텍스트의 고정성과 본질성보다 사회정치적이고 역사적으로 변형되는, 혹은 시공간적으로 조합되면서 새롭게 형성되는 가변적인 의미체계가 분석되는 것이다. 텍스트들의 연결, 텍스트와 콘텍스트 사이에서 매개적 역할을 하는 상호텍스트성을 살펴볼 때 담론의 층위, 개입, 실천과 관행을 온전히 이해할 수 있다.

상호텍스트성 분석은 텍스트와 텍스트의 연결뿐 아니라 텍스트와 콘텍스트의 관계성도 주목한다. 텍스트들이 서로 결합하는 과정에 콘텍스트의 변인이 개입하기도 하고, 텍스트와 텍스트가 결합하는 일이 계속되면 일종의 콘텍스트가 형성되기 때문이다. 상호텍스트성은 결국 권력관계, 사회구조, 이데올로기의 경쟁 구도를 바라보며 해석되어야 한다.

예를 들면 학위논문은 선행연구가 참조되면서 핵심 논점이 구성된다. 그렇게 선행 텍스트와 후행 텍스트가 결합하는 학위논문이라는 장르적 속성은 무엇일까? 그런 상호텍스트성을 구성하게 하는 주목할

---

* 페어클러프의 문헌에는 바흐친이 언급되긴 했지만 바르트나 크리스테바의 상호텍스트성이 분명하게 참고되지는 않았다. 담론(분석)에 관해 총론적인 논평은 넘치지만 상호텍스트성 분석에 관한 페어클러프의 논술은 모호하고 산만하다.

만한 콘텍스트(예: 학술적 글쓰기의 시대적 관행)적 변인은 무엇일까? 학위 논문의 상호텍스트성 분석을 제대로 하자면 결국 콘텍스트 변인을 바라봐야 한다. 해석은 텍스트들이 연결되는 실천/관행 차원뿐 아니라, 텍스트와 콘텍스트가 결속되는 실천/관행에서도 가능하다.

달리 말하면, 상호텍스트성 분석(해석)은 텍스트 차원의 기술과 콘텍스트 차원의 설명 사이에 어중간하게 걸쳐 있다. 그런 위치성 때문일까? 담론연구 문헌에서 상호텍스트성 분석을 보기 힘들다. 텍스트 차원의 분석이 빈약하고, 그나마 어휘 차원의 텍스트라도 나열될 때가 있지만, 대부분의 담론연구에서 상호텍스트성 분석은 지면조차 할애되지 않는다. 페어클러프 문헌 등을 봐도 상호텍스트성은 애매하게 논술되어 있다. 실제 자료를 수집하고 분석하는 연구현장에서도 상호텍스트성은 애물단지다. 여기서 단면을 하나씩 분해해서 살펴보자.

2. 텍스트와 텍스트 연결 : 생산, 유통, 소비

텍스트와 텍스트가 연결되는 상호작용은 텍스트의 생산, 유통, 소비로 구분해서 논의될 수 있다. 나는 주로 담론의 생산과 유통에 관심을 두고 있고 정책문서, 교재, 미디어 등에서 수집한 텍스트를 분석자료로 삼곤 한다. 담론들이 서로 치열하게 경쟁하는 현장에서 텍스트가 어떻게 전달되고, 거부되고, 수용되고, 소비되고 있는지 온전히 판단하려면 담론연구방법 이외에도 문화기술지ethnography 자료도 보태져야 한다. 소비 과정을 포함한 상호텍스트성 탐구는 여러 분야 연구자들의 학제간 협력이 요구된다.

1) 텍스트 생산

텍스트 생산은 둘로 나누어 분석해볼 수 있다. 하나는 앞서 설명한 상호텍스트성intertextuality을 인용이나 전제와 같은 담론전략으로 분석하는 것이다. 다른 하나는 상호담론성interdiscursivity을 분석하는 것이다. 어휘, 문법, 문장 결속 등의 텍스트 분석에서 벗어나, 여기저기 흩어져 있는 텍스트들이 특정 장르, 스타일, 핵심주제로부터 어떻게 상호담론적으로 연결되어 있는지 분석하는 것이다. 상호담론성은 뒤에서 구체적으로 다뤄보기로 하고 여기서는 인용과 전제로부터 텍스트가 어떻게 서로 연결되는지 살펴보자.

텍스트는 서로 인용하고 전제할 때 텍스트와 텍스트 사이의 상호작용이 생성된다. 이때 연구자가 할 수 있는 질문은 다음과 같다. 기존 텍스트의 인용이 있는가? 누구의 말을 어떻게, 얼마나 빈번하게, 인용하고 있는가? 어떤 전제로부터 텍스트가 새롭게 생성되는가? 텍스트끼리 서로 인용하고 당연하다는 듯이 전제되는데 구체적으로 텍스트 형식자질이나 의미는 어떻게 변형되거나 왜곡되는가?

젠더 이론가 주디스 버틀러는 형법과 민법 판사가 법전이나 이전 판례의 인용을 통해서 법의 권위(권력)를 유지하고 있음을 설명했다. 법령을 서로 인용하고 반복적으로 참고하기 때문에 법의 권위, 판사의 권력, 소송에 관한 사회적 관행은 도전받지 않는다. 법 담론을 유지하고 강화하고 확장할 수 있는 것은 이미 존재하는 이데올로기, 혹은 기득권력이기도 하지만 법에 관한 텍스트를 그렇게 배치하고 서로 연결하면서도 가능했다. 법령을 빈번하게, 정기적으로, 서로 인용하면서(텍스트를 배치하고 다시 배치하면서) 법으로 다스려지는 사회구조를 유지하는 것이다.*

학술연구자도 마찬가지다. 선행연구물, 선행연구자의 이름을 자신이 작성한 텍스트(논문, 보고서, 강의록, 미디어 칼럼)에 직간접적으로 인용하는 이유는 무엇일까? 그건 학계에서 요구받고 요구하는 상호텍스트적 관행이며 후발 연구자가 사회적인, 상징적인 권력을 획득하는 상호텍스트적 실천이기도 하다.[64]

인용에 관한 분석을 할 때 원문장과 그걸 인용하는 문장의 관계성을 주목해야 한다. 대학교수는 수업을 할 때 그럴듯하게 자신보다 더 유명한 인물을 (잘 안다면서) 인용한다. 해외에 있는 저명한 학자이기도 하고 유명한 정치인일 수도 있다. 그들의 문헌을 인용하기도 하고, 직접 체험한 일화를 나누기도 한다. 그런 모든 것이 인용을 통한 텍스트 교환이다. 그의 텍스트를 나의 텍스트에 끼워 넣는다. 인용을 통해 진실(의 효과)를 만들려고 애쓰는 장면이다. 담론을 통해 권력을 획득하는 방식이다. 과학적인 자료, 정치인과의 일화, 자신의 서사, 선행연구와 논리적인 연결. 이런 인용으로부터 자신이 원하는 담론의 틀을 만들기 시작한다.

인용을 분석할 때는 원문장의 행위주만 보지 말고 인용을 통한 담론의 생산자, 즉 2차적 발화자의 의도를 찾아야 한다. 누구로부터 무엇이 동원되는지 봐야 한다. 나는 이 책에서 영국의 응용언어학자 페어클러프 문헌을 자주 인용했다. 인용으로부터 텍스트를 연결하는 나만의 상호텍스트성을 누군가 분석한다면, 페어클러프 문헌을 인용하는 내

---

* 버틀러에게 성sex은 헤게모니적 규범이 반복되면서 생산된 것이다. 성의 개념은 반복되는 실천으로서 규정된다. 논란의 여지는 있다. 나는 규범의 반복으로부터만 권력을 생성할 수 있다고 생각하지 않는다. 그러나 텍스트적 실천/관행을 숙고할 때 버틀러 문헌은 좋은 참고자료가 된다.

가 무엇을 결국 동원하려고 하는지 파악해야 한다. 예를 들어 서구 지식의 우선성, 해외 석학의 논점, 응용언어학에 속한 문헌을 인용하는 이유가 있을 것이다. 그걸 당연하다는 듯이 빈번하게 참조하는 어떤 위계적인 제도권 학술활동의 정서가 동원되고 있는 것이다.*

　텍스트 생산을 좀 더 엄밀하게 분석할 것이라면 텍스트가 사용되는 역사적 맥락도 주목해야 한다. 앞서 언급한 것처럼 사회구성원은 자신의 기억자원이나 기대심리로부터 쓸 만하고 끼울 만한 텍스트를 선택하고 배열한다. 텍스트들은 임의적으로 배치된 것이 아니다. 역사성이 감안된 특정 사건에서 당연한 것(으로 해석되는 것)이 계속 선택되고 연결되는 것이다. 예를 들면, 21세기로 넘어오면서 신자유주의 교육 담론을 적극적으로 확장한 김대중 정부의 인적자원개발 정책문서, 기업이 요구하고 대학이 화답한 (영어)졸업인증제 기획안, 미디어에서 게재한 취업, 세계화, 영어능력에 관한 보도기사는 여러 곳에 배치된 서로 다른 텍스트지만 유사한 맥락을 공유하고 있다.

　선행 텍스트로부터 인용이나 참조가 나올 때 전제의 기능이 작동한다. 내용적 차원의 전제도 있지만 텍스트의 형식자질로부터도 전제를 논의할 수 있다. 예를 들어 정관사나 종속절 사용에서 전제의 기능을 찾아볼 수 있다. Wh-의문사로 시작하는 문장, 사실적 정보를 담는 동사factive verb(예: regret, realize, point out)나 형용사(예: aware, angry)

---

* 이 책의 텍스트는 특정한 학술 담론 구성에 기여할 수 있지만 기존 담론질서에 포획된 나는 텍스트를 온전히 자유롭게만 선택하기도 어렵다. 이 책에서 내가 페어클러프와 같은 선행연구자의 문헌을 자꾸만 인용하는 것도 제도권 담론, 기득권력을 철저하게 의식하고 있다는 증거다. 그런 점에서 나는 전형적인 제도권 학자이다. 학자로서 갖는 내 담론/권력은 상당 부분이 제도권으로부터 부여받는 것이다.

에도 전제가 있다. 부정이든, 긍정이든, 이러한 동사나 형용사가 거느리는 내포문은 늘 사실이 된다는 전제가 있다. "I regret that he failed" 혹은 "I don't regret that he failed"만 놓고 봐도 내포문 'he failed'은 사실로 귀결된다는 걸 알 수 있다.[65] 한국어 문장("그가 실패했다는 것이 유감스럽다" 혹은 "그가 실패했다는 것이 유감스럽지 않다")으로 옮겨도 내포문인 "그가 실패했다"는 사실이 당연하게 전제된 것으로 보인다.

정책문서든 보도기사든, 텍스트 생산자는 사실성 여부를 마음대로 재단하면서 전하고 싶은 것을 전할 때가 많다. 자신들의 기억과 기대에 맞추어 '이상적인 청자 혹은 독자'를 상정하고 전제한다.** 미디어 자료를 수집해보면, 한일전, 좌파, 세계화 시대의 영어공부, 여성의 외모 등의 텍스트에 늘 전제되는 것이 있다. 전제된 것은 너무나 당연해서 일본과의 경기는 무조건 이겨야 하고, 영어공부는 열심히 해야 하고, 여성은 외모를 가꾸어야 한다는 명제가 자연스럽게 타당화된다.

2) 텍스트 유통

텍스트 유통은 흔히 텍스트들이 묶인 체인intertextual chain을 분해하면서 분석한다. 텍스트와 텍스트가 체인으로 어떻게 묶이는지 보면 텍스트 형식과 내용도 조금씩 달라진다는 것을 알 수 있다. 국가가

** 페어클러프는 이런 관례를 지적하기 위해서 1980년대까지 서구 미디어에서 사용된 'Soviet Threat(소련의 위협)'와 같은 헤드라인 텍스트를 문제화한 적이 있다. 당시 소련이 영국을 포함한 유럽 국가에 위협적이란 사실을 간단하게 그리고 반복적으로 전제하는 텍스트였다. 상식적인 독자는 그걸 인정할 것이라고 상정하고 논란의 여지가 있는 텍스트를 다음 위치에 배치한다. 소련이 위협적이란 전제로부터 시작한 사건 보도는 그렇게 또 하나의 진실을 만든다.

지원한 다문화정책 보고서 텍스트가 정부 보도자료에서 조금 내용이 바뀌고, 그걸 미디어가 기획기사, 사설, 전문가 칼럼, 독자투고 텍스트로 전할 때 다시 형식과 내용이 달라지며, 그걸 본 대중이 기사 아래 댓글을 달고, 대화를 나누고, 회의자료로 사용하면서, 또 다른 텍스트로 변환된다. 텍스트는 순환되고 유통되기 때문에 그러는 중에 얼마든지 다른 속성의 의미체계로 변환될 수 있다.

유통된 텍스트를 모아두고 분석을 한다면 우선 텍스트들이 어떤 장르에서 출현했는지 정리해야 한다. 그런 다음에 장르마다 어떤 스타일로, 어떤 핵심주제로 텍스트가 전달되었는지 분석할 수 있다. 장르적 다양성을 나열하고 정리하는 것은 어렵지 않다. 지배적인 담론의 층위에 끼워진 텍스트는 양도 많고, 우리의 눈에 너무 익숙하고, 그래서 모호하기도 하다. 그런 이유로 특정 장르에서 특정 텍스트가 출현하는 경향성을 하나씩 분해하고 나열해야 한다.

텍스트가 여러 장르에서 폭넓게 유통되면서 상식이 만들어지는 상호텍스트성의 예시로 1부에서 살펴보았던 서덕희 교수의 '교실붕괴' 담론연구[66]가 참고될 수 있다. 이 연구에 따르면 '교실붕괴' 텍스트는 조선일보에서 처음 배치되었다. 유사 텍스트들이 시간 순서로, 논리적인 구조로 계속 연결되면서 교실이 붕괴되고 있다는 담론은 조선일보 독자뿐 아니라 다수 사회구성원의 눈에 들어왔다.

조선일보는 여러 장르에 걸쳐 교실이 붕괴되는 위기적 사건을 반복적으로 기술했다. 예를 들면, 교실붕괴가 사실적이라고 주장하기 위해서 '학교는 가보셨습니까?'와 같은 '기자수첩'에서 다른 장르(예: '보도기사')에 실렸던 텍스트가 다시 등장했다. 방송이든 신문이든, 무언가를 문제화하거나 사실화하기 위해서는 (즉 담론으로 구성하는 과정에서는) 이처럼 유사한 텍스트가 다양한 장르에 뿌려지면서 청자나 독자에 다가간다. 담론이 유통되고 권력을 획득하려면 유사한 텍스트가 여러 곳에 전략적으로 흩어져야 한다.

'기자수첩', '독자투고', '사설', '전문가 칼럼'은 일반적인 '보도기사'라는 장르가 담을 수 없는 (혹은 '보도기사'라는 장르를 쳐다보지 않는 독자에게) 체인으로 묶은 텍스트를 새롭게 부각시킬 수 있는 장르였다. '보도기사'와 달리 '기자수첩'에서는 사건을 취재한 기자가 개인적으로 느낀 감정을 주관적으로 서술한다. '독자투고'도 독자가 체험한 일상적인 소재를 다루면서 감성에 호소한다. 조선일보는 교실붕괴 기사를 내보내고 '기자수첩'과 '독자투고'라는 세부 장르를 활용하여 교실붕괴 텍스트를 계속 연결했다. 이로부터 독자는 해당 텍스트를 보다 감정적으로 수용하게 되었다. 이어서 조선일보는 양적 데이터 기반의 '여론조사' 텍스트를 이전 텍스트와 체인으로 연결한다. 새로운 장르에서 유사 텍스트가 계속 등장했지만 '여론조사'에서는 양적인 정보로부터 교실붕괴가 마치 객관적인 현상인 것처럼 재현되었다. 연구자는 다양한 장르에 등장하는 유사 텍스트들의 연결을 사건의 사실성을 재차 점검하는 '확인사살' 담론전략으로 보았다.*

장르를 구분하고 거기서 연결되는 텍스트들을 찾아냈다면 다음은 어떤 스타일과 핵심주제로부터 텍스트가 유통되고 있는지 분석하

---

* 신문이란 특정 매체의 세부 장르가 아니더라도, 다양한 장르들을 횡단하면서 텍스트를 체인으로 묶는 담론전략은 쉽게 찾아볼 수 있다. 케이블 방송, 유튜브 등을 보면 광고, 댓글, 편집된 인터뷰, 해외사례 등이 의도적이든 무의식적이든 다양한 방식으로 편집되고 결합된다. 모호한 사건이라도 여러 장르의 텍스트들이 서로 잘 연결되면 마치 확실한 사실로 보이곤 한다.

면 좋다. 장르가 달라도 거기서 분석한 스타일은 서로 유사할 수 있다. 스타일은 다른데 전달하는 핵심주제는 동일할 수 있다. 다음과 같은 상황을 상상해보자. 월드컵 경기가 시작된다. 한국팀 경기가 있는 날 공중파 뉴스가 대통령이 청와대에서 점잖은 모습으로 경기 보는 모습을 전한다. 다음 장면은 서울역 대합실에서 사람들이 옹기종기 모여 웃으면서 TV로 경기를 보는 모습이다. 예능방송에서는 시청 앞 광장에 연예인과 군중이 모여 함께 춤을 추고 노래하며 응원하는 모습을 보여준다. 커다란 아파트 단지에서 가정마다 거실 불이 환히 켜진 모습도 나온다. 사회자가 말한다. "지금 누구나 한결같은 마음으로 온 국민이 함께 태극전사를 응원하고 있습니다."

방송을 통해 월드컵 축구경기 텍스트가 전달된다. 같은 장르라도 다른 스타일로 전달될 수 있다. 어디서는 점잖은 표정으로 넥타이를 매고 경기를 본다. 다른 곳에서는 응원복을 리폼해서 세련되게 입고, 얼굴에 태극기 분장을 하고, 고함을 지르고 춤을 추며 경기를 본다. 동일한 장르의 방송이라도 다른 스타일이 전달될 수 있다. 다른 스타일의 텍스트가 이렇게 연결되더라도 '한국 월드컵축구 경기는 중요하다'라는 핵심주제는 동일하게 어느 시청자에게든 전달될 수 있다.

이처럼 월드컵 축구경기를 보여주면서 서로 다른 사람들이 서로 다른 스타일로 응원하는 텍스트를 잘만 연결하면 '월드컵 축구경기는 대한민국에서 너무나 중요한 사건'이 된다. 그렇게 되면 축구에 관한 사소한 텍스트는 서로 얽히면서 축구에 관한 이데올로기가 만들어진다. 텍스트는 콘텍스트와 그렇게 만난다. 그러면 누가 월드컵 경기가 있는 날에 친구와 쇼핑을 하거나, 한강시민공원에서 산책을 하거나, 만화책을 한가롭게 읽었다고 하면, 지배적으로 구성하고/구성되고 있는 월드컵 경기 담론의 참여자들은 이렇게 말할 것이다. "야 너 축구를 안 봤어?" "그것도 몰라?" "와, 너도 대한민국 국민이냐?"

당연한 상식을 만들 수 있는 텍스트적 실천은 다양한 장르와 스타일이 잘 묶였기 때문에 가능하다. 우리는 축구경기를 안 볼 수도 있고, 국가대항전 축구에 관심이 전혀 없을 수도 있다. 그러나 장르를 오가며 스타일에 변화를 주며 텍스트들이 연결되기 시작하면 우리는 지배력을 발휘하는 그만한 담론/권력의 영향력에서 자유롭기 어렵다. 월드컵에 관한 텍스트는 우리의 생각, 판단, 행위를 움직이는 거대한 신념체계, 지배적인 이데올로기와 밀착될 수 있다. 과장이 아니다. 폭력적이거나 차별적인 담론의 효과를 분석해보면 그걸 유도하는 텍스트의 효과적인 배치, 텍스트들이 서로 연결되는 관례들이 있다.

텍스트와 텍스트가 잘 연결되고 유통되면, 누구든 무엇이든 얼마든지 새롭게 의미화될 수 있다. 나는 토종 영어시험, 글로벌 인재, 영어졸업인증제 등의 담론 속성을 분석하면서, 다양한 장르에서, 서로 다른 스타일로부터, 텍스트들이 효과적으로 연결되고 유통되는 여러 사례를 찾아볼 수 있었다. 글로벌 인재에 관한 담론을 예시로 들면, 기업의 인사 담당자를 인용한 보도기사에 "우물 안 개구리" 인력이 자조적으로 언급된다. "세계 속의 멀티플레이"를 만드는 글로벌 인재 양성이 대학의 책임이라는 대학 총장 인터뷰가 실린다. 대학생 기자가 참여한 '독자 여론' 코너에 해외 체험으로부터 배운 것을 글로벌 기업에서 발휘하고 싶다는 텍스트가 나온다. 사설을 통해 신문사 편집주간은 "지금은 세계화 시대이고, 초국가적인 경쟁을 앞두고 글로벌 인재를 양성할 때"라고 언급한다. 장르와 스타일을 달리하면서 '세계화 시대에 필요한 글로벌 인재' 담론의 구성에 필요한 텍스트들은 그렇게 서로 연결된다.

앞서 예시로 들었던 '교실붕괴' 담론도 마찬가지다. 이 연구는 '토끼몰이'라는 메타포를 사용하면서 조선일보에서 교실붕괴 텍스트가 어떻게 서로 다른 장르와 스타일로 연결되는지 주목했다. 예를 들면 이런 식이다. '여론' 코너에서 정부정책의 문제점이 지적된다. 같은 장르의 텍스트지만 여고교사, 고등학생, 공고교사, 고2 학부모 목소리는 조금씩 다른 스타일로 전달된다. '사설'을 통해서는 마치 배심원 대표와도 같은 위치성으로 다양한 목소리(텍스트)가 요약된다. 교사를 분발시켜야 하며 평준화 정책이 문제라는 핵심주장이 선명하게 전달된다. 조선일보 차장이 쓴 '칼럼'에서 아동중심교육이나 열린 교육의 문제점이 다시 지적된다. 중학교 교감의 '논단'으로부터 진보주의 교육철학의 실패가 지적되고 체벌까지도 언급된다. '여론조사'에서 생활지도를 강조한다. 또 다른 중학교 교감 '논단'에서는 학생을 본래 모습으로 돌려놓을 대책이 필요하다고 지적한다. '평준화정책'과 '열린 교육'의 문제점을 다시 강조하고 인성교육도 언급한다. 교실붕괴 담론은 이렇게 텍스트와 텍스트를 계속 연결한다.

이와 같은 텍스트 유통은 우리 주위에서 얼마든지 찾아볼 수 있다. 그러나 텍스트가 그렇게 연결되면서 발휘될 수 있는 담론/권력의 횡포에 관해 우리는 제대로 의식하지 못한다. 의사는 환자와 상담한 후에 그 내용을 진료기록의 텍스트로 적절하게 전환했을까? 수업 활동이 교사의 관찰일지로, 혹은 추천서의 텍스트로 제대로 전환되었을까? 이런 텍스트는 대학 입학 전형자료로도 사용되고 대학에서 학생에 관한 참고자료가 되기도 한다. 텍스트가 마음대로 연결되고 유통되면 누구든 괴물로 만들 수 있다. 텍스트 유통을 제대로만 분석한다면 이전 텍스트를 변질시키는 콘텍스트의 개입을 지적해볼 수 있다.

3) 텍스트 소비

텍스트 소비를 파악하려면 청자나 독자가 어떻게 인식하는지, 어떤 태도로 반응하고 있는지, 어떤 프레임을 떠올리는지, 반드시 당사자들을 만나고 물어봐야 한다. 특정 텍스트의 수용을 거절하고 저항한다면 왜 그런지 관찰하고 직접 질문해야 한다. 텍스트 소비에 관한 분석에서는 문화기술지 연구방법이 유용하다. 텍스트 소비를 해석할 때 연구자는 해당 텍스트뿐 아니라 그 텍스트를 수용하거나 거절하는 사회구성원 집단의 기억자원, 혹은 기대심리를 조사해야 한다.

세월호에 관한 보도기사 텍스트에 행위주가 없고, 행위보다 상황적 묘사에 치중하는 수동태 문장구조가 등장했다고 하자. 어휘 수준에서는 공포에 관한 은유가 유의어로 빈번하게 사용되었다고 하자. 이는 텍스트 차원의 분석(기술)이다. 그런데 그런 기사 텍스트를 읽은 독자들이 어떻게 반응하고 어떤 태도를 가졌을까? 짐작은 되지만 단정하기는 힘들다.

모호한 행위주, 인과성이 빠진 수동태 구문, 공포에 관한 메타포덕분에 세월호 사건은 책임소재가 애매한 여행 중 재난으로 인식될 수있다. 예를 들면 중년을 넘은 사회구성원 중에 직간접적으로 유사한 재난사건을 체험한 사람이라면 공포와 동정의 감정에 몰입될 수 있다. 그러나 또 누군가는 문장에서 빠져 있는 행위주, 인과성, 은유가 아닌 사실적 정보를 애써 주목하면서 예전에도 무책임했던 국가 혹은 조직의 지도자를 기억하려고 할 수 있다. 누군가의 기억자원은 주어진 텍스트로부터 '사고'를 떠올리고, 다른 누군가의 기억자원은 주어진 텍스트로부터 '참사'를 떠올린다. 우리는 복잡하고 많은 것을 기억하고 있다. 특정 텍스트로부터 서로 다른 기억자원이나 기대심리가 등장할 수 있다.

즉, 텍스트 소비에 관한 새로운 해석은 언제든 가능하며 그만큼 소비에 관한 해석은 신중할 수밖에 없다.

텍스트 소비를 해석할 때 다음 장에서 설명할 기득권력, 이데올로기적 동기, 사회적 질서가 중요한 통찰력을 줄 수 있다. 즉 우리는 콘텍스트에서 지시되는 대로 텍스트를 자동적으로, 무의식적으로, 어떤 관례대로 소비하곤 한다. "아이쿠, 우리 강아지!"라는 텍스트를 앞서 소개할 때 언급했지만 기술된 텍스트는 해석의 단서가 될 뿐이며 콘텍스트를 결정하지도 못하고 설명하지도 못한다. 해석의 단서(텍스트)는 해석의 주체가 붙든 기억자원, 혹은 기대심리의 요소들과 함께 대개 제한된 시간 동안만 수용될 뿐이다. 해석의 과정 중에 주체마다 서로 다른 텍스트와 콘텍스트 단면을 주목하고 같은 정보조차 다른 방식으로 해석될 수 있다. 노동단체의 시위 모습은 기업주 입장의 기억자원으로부터 사회적 안정을 방해했던 불법적 행위로 상기될 수 있겠지만, 노동자 주체가 힘을 얻는 권력질서에서는 사회적 평등을 보장하는 합법적 행위로 해석될 수 있다.

좀 쉬운 예시를 들면 다음과 같다. 대학교수는 교실에서 '강의'라는 말하기 활동에 참여하면서 익숙한 방식의 텍스트 교환을 기대한다. 교수는 학생들에게 질문 텍스트를 먼저 배치할 수 있다. 이때 교수는 스스로 당연한 것으로 해석하고 있는 권위적 관계성을 전제하는 질문-대답 형식체계를 선호할 것이다. 그러나 교실 공간에서 교수-학생 (권위주의적) 상호작용에 관한 기억자원을 어릴 때부터 축적한 학생들은 어떤 교수의 질문이든 '섣불리 나서거나 응답하면 안 된다'라고 해석한다.

달리 말하면, 수업에서 교수가 서술문이나 수사의문문으로 전달한 정보(예: 출석이 좋은 학생이 최종 학점도 잘 받습니다" 혹은 "출석이 좋은 학생이 최종 학점도 잘 받지 않나요?")는 학생 편에서는 의무적으로 수행해야만 하는 특정 행동이나 활동으로 해석된다. 명령과도 같은 화용적 행위로 인식되는 것이다. 권위적인 꼰대 교수라면 자신의 친절한 공지가 명령으로 해석되는 이유를 결코 알아차리지 못한다.

물론 텍스트들은 학교나 수업의 맥락, 참여자의 관계성에 따라 다르게 해석될 수 있다. 텍스트가 다른 텍스트와 연결되면서 전달되는 점, 텍스트가 전해지는 맥락 역시 화용적으로 해석되어야 한다. 교실에서 교수의 질문은 단수 텍스트가 아니다. 혹은 정보를 전달할 뿐인 텍스트들의 총합일 뿐이라면 대답과 참여를 굳이 망설일 이유가 없다. 교수의 강의를 '권위적이고' '재미없고' '뭐라도 말했다가 재수 없게 얽힐 수 있는' (자신이 이미 체험한) 기억자원으로부터 평가된 상태라면, 학생 편에서 발휘할 수 있는 최선의 상호텍스트적 선택은 무응답, 시선회피, 흥미롭다는 표정을 감추기, 다른 곳 쳐다보기, 속으로 욕하기 등이 될 수밖에 없다.

어린 꼬마들은 어른 말에 잘 대꾸한다. 그들이 응답하는 것을 두고 어른들은 껄껄 웃는다. 꼬마들은 텍스트를 전하고 반응하는 기본적인 학습은 했지만 보다 맥락적인 의미체계에 관한 학습은 부족하다. 상호텍스트성에 관한 꼬마들의 해석은 복잡하지 않다. 그걸 대학생을 가르칠 때 기대할 수 없다.

14장 상호텍스트성 분석의 예시

　　우선 상호텍스트성과 상호담론성을 간략하게 구분해보자. 이 개념들을 폭넓게 정의하면 둘을 군이 구분하지 않고 바흐친의 이론에서 흘러나온 상호텍스트성 개념만 사용해도 무난하다. 그러나 실제로 담론자료를 분석하는 절차를 고려한다면 상호텍스트성 분석은 텍스트와 텍스트의 인용, 전제, 교환 등에 집중하고, 상호담론성 분석은 그보다 더 큰 단위인 장르, 스타일, 핵심주제 분석*으로 확장하면 좋겠다.

---

* 《언어와 권력》 6장에서는 매개하는 담론의 해석 작업을 위해 다음과 같은 연구질문이 제안된다. 첫째, 담론의 유형discourse type에 관한 분석이다. 언어학 분야에서는 이런 용어를 선호하지만 여러 다른 학문 분야에서는 담화유형보다 프레임, 스키마, 스크립트, 사회적 인지 등 다양한 용어를 사용하고 있다. 보다 구체적으로는 다음과 같은 세부 질문이 필요하다. ① 무엇이 진행되고 있는가?(주제나 내용에 관한 분석) ② 누가 참여하고 있는가?(주체 분석) ③ 어떤 관계로 구성되어 있는가?(관계성 분석) ④ 텍스트의 역할은 무엇인가? 둘째, 차이점과 변화difference and change에 관한 분석이다. 서로 다른 참여자마다 스타일에서 어떤 차이가 있는지 물어보는 것이다. 셋째, 맥락context 분석이다. 상황적인 맥락을 놓고 텍스트 사용자들이 어떤 해석 틀로부터 무엇을 주목하고 있는가에 관한 질문이다. 모두 유의미한 질문이지만 이와 같은 구분

상호텍스트성은 하나의 텍스트가 다른 텍스트로 연결되는 속성이다. 언어학 분야의 다수 연구자는 텍스트를 서로 배타적인 경계를 갖는 독립적인 요소처럼 다루지만 세상에서 사용되는 텍스트는 상호참조와 상호침투의 재맥락화 속성을 가지고 있다. 상호텍스트성을 분석한다면 (따옴표가 있는) 인용이나 (암묵적으로) 전제된 논점을 찾아야 한다.

그에 반해 상호담론성은 텍스트 차원을 좀 더 벗어나서 담론의 차원에서 서로 연결되는 속성으로 보면 좋겠다. 복수의, 가변적인, 경쟁하는 담론들은 서로 다르거나 유사한 장르, 스타일을 전략적으로 차용하면서 복수의 핵심주제를 붙들고 있다. 담론으로 이름 붙일 수 있는 무엇이든 하나의 장르, 하나의 스타일, 하나의 핵심주제로만 존재할 수는 없다.

예를 들면 대기업이 선택하고 꾸준히 의미화시킨 경쟁, 세계화, 자기계발 담론의 속성이 대학에 관한 유사 담론에서도 발견된다. 기업이 그런 가치를 홍보하던 장르, 전달 방식의 스타일, 핵심 슬로건은 지금 시대의 대학이 신입생을 모집하고 대학 경쟁력이나 브랜드를 홍보하는 담론 구성방식에 영향을 끼쳤다. 기업 담론과 교육 담론은 서로 달라 보이지만, 장르, 스타일, 핵심주제 분석으로부터 사실 유사한 담론전략임을 알 수 있다. 미시적이고 개별적인 텍스트와 거시적이고 권력적인 콘텍스트를 별개로 분석하기는 어렵다. 그걸 중간에서 매개하는 담

은 여전히 애매해서 실질적으로 담론자료를 분석할 때 도움이 되지 않는다. 나는 유형, 차이점과 변화, 맥락과 같은 용어보다 장르, 스타일, 핵심주제로 구분하여 담론자료를 분석하자고 제안한다. 용어도 더 친밀할 뿐 아니라 서로 간에 구분도 분명하다. 이 구분에 따르면, 담론유형은 장르에 해당하고, 차이점과 변화는 스타일에 관한 분석이고, 맥락은 핵심주제에 해당한다.

론의 속성을 분석하는 가장 좋은 단위가 장르, 스타일, 핵심주제이다. 달리 말하면 장르, 스타일, 핵심주제는 텍스트와 콘텍스트 중간에 걸쳐 있으면서 연구자 눈에도 잘 관찰될 수 있는 매개적 속성이다.*

1. 장르 분석

장르는 종류나 유형이다. 안정적이고 익숙하게 보이는 (즉, 담론 질서 안에서 오랜 시간 반복되고 있는) 관습이다. 특정 시공간에서 사회적으로 인준된 행위적 유형으로 정의해도 괜찮다. 사회구성원 다수는 관례가 된 장르(적 장치)에 친밀감을 가지며 집단의식의 개입, 몰입을 경험하곤 한다.

예를 들면 영화는 드라마, 로맨틱 코미디, 어드벤처(모험물), 호러(공포물) 등과 같은 장르적 구분이 있다. 로맨틱 코미디 영화만 봐도 모두에게 익숙한 장르적 장치가 있다. 남자/여자 주인공이 있다. 둘은 사랑에 빠지는데 남녀 주인공 옆에는 웃기는 캐릭터의 친구나 이웃이 꼭 있다. 관객은 로맨틱 코미디 영화를 보러 갈 때부터 그런 장르적 장치를 알고 있으며 그걸 보러 가는 셈이다. '건축학 개론' 영화에서는 남자

---

* 장르, 스타일, 핵심주제 기반의 상호텍스트성 분석은 담론의 사회결정론적 접근을 지양하고 텍스트와 콘텍스트 간의 변증법적 관계를 의식적으로 주목하도록 돕는다. 동일한 시공간에서 축구에 관한 텍스트를 해석한다고 할 때, 장르, 스타일, 핵심주제로부터 사회구조나 권력관계 등의 거시적 영향력을 다르게 적용할 수 있다. 월드컵 축구에 관한 공중파 방송 담론은 국가주의가 텍스트 생성과 해석에 커다란 영향력을 끼칠 수 있다. 그러나 다른 장르/스타일(예: 예능방송에서 배치된 학교 축구나 K-리그 축구 리그)의 텍스트를 해석할 때 국가주의 이데올로기는 텍스트 생성과 해석에 제한된 영향력만 끼친다.

주인공 승민 옆에 베스트 프렌드 납뜩이가 있었다. 조연급의 코믹 캐릭터는 장르적 장치다.**

    텍스트는 특정 장르에 속한 이유만으로 영향력을 발휘할 수 있다. 누군가 이런 말을 했다고 하자. "우유를 매일 마시면 몸에 좋지 않다던데. 어제 KBS 9시 뉴스에 나왔어." 공중파 TV 뉴스라는 장르로부터 나온 텍스트를 경청하고는 청자는 무언가를 실천한다. 추가 자료를 인터넷에서 더 찾아보고, 다음날 장을 볼 때 우유를 사지 않기도 한다. 그러나 친구와 잡담을 나누는 대화 장르에서 나온 "야, 우유는 몸에 안 좋은 성분이 많아"라는 텍스트는 그만한 실천력이 없다.

    텍스트는 콘텍스트 변인으로부터 의미화 조정을 거치지만 콘텍스트 속성을 투명하게 지시하지 못한다. 텍스트에 본질은 없고 콘텍스트는 너무 크고 산만해 보인다. 그래서 매개적 역할을 하는 장르가 텍스트를 콘텍스트로 결합하고, 또는 콘텍스트에서 텍스트를 배열하게 하는 수행적 역할을 맡는다. 이를테면 신문 매체에서 보도report와 논평editorial은 비슷한 텍스트와 콘텍스트 속성을 공유하고 있다. 그러나 서로 다른 장르이기도 해서 담론이 구성되고 권력이 발휘되면서 특정 행위를 유도하는 논점이 장르 속성의 차이로부터 구분되어 분석되어야 한다.

** 문학작품도 다양한 장르(소설, 시, 드라마 등)가 있고, 소설 중에도 역사소설, 추리소설, 연애소설 등의 세부 장르가 있다. 음악도 록, 레게, 힙합, 싱어송라이트 음악 등을 구분할 수 있다. 말하기 행위도 장르를 나눌 수 있다. 질문-응답이 엄격히 지켜져야 하는 인터뷰, 친구끼리 동등한 권한을 가진 잡담과 같은 대화, 일방향으로 전달하는 스토리텔링, 토론, 발표 등으로 구분할 수 있다. 어느 세부 장르든 이웃 장르와 구분되는 장치적 속성이 있다.

텍스트의 선택과 배열이 다른 장르로부터 다르게 매개된다는 것
은 다음과 같이 부연할 수 있다. 예를 들어 입학/입사 평가도구로 '영어
인터뷰'라는 장르가 사용된다. 영어 인터뷰는 이미 면담자나 피면담자
에게 어떤 관례로 진행되는지 잘 알려져 있다. 면담자나 피면담자가 선
택해야 하는 어휘, 문법, 문장 결속, 텍스트 배열의 전체적인 구성은 '영
어 인터뷰'라고 하는 장르적 속성으로부터 제약되어 있다(혹은 매개되어
있다). 만약 1:1 인터뷰를 마친 후에 피면담인끼리 협력적인 '토론'을 다
시 하게 한다면 거기서 선택하고 배열할 수 있는 텍스트 역시 '토론'이
라는 장르적 속성에 의해 매개될 수밖에 없다. '인터뷰'와 '토론'의 장르
적 관례로부터 지켜져야 할 것이 지켜져야 한다. 어떤 장르인지에 따라
선택해야 하는 텍스트가 바뀐다. 어떤 장르인지에 따라 텍스트로부터
반영해야 할 콘텍스트 단면이 있다.*

장르에 따라 텍스트가 바뀐다는 논점을 좀 더 쉽게 이해하기 위해
음악 장르마다 다르게 등장하는 텍스트를 생각해보자. 트로트, 힙합, 레
게 등의 장르는 서로 다른 형식과 내용의 텍스트를 담는다. 쌍욕은 힙
합 가사에 나올 순 있지만 트로트에서는 허락되지 않는다. 청유형의 문
장형식("우리 같이 살아요")은 트로트에는 나올 수 있어도 힙합에 나오면
왠지 어색하다. 힙합은 명령문과 의문문 문장 형식이 더 어울린다.

담론적 실천을 기획한다면, 텍스트(예: 학교 홍보에 필요한 새로운 슬
로건이나 신제품 광고 문구)만 고민하지 말고, 텍스트가 담길 장르를 먼저

---

* 앞서 설명한 '교실붕괴' 담론에 등장한 '기자수첩', '독자투고', '사설' 등의 코너는 신
문이라는 매체 안에서 공존하는 세부 장르인 셈이다. '기자수첩'에 나올 만한 텍스트,
'독자투고'에 나올 만한 텍스트, '사설'에 나올 만한 텍스트의 형식과 의미체계는 관례
적으로 정해져 있다.

신중하게 선택해야 한다. 누구에게나 익숙한 장르를 선택하고 거기에 맞는 텍스트를 배치하는 것도 방법이겠다. 그러나 새로운 장르를 찾거나 심지어 장르를 창조할 수 있다면 담론의 기획이 보다 창의적으로 실천될 수 있을 것이다. 트위터나 인스타그램은 새로운 텍스트 유형을 담을 수밖에 없었던 새로운 장르였다. 그와 같은 장르적 매체를 우리가 직접 창조할 수는 없더라도 관례적으로 사용해온 장르를 선택하지 않을 수는 있다.**

또 다른 예를 들어보자. 교양영어 수업을 가르치는 교수가 인터뷰 방식의 기말시험을 준비한다. 교수가 묻고 학생이 대답하는 구조화된 인터뷰는 일종의 장르다. 기말시험 기간에 교수는 연구실에서 학생을 한 명씩 기다린다. 학생은 연구실 앞에서 줄을 서서 시험에 나올 만한 것을 외우며 초조하게 차례를 기다린다. 드디어 학생은 교수(평가자)의 연구실에 입장한다. 이때 교수와 학생은 이미 서로가 어떻게 말 차례를 교환하고, 무엇을 하고, 무엇을 하지 말아야 할지 알고 있다. 교수는 묻는다. 학생은 대답한다. 교수는 학생들이 늘 비슷하게 대답하니까 (변별력이 필요하다는 이유로) 뜻밖의 질문도 한다. 학생이 당황하며 대답하지 못한다. 그걸 쳐다보며 교수는 무엇인가를 기록한다. 교수나 학

** 예를 들면, 국내 대학/학과 홍보는 아직도 공식 홈페이지에 의존한다. 그만한 장르에 나올 텍스트의 선택과 배치는 이미 정해져 있다. 그런 이유 때문인지 공식 홈페이지만으로는 우린 서로 다른 대학을 좀처럼 구분하기 힘들다. 내가 만약 중앙대학교/영어영문학과을 홍보한다면 나는 공식 페이지가 등장하는 장르부터 재고할 것이다. 내가 만약 고등학생이거나 학부모라면 어떤 페이지가 보고 싶을까? 장르가 바뀌어야 텍스트도 달라지는데 관례(기득권력)가 된 장르는 좀처럼 바뀌지 않는다. 텍스트-콘텍스트, 언어-권력을 분석할 수 있는 상호텍스트성 분석은 장르에서 시작될 수 있다. 다음 질문을 해야 한다. "왜 특정 장르가 선택되고 선호되는가?"

생은 그렇게 텍스트를 몇 차례 교환하고 인터뷰는 끝난다.

다른 장르라면 다른 텍스트가 산출되었을 수도 있다. 인터뷰라는 장르적 관례로부터 학생은 할 수 있는 것을 모두 했지만, 다른 장르에서라면 질문, 응답, 의미협상과 같은 상호작용은 달라졌을 것이다. 특정 장르만을 고집하면 늘 나오던 텍스트만 나온다. 그래서 특정 장르만 고집하는 곳은 그만한 텍스트의 교환으로부터 기득권력을 유지하는 곳이기도 하다. 장르가 바뀌거나 여러 장르를 허락하지 않는 것은 지배적 담론/권력의 개입으로 볼 수도 있다. 위에서 예시로 든 관례적인 인터뷰 평가(장르)는 평가하는 편의 기득권력을 손쉽게 유지할 수 있는, 달리 말하면 평가자가 원하는 담론질서를 관행적으로 영속시킬 수 있는 참으로 편리한 방법이다. 학생을 그러한 장르 안으로 순응적으로 들어오게만 하면 된다.

학생이나 피면담인 입장에서 그러한 장르적 관례(권력관계)가 자동적으로 유지되지 않게 하려면 다른 장르의 선택을 요청해야 한다. 연구실이라는 닫힌 공간에서 1:1로 만나 인터뷰 형식으로 교수의 질문에 응답하는 것 이외에도 다른 학생과 협력해서 말하거나, 교실에서 파워포인트 슬라이드를 보면서 발표하거나, 소집단으로 포트폴리오 결과물을 제출하거나, 녹화본을 찍어서 제출할 수 있어야 한다. 그렇게 다른 장르를 요청하지 않으면, 기득권력이 주도하는 관례적인 텍스트 배치, 혹은 위계적으로 고정된 관계성은 좀처럼 바뀌지 않는다.*

---

* 그런 점에서 볼 때 교실 뒷자리에 앉아 졸고, 기말시험에 나타나지 않고, 의연하게 F학점을 받는 학생들은 (담당 교수에게는 악몽일지 몰라도) 담론/권력의 관점에서 보면 새로운 장르를 개척하지 않을 수 없도록 돕는 '여전히 주목하고 존중되어야 하는 혁신적 교육주체'인 셈이다. 농담처럼 들릴 텐데 나는 정말 그렇게 생각한다. 가시적이

국내 어디서든 닫힌 공간의 1:1 면담 장르는 누군가를 친밀하게 가르치고, 역량이나 적성을 엄밀하게 진단하는 현장에서 사용된다. 그러나 또 한편으로는 훈계하고 혼을 내는 권력관계에서 관행적으로 이용된다. 영어 혹은 한국어 말하기평가를 보면 대개 컴퓨터나 인터넷 기반으로 한 명의 면담관이 (때로는 가상의 면담관이 사전에 녹음/녹화를 해서) 피면담인에게 질문을 하는 형식을 취한다. 우리가 잘 아는 토익 스피킹, 오픽OPIc 말하기평가의 형식이 모두 그렇다.

그러나 표준화된 말하기평가들이 모두 그와 같은 장르적 장치만 사용하는 건 아니다. 유럽을 포함해서 전 세계적으로 널리 사용되는 캠브리지 평가Cambridge Assessment방식만 보더라도 가상이든 실제 면담관이든 1:1 관계만을 설정하지는 않는다. 캠브리지 평가에서는 두 명의 피면담인이 함께 앉아 있다. 면담자interlocutor도 있지만 면담을 관찰하고 평가하는 또 다른 평가자assessor가 뒤에 앉아 있다. 모두 네 명이 같은 공간에 있는 것이다. 면담자는 피면담인에게 지면에 적힌 내용으로부터 각각 질문을 한다. 그러다가 피면담인끼리 말할 기회를 주고 과제를 함께 해결하게 한다. 나중에는 피면담인 두 명과 면담자가 모두 함께 말을 섞는다. 그렇게 서로 다른 과제를 다른 조합의 발화자들이 개별적으로 혹은 협력해서 수행한다. 이런 방식이라면 1:1 인터뷰 장르와 비교해서 말 차례, 발화 양, 발화 수정과 화제 전환의 정도가 달라

지 않고, 침묵하고 있지만, 사실 다른 걸 말하고 싶은데 말하지 않는/못하는 그들을 어떻게 만날 수 있을까? 텍스트-콘텍스트를 새롭게 매개할 수 있는 장르를 고안해야 한다. 예를 들면, 자유토론, 지정토론, 발표, 동료평가, 포트폴리오 등과 같은 장르적 장치가 고안되어야 한다. 그런 장르에서도 학생들은 평가자의 시선/권력관계에서 온전히 자유로울 수 없겠지만 그래도 뭐든 새로운 장르적 실천을 놓고 고민해야 한다.

진다. 장르를 바꾸면 텍스트가 달라진다. 이런 시험에서는 면담자가 컴퓨터 화면 앞에서 달달 외운 것을 말할 수 없다.*

2. 스타일 분석

화자나 저자가 텍스트를 선택하고 배열할 때 나름 일관된 스타일이 드러날 수 있다. 특정한 스타일은 화자나 저자를 구별시키는 방식이며 텍스트와 자신(개인, 집단, 조직, 국가 등)을 동일시identification하는 담론적 전략이기도 하다. 스타일은 실제로 존재하는 것을 가지고 분석할 수도 있다. 스타일의 경향성이 분명하지 않다면 일부 선택적으로 재구성하고 편집하면서 논평할 수도 있다.**

여러분은 옷 입는 방식에 어떤 스타일이 있는가? 선택하고 선호하는 음식 메뉴에 나름의 스타일이 있는가? 찢어진 청바지를 즐겨 입

---

* 누군가는 학교사회의 권력질서가 바뀌어야 장르적 장치도 바뀐다고 주장할지 모르겠다. 세상이 먼저 바뀌어야 장르도 텍스트도 바뀐다는 말로 들린다. 맞는 말이다. 그러나 지혜롭고, 용기있고, 사랑이 넘친 교사/교수들은 담론/권력의 질서로부터 학생이 참여하고 다양성의 가치를 유도할 수 있는 장르를 능동적으로 고안해왔다. 그러면서 세상도 그만큼 바뀔 수 있는 풀뿌리 담론/권력이 생성될 수 있었다.
** 혹시 장르와 스타일이 잘 구별되지 않는다면 이렇게 생각해보자. 코미디, 모험물, 공포물, 이건 영화 장르로 구분된 것이다. 장르적 장치는 앞서 설명했다. 로맨틱 코미디라면 관객이 웃을 수 있는 장치가 필요하다. 오해와 위기가 있지만 해피 엔딩이 필요하다. 관객은 그런 장르적 장치를 이미 알고 있고 그걸 보기 위해서 해당 장르의 작품을 찾는다. 크리스마스에 웃고 싶어서 로맨틱 코미디를 보러 갔는데 삶의 비애가 가득한 서술이 나오면 황당하다. 그런데 동일한 장르라도 같은 스타일만 있지 않다. 로맨틱 코미디라는 장르에서 세련된 도시 공간이 나올 수도 있고, 한적한 시골이 나올 수도 있다. 노인이 나올 수도 있고 귀신이 나올 수도 있다. 영화 〈슈렉Shrek〉을 보면 애니메이션이지만 주연배우는 모두 못생겼다. 옷도 누더기다. 익숙한 스타일이 아니다.

으면서 그런 옷차림으로부터 자신의 정체성을 표현할 수 있다. 채식만 고집한다면 그런 음식의 텍스트로부터 자신이 채식주의자라는 정체성이 동일시된다. '교회 오빠 스타일'이란 말이 있는데 그런 것도 옷이든 표정이든 행동이든 나름 일관된 어떤 스타일이다. 그런 스타일은 해당 남성이 스스로 구축하고 있는 정체성과 무관할 수 없다.

특정한 유형의 스타일은 자신을 특별하게 규정할 수 있는 자원이 된다. 스타일은 나름대로 주체가 존재하는 방식이다. 그래서 스타일 분석은 일종의 정체성 탐구다. 사회구성원이 어떻게 자신의 정체성을 구성하고 그것이 담론적 실천/관행을 유도하는지 파악하는 것이다. 연구자는 화자 혹은 저자가 어떤 일관된 스타일로 텍스트를 연결하고 배치하는지 주목해야 한다. 예를 들면, 특정 억양, 방언, 은어, 전문용어 등의 위상어register, 특정 대명사나 문장구조(예: 'I'로 시작하는 능동태-서술문)를 선호하는 언어학적 스타일을 분석하면서 담론의 개입을 분석하는 것이다.

여성주의 담론자료를 분석할 때 '남성'이 '여성'의 이항대립으로 구분될 수 있다. 물론 남성이 협력자로 묘사될 수도 있다. 담론의 개입을 추론할 때 특정 젠더에 어떤 대명사, 위상어, 문장구조를 사용하는지, 혹은 어떤 여성성의 이미지가 등장하는지, 스타일 분석을 해볼 수 있다. 여성과 남성에 화자 혹은 저자의 정체성이 어떻게 드러나는지 분석하는 것이다.

"형님, 형님이 하라고 하시면 형님을 따라야죠" 혹은 "오빠, 오빠 이거 해요? 어떡해요, 오빠?"처럼 유독 "형님" 혹은 "오빠" 텍스트를 입에 달고 사는 사람이 있다. 이것도 나름의 스타일이다. 이런 텍스트로 구성된 스타일에는 어떤 정체성이 추론될 수 있을까? 아마도 "형님"과 같은 어휘로부터 위계적 관계성을 고집하는 남성은 형님을 모시는 자신도 누군가의 형님이 될 수 있는 정체성을 지향하고 있을 것이다. 자신이 선택한 텍스트로부터 "형님"을 모시지만 자신도 형님이 될 수 있는 스타일이 드러난다면 다분히 가부장주의 권력을 지향하는 것으로 보인다. 그는 형님의 동생으로 자신을 존재시키고 있으며 형님 아래 자신의 정체성을 반복적으로 강화하기 위해서, 형님이라는 지칭어를 적극적으로 활용하고 있다. 자신이 선택한 텍스트가 담론적 매개를 통해 어떤 힘을 가지려면 특정한 스타일을 유지하면서 자신의 존재감이 유지되어야 한다.

서덕희 교수의 홈스쿨링 담론연구[67]를 참고하자면, 동아일보와 한겨레 신문이 사설이라는 장르에서 서로 다른 언어학적 스타일로부터 (텍스트 생산자로서) 각자의 정체성을 드러내는 방식이 잘 구분되어 있다. 예를 들면, 동아일보는 해당 분야 전문가가 사용하는 학술적인 어휘를 사용했다. 한겨레는 사회운동가의 대중 친화적 어휘를 선택했다. 동아일보는 정부를 독자로 상정하고 주장하고 있으며 한겨레는 국민을 대상으로 협조를 요청한다. 서로 다른 스타일로부터 각자 어떤 정체성을 갖고 텍스트를 선택하는지 드러난다. 동일한 장르(사설)에서 같은 주제(홈스쿨링)를 다루고 있지만 서로 다른 존재 방식으로 특정 텍스트들이 선택되고 배치된다.

박수현 교수와 내가 분석한 영어졸업인증제 미디어 담론[68]에서도 특정 스타일로부터 개입한 담론전략이 돋보인다. 21세기가 시작하면서 영어졸업인증제의 필요가 세계화 및 정보화의 시대 풍조로부터 새롭게 의미화되었다. 대학이 재학생의 취업을 책임지면서 영어도 공부시키고 졸업하기 전에 영어능력을 모두 검증하겠다는 논점은 일간지의 (대학 총장) 인터뷰 기사로 빈번하게 대중에게 전달되었다. 이때 대학의 의무와 책무는 다분히 권위적이고 계몽적인 스타일로 논술되었다.

시대가 바뀌었고 대학은 변해야 하며 대학 총장이 책임을 지겠다는 논술은 얼마든지 다른 스타일로 전달될 수 있다. 사전에 질문하고 준비된 답변으로 구성된 인터뷰 기사는 다양한 독자를 상정하지 않고 일방적으로 총장이 전하고 싶은 것을 말하는 방식으로 보인다. 넥타이를 맨 정장 옷차림, 엄숙한 표정, 무언가를 지시하는 동작 이미지와 함께 다수 텍스트는 학술적이고 격식적인 어휘로 전달된다. 일화나 서사로 구성된 좀 더 친근한 스타일이 선택되지 않았다. 총장이 아니라 학생들이 등장했다면, 표정과 동작부터 달라 보일 수도 있었다. 인터뷰 장르와 영어인증제를 다룬 주제라고 하더라도 굳이 총장이 엄숙하고 어렵게 말을 거는 스타일이 선택된 이유는 무엇이었을까?

3. 핵심주제 분석

페어클러프 분석모형을 참조하면서 나는 이 책에서 텍스트 (형식자질) 분석을 강조했다. 장르와 스타일 분석도 텍스트와 텍스트가 연결되는 매개의 틀을 형식자질로부터 주목하는 것이다. 그런데 형식뿐 아니라 내용적으로도 상호텍스트성 분석이 필요하다. 흩어진 텍스트들이 어떤 핵심주제를 반복적으로 그리고 지속적으로 드러내는지 파악해야 한다.

담론연구자라면 해당 담론이 드러나는 콘텍스트로부터 어떤 주제들이 군집을 형성하고 있는지 살펴야 한다. 다양한 장르와 스타일이 선택되는 것과 별개로 내용적으로 어떤 핵심주제가 드러나고 있는지 찾아야 한다. 담론들이 상호작용을 한다는 것은 여러 장르에 걸쳐서, 여러 스타일로부터, (복수의) 핵심주제가 담론들 사이에 끼워져 있다는 것이다. 핵심주제는 단수일 수만 없다. 이데올로기들은 늘 불안정하기에 서로 접합되어 새로운 이데올로기적 지형을 만든다. 그러면서 애매하거나 영향력이 크지 않은 주제도 출현하고, 익숙하거나 지배적인 핵심주제도 보인다. 텍스트들이 결합하면서, 이데올로기들이 조합되면서, 화자 혹은 저자가 전하고 싶은 핵심주제는 그렇게 산만하게 드러날 수 있다. 그래도 가장 눈에 띄는 핵심주제는 찾아낼 수 있다.

앞서 예시를 든 영어졸업인증제 담론연구에서도 복수의 핵심주제가 발견되었다. 신문 매체의 인터뷰 장르에서 대학 총장이 계몽적이고 권위적인 스타일로 어떤 핵심주제를 독자에게 전달하고 있을까? 공동연구자인 박수현 교수와 나는 세계화 시대에 영어가 늘 걸림돌이라는 '영어문제' 주제, 졸업생의 영어능력을 대학에서 책임지고 관리해야 한다는 '영어능력관리' 주제, 그리고 영어시험 기반의 졸업인증제를 통해 영어를 정복해야 한다는 '영어정복' 주제가 빈번하게 여러 장르와 스타일에 걸쳐 배치된 것을 발견했다.

4. 예시: 홍보자료 분석

장르, 스타일, 핵심주제 분석은 푸코의 담론/권력 이론을 페어클러프가 참조하고 변형한 것이기도 하다. 푸코는 구체적인 담론분석의 절차를 제시하지도 않았고 장르, 스타일과 같은 개념을 구분하여 사용하지도 않았다. 그러나 그의 권력론은 일종의 장르적 (권력)장치로, 스타일은 자기윤리로, 그리고 지식은 담론으로 재현된 핵심주제로 이해될 수 있다. 여기서는 장르, 스타일, 핵심주제 분석을 누구나 쉽게 공감할 수 있는 홍보자료의 예시로부터 부연하기로 한다.

1) 숙명여대 홍보자료 분석

숙명여대라고 하면 어떤 사회적 의미가 떠오르는가? 예를 들면 이화여대와 비교해서 어떤가? 2000년대 초반에 "나와라, 여자대통령!", "울어라 암탉아!"라는 슬로건이 숙명여대를 홍보하는 매체에 등장했다. 당시에 숙명여대 학생은 조신한 현모양처감, 혹은 맏며느리감이라는 사회적 의미가 유통되고 있었기에 학교 홍보물을 제작하면서 총장을 포함한 담당 교직원은 그와 같은 관행에 도전하고 싶었는지도 모른다. 그런데 어떤가? 숙명여대 학생이라고 하면 '우는 암탉', '여자대통령'이 떠오르는가? 숙명여대에 관한 미디어 텍스트들의 선택과 배치도 달라졌는가? 새로운 담론의 개입, 담론들의 경쟁이 시작되었는가?

실증적인 자료를 수집하여 분석해보지는 않았다. 그렇지만 당시 홍보자료를 담론의 개입으로 보고 장르, 스타일, 핵심주제 분석을 다음과 같이 직관적으로 제시해볼 수 있다.* 해당 텍스트를 배치한 홍보팀은 '여자 대통령이 나오는 숙명여대' 담론을 실천적으로 기획했다고 하자. 특정 장르를 선호하면서, 나름의 스타일을 반복하면서, 적절한 텍스트를 선택하고 배치하면서, 내용적으로 몇 가지 핵심주제를 부각하고자 했다.

첫째, 장르적으로 보면 홍보 텍스트를 신문의 지면 광고와 같은

---

* 여기 제시한 홍보 텍스트가 수집하고 분석한 자료의 전부라고 가정하고 매개적 담론의 속성을 논술하고자 한다.

장르에 배치했다. 입학에 관한 학교 홍보를 TV나 라디오 등의 매체가 아닌 신문 지면에 배치한 이유는 무엇일까? 비용과 편의성에 관한 논의를 제외하고 본다면, 아마도 움직이고 들리는 텍스트보다 큰 글자, 큰 그림을 선택했기 때문이다. 자신감 넘치고 도도해 보이는 젊은 여대생의 이미지에 시선이 오래 멈출 수 있는 장르가 선택된 것이다.

둘째, 스타일로 보면 차분하고 조신한 숙명여대생의 고정 관념을 깨기 위해(도전적이고 능동적인 숙명여대 학생의 표상을 만들기 위해) 명령문, 도치문이 사용된다. 여성을 지칭하는 어휘("암탉", "여자대통령")를 사용하고, 여성 리더를 "찾는다", "만들고", "키워내겠다"란 유사 술어가 자주 사용된다. 여기에는 총장과 교직원이 여성 리더를 발굴한다는 의지가 나타나고, 교수-중심, 양육-중심의 수직적 권력관계를 함축하고 있다.

셋째, 기획한 담론의 핵심주제는 '숙명인은 여성 리더', '이화여대와 경쟁하는 숙명여대' 등이다.

2) 중앙대 영어영문학과 홍보자료 기획

중앙대 영어영문학과는 어떤 사회적 의미를 가지고 있을까? 영어영문학과 학생회 혹은 동문회가 적극적으로 중앙대 영어영문학과(구성원)의 사회적 의미를 생성 혹은 변화시키기 위해 담론적 기획을 한다고 가정하자. 어떻게 텍스트와 텍스트를 연결하고 어떤 콘텍스트를 상정하면서 특정 텍스트를 일관적으로 배치할 것인가? 이미 중앙대 영어영문학과에 관한 넘치는 텍스트가 다양한 매체에 흩어져 있다. 무엇부터 해야 할까? 담론장에 개입하려면 역시 장르, 스타일, 핵심주제에 관한 고민부터 시작해야 한다.

첫째는 장르의 선택이다. 어떤 장르에서 텍스트를 배치하고 특정한 텍스트를 연결할 것인가? 학교 사이트에 있는 영어영문학과 공식 홈페이지를 사용할까? 거기서 학과 교육목표도 소개하고, 교수도 소개하고, 공지사항도 올릴까? 아니면 페이스북 페이지에서 텍스트를 배치해볼까? 인스타그램이라는 장르적 선택은 어떤가? 인스타그램은 이미지나 영상물을 싣기 좋다. 거기서 영어영문학과의 축구동아리, 농구동아리, 연극동아리, 미디어 동아리 활동을 이미지로 나열하면 어떨까? 학과 구성원 얼굴이 크게 보인다. 소리도 들린다. 인스타그램이라면 기존 홈페이지와 다른 텍스트가 선택될 수밖에 없다. 임의로 텍스트를 올리지 말고 몇몇 학생의 개별적인 스토리를 마치 웹툰의 서사처럼 꾸며서 전달하면 어떨까?

둘째는 스타일의 선택이다. 어떤 스타일로 텍스트를 배치할 것인가? '나'-주어 문장으로부터 학생다운 어휘를 선택한 자기동일화를 시도하면 어떤가? 친근하고 비격식적인 스토리를 텔링하는 '나' 문장들의 총합은 영어영문학과의 정체성을 (집단성과 위계성과 거리를 두고) 차이와 다양성, 자유와 권리가 존중되는 곳으로 의미화시킬 수 있다. 물론 개인화된 individualistic 스타일과 거리를 두고 '우리'-주어로부터 세계화, 정보화, 이주의 시대에 미래 한국의 주역이 될 집단으로서의 영어영문학과를 소개할 수도 있다. 격식을 갖춘 위상어로부터 집단적 가치를 표현하는 것이다.

셋째는 핵심주제의 선택이다. 텍스트로부터 어떤 주제를 의도적으로 표상시킬 것인가? 이는 의미적 접합점을 찾는 것이고, 이데올로기적 지향성을 내용적으로 기획하는 것이다. 다음 장에서 구체적으로 논의할 것이지만 핵심주제를 만드는 과정은 이데올로기들을 접합시키는 과정이기도 하다. 예를 들면 연세대 영어영문학과라고 하면 세련된 도

시공간이 떠오르는가? 중앙대 영어영문학과에는 없는데 연세대 영어영문학과에 있는 그런 속성이 과연 무엇일까? 아마도 연세대가 위치한 신촌이란 도시적 공간과 막연하게 영어를 자주 사용할 것으로 상상되는 영어영문학과의 의미체계들이 접합되면서 만들어진 표상일지도 모른다. 서강대 영어영문학과라고 하면 학구파가 많은 곳, 고려대 영어영문학과라면 일도 잘하고 패기도 있는 곳으로 표상된다고 하자. 그럼 중앙대 영어영문학과는 어떤 곳으로 표상되길 바라는가? 예를 들면, 다양한 개성이 존중되고, 내가 가장 나다울 수 있는 곳이란 표상을 만들면 어떤가? 그럼 '자유' 혹은 '다양성' 등이 핵심주제로 고안되어야 한다.*

장르-스타일-핵심주제가 텍스트와 콘텍스트 사이에서 제대로 작동한다면 새로운 담론/권력이 생성될 수 있다. 물론 중앙대 영어영문학과도 관행적으로 선택된 텍스트 배치에서 자유로울 수 없다. 중앙대 영어영문학과를 바라보는 세상의 시선, 시대풍조, 권력관계에 영향을 받는다. 장르, 스타일을 선택하고 핵심주제를 잘 끼워 넣었는데 그래도 사회적 의미가 형성되지 않으면 어쩔 수 없다. 그럼에도 담론은 관행이면서 실천이다. 적절한 사회적 조건만 만난다면 중앙대 영여영문학과는 지금과는 전혀 다른 영향력으로 전국적인 유명세를 만끽할 수 있다.

중앙대 영어영문학과는 지금까지 어느 대학/학과에서나 본 듯한

---

* 중앙대 영어영문학과 학생회에 수십 년 동안 모셔둔 '선봉 영문' 깃발이 있다. OT나 MT 행사 때 학생들은 '선봉 영문'을 외치거나 깃발을 흔든다. 그런데 '선봉 영문' 텍스트는 딱 거기서만 듣고 본다. 다른 어디서도 '선봉 영문' 텍스트를 만날 수 없다. 텍스트들이 느슨하게 연결되기도 했지만 그런 슬로건(핵심주제)도 뜬금없다. '선봉 영문'은 오래전 사회적 조건으로부터 구성된 것이다. 계속 모셔야 할 주제가 아니다. 내가 보기에 지금 콘텍스트나 구성원 정체성에 맞지도 않다. 담론적 기획으로 볼 때 아무런 실천력이 없는 텍스트로 보인다.

공식 홈페이지가 있다. 그리고 공지와 학과 소식 텍스트를 공식적으로
전달하는 페이스북 페이지도 있다. 이것이 앞으로 기획해볼 중앙대 영
어영문학과의 의미화 작업과 잘 맞을까? 교수, 학생, 동문 활동을 내가
지켜본 바에 의하면 중앙대 영어영문학과는 참으로 다양한 개성들이
모인 공간이다. 학생 수가 많은 편이고 여학생도 남학생도 많으니 축구
부, 농구부가 있고 춤을 추고 연극을 하는 곳이다. 거기서 내가 만난 학
생들의 주체성과 '미래 한국을 이끌 창조적 인재'라는 관행적인 텍스트
의 배치는 잘 연결되지 않는다.

　　텍스트 사이의 결합도가 낮다는 것은 상호담론성으로서 힘이 떨
어진다는 것이고 담론적 실천을 감당할 수 없다는 것이다. 장르, 스타
일, 핵심주제들이 서로 일관적이고, 상보적이고, 특정한 입장이 반복적
으로 텍스트로 전달하고 유포할 때, 그리고 담론적 사건까지 잘 만난다
면, 배치된 텍스트들의 힘이 새롭게 세상에서 발휘되기 시작한다.**

3) 세상을 바꿀 수 있는 담론은 어떻게 기획되는가?

　　대형 프랜차이즈 제과점에서 빵을 사고 커피를 주문하고 기다린
다. 30대 초반 나이로 보이는 '매니저님'이 매장에서 일하는 (아마도 대
학생인 듯한) 알바생들을 부른다. "애들아." 그리고 이런저런 지시를
전달한다. 그곳에 머문 짧은 시간 동안 여러 번 "애들아" 호칭을 들었
다. 그게 그곳에서 '매니저님'과 '애들' 관계성이 구축되는 담론의 스타

** 예전에는 지배적인 담론질서에 우리 모두 무력했다. 한번 정해진 것은 바꿀 수 없
었다. 대한민국은 왕조 500년 이후에 일제 식민통치, 전쟁과 군부독재를 거친 곳이다.
유교적 의례, 산업화, 가부장적 사회질서로 내면화된 우리는 내 삶이, 우리의 권력지향
성이 새로운 텍스트로부터 달라질 것이라고 상상하지 못했다.

일이다. 매니저는 음성적 특성으로 보면 따뜻하고 차분한 톤으로 할 말을 전한다. 비격식적인 반말, 명령문 서법은 모두에게 익숙한 듯하다. 어떤 매니저는 알바생 점원에게 지시하고 요구하는 장르적 말하기에서 격식을 갖춘 스타일을 선택할 수도 있지만, 이 매니저처럼 비격식적 스타일을 선택할 수도 있다.

이를 문제화하지 않고 그냥 넘어갈 수 있다. 관행이니까 말이다. 그러나 그 매장의 알바생이 자신의 정체성과 관계성을 어떻게 느끼고 있는지 궁금하다. 특정 장르와 스타일의 관례로부터 관계적 정체성이 형성되고 또 강화된다. 그곳 장르에서 반복적으로 사용되는("매니저님"이 "애들"에게 말을 거는) 스타일은 온정주의적이고 가부장적인 권력이 작동할 수 있는 상호텍스트적 경로가 된다. 그와 같은 권력관계로부터 말의 스타일이 좀처럼 바뀌지 않고 익숙한 관계적 가치가 영속화될 수 있다. 그럼 급여가 연체되고, 부적절한 잔업이 요구되고, 계약내용에 위반된 행동이 요구될 때 "애들"은 과연 제대로 항의할 수 있을까?

성매매 여성들에게 '포주'라 불리는 매니저가 있다고 한다. 포주는 커다란 용 문신을 새기고 욕설을 내뱉는 인물로 그려지지만, 꼭 그렇지만은 않다고 들었다. 성매매 여성은 포주를 "오빠"나 "삼촌"으로 부른다. 세심하게 배려하고 재밌기도 하단다. 그렇지만 그들은 매매춘 여성을 위계적으로 (언제든지) 복종시킬 수 있다. 거기 성매매가 이루어지는 공간이라는 장르의 언어사용에서 나름의 친밀한 스타일이 선택된 것뿐이다. 그런 스타일로부터 위계적인 권력관계는 오히려 유연하게 관리된다. 거기 여성들도 사실 "애들"로 위치된다. 그런 애들에 비해 포주는 큰 어른이다. 애들은 까불면 맞는다. 장르와 스타일로부터 선호되는 텍스트의 재생산이 종속적인 위계관계를 유지한다.

누군가를 제압하고 폭력으로 가해하는 관계성이 전혀 없는 언어사회가 가능할까? 사회구조를 바꾸는 것은 쉽지 않다. 그렇다고 부적절한 텍스트마다 딴지를 걸기도 쉽지 않다. 그래서 특정 장르 안에서, 특정 스타일로 늘 선택되고 배치되는 텍스트에 주목해야 한다. 그래야 언어-권력, 미시-거시, 텍스트-콘텍스트의 문제적인 관계성이 눈에 들어온다. 부적절한 관행에 저항하고, 더 나은 세상에 기여할 수 있는 담론은 어떻게 기획되는가? 텍스트마다 다 간섭할 수도 없고, 콘텍스트는 잘 바뀌지 않는다. 그래서 나는 상호담론성의 단면(장르, 스타일, 핵심주제)으로부터 담론적 기획이 출발해야 한다고 생각한다.

예를 들면 성희롱을 일삼는 교수가 있다고 하자. 그런 사람과 그런 말이 정말 넘치던 때도 있었는데 그런 텍스트는 통제하기가 참 어렵다. 너무 많은 교수가 그런 말을 했기 때문이다. 그렇다고 남성 중심이나 교수자 중심의 이데올로기, 가부장적인 사회구조를 한 번에 바꾸기도 어렵다. 그럴 때는 학교에서, 교실에서, 교수가 학생에게 강의를 하는 특정 장르에서, 반말로 희롱하는 텍스트를 배치하는 스타일에 주목해야 한다. 그런 수업을 장르화시키고, 거기서 선택되는 특정 스타일의 텍스트를 범주(적 특성)으로부터 요약하고, 이를 통해 문제를 지적하고 저항하고 거부해야 한다. 그러면 성희롱의 텍스트와 그걸 허용하는 콘텍스트가 좀 더 가시적으로 보인다. 효과적으로 싸울 수도 있다. 장르나 스타일을 문제화하면 산만하게 흩어진 것처럼 보이는 텍스트들이 연결된다.

대학에서 선배가 후배에게 '다나까'로 대답하게 하는 것도 마찬가지다. '다나까'로 끝나는 특정한 문장형식을 일상적으로 사용하게 하면서 학년이나 나이 기반으로 위계적인 관계관계가 만들어진다. 이게 불편하다면 특정한 장르, 스타일로부터 권력지향적인 문장의 형식자질을 문제 삼아야 한다. 그러면 무엇이 문제인지 잘 보인다. 그리고 문제를 어떻게 해결해야 하는지도 보인다. 모든 텍스트를 문제 삼을 수는 없다. 모든 선배에게 대들기도 힘들다. 신입생에게 요구하는 '다나까'를 사용하지 않거나 다른 텍스트 사용을 허락해달라고 요구해야 한다. 그건 특정한 장르, 특정한 스타일에 관한 쟁점이다.*

대학생은 프랜차이즈 매장의 점원들처럼 "애들"인가? 아빠나 엄마에게는 어떤가? 교수나 직장 상사에게는 어떤가? 내가 보기엔 "애들"이 아니다. 애들은 취업을 준비하지 못한다. 대자보를 붙이지 못한다. 소송도 할 수 없다. 그리고 보면 나도 가르치던 대학생, 대학원생들을 "애들"처럼, 혹은 좋은 말로 후배나 친구처럼 대하던 젊은 교수 시절이 있었다. 내가 마치 무슨 대단한 멘토인 것처럼 그들을 데리고 다니던 때가 있었다. 강의를 마치고 함께 밥도 먹고, 맥주도 마신다. 원어수업이라도 하면 'Korean Day'를 정해서 야외수업 명목으로 밖에 나가서 한국말로 수업하고 격식 없이 시간을 보낸다.

그때는 지금처럼 엄격하게 시험관리를 하지 않아도 되었다. 중간평가를 보지 않아도 되었고, 기말에 제출하는 페이퍼 하나만으로 학점을 줄 수도 있었다. 나는 시험지 지면에 문항을 제시하고 제한된 시간 동

---

* 항공사 직원의 상냥하고 표준적인 언어사용은 어떤가? 기내에서 스튜어디스가 격식화된 문장형식만 사용할 수 있고, 의문문을 사용하면서 부적절한 갑질에 논쟁조차 하지 못하며, 양태적 동사도 사용하지 못한다고 하자. (정말 그렇게 교육받기도 했다!) 반면 고객은 행위주를 전경화한 행위 동사를 얼마든지 말할 수 있다. 이처럼 특정 장르의 특정 스타일로부터 배치된 텍스트 사용은 직원과 고객의 관계성조차 제약시킬 수 있다. 사회적 관계와 정체성은 특정 장르와 스타일의 관계적이고 표현적인 텍스트 가치로부터 재구성될 수 있다.

안 학생들이 답을 쓰는 평가방식이 싫었다. 중간평가 성적으로 일찌감치 학업성취도를 구분하는 것도 싫었다. 그래서 학기가 끝나갈 즈음까지 평가를 유보하고, 함께 계속 공부를 했다. 잘하는 학생들이 늘 있었고 친한 학생들도 생겼다. 학점도 잘 줬다. 그런 덕분인지 학생들은 대학원에도 많이 진학했고 유학도 갔다. 그런 것이 내 자랑이기도 했다.

그런데 학교가 상대평가 시스템으로 교칙을 바꿨고, 다양한 구조조정이 시작되었다. 학교 안팎으로 여러 변화가 넘쳤고 그러면서 가르치고 평가하는 절차와 내용에 큰 변화가 생기기 시작했다. 이젠 중간평가도 반드시 보고, 기말 페이퍼도 최종본을 받기 전에 아웃라인이나 드래프트를 먼저 받고 나름의 지침과 의견을 제시해준다. 부정행위를 예방하자며 시험지 복사도 내가 하고, 시험감독도 직접 한다. 평가는 엄정해졌다. 예전엔 A와 B 학점의 구분이 명시적이지도 않았고 다분히 직관적인 평가도 많았던 것 같다. 지금은 강의노트까지 만들고 그걸 학생들과 공유한다. 성적의 근거를 제시하고 그것 역시 학생들과 공유하고 토론한다.

갑자기 내 얘기를 한 이유는 이것이다. 나는 지금 가르치고 평가하는 방식이 예전보다 훨씬 민주적이라고 생각한다. 가부장적 관계성도 사라졌다. 내가 꼰대 교수가 될 경로가 사라진 만큼 학생들도 내게 이제 "애들"이 아니었다. 교수랍시고 가부장적 권력을 발휘할 기회는 사라졌지만 다수 학생들에게 그건 좋은 일이었다. 거기서는 (온정적이고 직관적인 관계성이 선호되거나, 다분히 가부장적이고 위계적으로 교수-학생 관계성이 조직되기보다는) 문서에서 약속된 지침대로 서로의 의무와 권리가 지키도록 요구하고 요구받는다. 서로의 사적 영역을 침해받지 않을 권리, 인격권, 명예, 혹은 자아정체성이 존중되고 있다. 문제가 생기면 교수도 학생도 자신을 보호할 기관(예: 인권센터)이 생겼다. 성추행을 교수로부터 당한다면 학생은 교수와 만날 필요가 없다. 신고할 수 있다. 교수의 인격과 교육권을 훼손하고 모욕하는 학생이 있다면 교수는 위협받는 느낌을 감수하고 학생을 직접 만나지 않아도 된다. 역시 신고할 수 있다. 새로운 학교질서로부터 우리는 각자의 위치성을 보다 인격적으로 그리고 공식적인 말과 글로 주장할 수 있게 되었다.

우리가 새로운 텍스트를 끼워 넣지 못하면, 그럴 수 있는 관행적 질서를 허락하지 않으면, 당연한 장르와 스타일의 담론질서에서 익숙한 서로의 위치성은 좀처럼 바뀌지 못한다. 우리가 모두 "애들"처럼 살지 않을 것이라면 그만큼 독립적으로 상호텍스트적 절차와 형식체계에 개입하는 주체가 되어야 한다. 텍스트를 배치하면서 의견을 낸다. 특정 장르에서 주장을 한다. 자신만의 스타일로 비판도 한다. 계약서를 읽고, 수업요목에 관한 설명을 듣고, 예의를 지키면서 자신의 의견을 말하고, 상황을 조정해야 할 때는 그걸 요청하는 언어사용의 주체가 되어야 한다.

프랜차이즈 매장 얘기를 한 번만 더 하자. 가부장적 담론질서에서 매니저가 직원을 "애들"로 부르는 곳에서 오래 일하지 말자. "애들"보다는 성인으로 존중되며 호명되는 곳이 더 바람직하다. 매니저가 가부장으로 더 챙겨주면서 애들로 다루는 곳보다는, 덜 챙겨주더라도 내가 어른으로 공식적인 관계성을 만들고 독립적인 정체성을 가질 수 있는 곳이 좋다. 직원으로 일할 때 계약서 내용을 잘 읽고, 궁금한 점이 있으면 질문하자. 온정적인 가부장이 없다면 책임감이 더 생긴다. 처음엔 경직된 느낌을 받을 수도 있겠다. 계약서의 내용은 다르게 해석될 수 있고, 파면될 수도 있는데 온정적인 매니저님이 없으면 뭘 제대로 부탁

할 수도 없을 것 같다. 하지만 그런 이유 때문이라도 우린 텍스트를 더 읽고, 더 듣고, 더 말하고, 더 쓰면서, 의미를 타협하는 주체로 성장해야 한다. 그런 관계성과 정체성이 쌓이면, (상호)텍스트성에 더 감수성을 키우면, 기득권력으로 늘 관리되던 장르와 스타일이 소멸될 수 있다. 국내 사회에 만연한 가부장주의는 바꾸지 못해도 내가 일하는 곳에서 가부장적인 장르와 스타일 속성이 변할 수 있다. 잘 안 바뀌어도 새로운 사회적 조건과 만나면 분명 바뀔 수 있다.

15장 이데올로기 분석: 설명 단계

텍스트와 텍스트가 어떤 경향으로부터 연결되는 속성을 해석하는 상호텍스트성 단계는 해당 담론이 위치한 (보다 거시적인) 콘텍스트 변인으로부터 조정되기도 한다. 담론의 실천/관행을 해석할 수 있는 연구자를 포함한 사회구성원들의 기억자원, 혹은 기대심리는 상호텍스트성 (장르, 스타일, 핵심주제)에 영향을 끼치는 이데올로기, 권력관계, 사회구조 등의 그림자 안에 있다. 그런 거시적 콘텍스트로부터 동기화되면서 관련 텍스트들이 생산되고 유통되며, 또 한편으로는 (담론을 구성하거나 제약하는) 또 다른 이데올로기적 질서에 서로 영향을 끼치기도 한다. 텍스트 기반의 실천은 콘텍스트 안에서 일종의 관행처럼 작동하기도 해서 어디까지 실천이고 관행인지 구분조차 하기 힘들 때가 많다.

텍스트 사용은 관례적으로 사용되는 장르와 스타일에 의존하고, 상식으로부터 선행/후행 텍스트는 서로 인용하고 전제한다. 이와 같은 상호텍스트성을 분석하는 단계에서는 여전히 텍스트에 집중하고 있어서 왜 특정한 언어사용의 관례(예: 텍스트 인용, 장르 선택 방식)가 지배적인 기득권력을 대변하고 있는지, 혹은 새로운 장르적 선택이 기존 권력 질서와 충돌하고 있는지, 거시적인 설명이 늘 충분하지 않다. 이데올로기 구조로부터 사회정치적인 관점에서 지배와 억압, 불평등과 저항, 다수와 소수, 갈등과 모순 등에 관해 추론하고, 일반화하고, 예측할 필요가 있다. 엄밀한 기술과 해석의 추론과 달리, 담론자료는 이데올로기적 지형으로부터 거시적으로 설명될 필요가 있다.

이데올로기 분석, 혹은 페어클러프 용어라면 사회적 실천/관행에 관한 설명*은 푸코가 말한 (주체 밖에 있으면서 관례적인 발화를 사실상 통제하는) 담론적 질서체계를 탐구하는 것이기도 하다. 푸코는 주체가 담론/권력의 매커니즘에 종속된 불안정한 존재일 뿐이며 주체의 텍스트를 선택하고 조직하는 것은 결국 담론의 질서라고 보았다. 그런 점에서 사회적 실천/관행은 거시적 차원의 분석이 될 수밖에 없다. 담론이 사회정치적 구조, 혹은 역사나 문화 풍조 등과 어떻게 연결되는지 주목하고 거기서 작동하는 지배적인 혹은 경쟁하는 권력관계로부터 헤게모니적 지형을 파악한다. 직접적이고 특수한 상황적 맥락(예: 특정 장르)에서 분석할 수도 있고, 수백 년의 역사성이나 정치적 역학관계와 같은 간접적 사회조건을 분석할 수도 있다.

---

* 페어클러프는 이러한 설명적 단계를 '사회적 실천/관행social practice 분석'이라고 이름 붙였지만 자료를 수집하고 분석하는 절차로 볼 때 '사회적'이란 개념이 늘 애매해서 여기서 나는 '이데올로기 분석'이란 이름을 사용할 것이다. 앞서 1부에서 부연한 것처럼 이데올로기라는 속성은 불안정하다. 특정 이데올로기가 지배적인 (그래서 사회구성원들의 자발적 동의로부터 헤게모니적 실천까지도 엿보이는) 콘텍스트의 분석일 수도 있고, 복수의 이데올로기들이 경쟁하고 갈등하는 콘텍스트의 분석일 수도 있다. 능숙한 담론연구자라면 이데올로기적 설명을 통해 텍스트의 생산, 유통, 소비를 설명할 수 있어야 한다.

예를 들면 반공 담론이 시작되고 확장될 때 거시적 콘텍스트의 속성은 반드시 파악되어야 한다. 한국에서 반공 담론은 언제부터인가 시작되었고, 큰 폭으로 확장되기도 했고, 혹은 축소되거나 소멸 중이기도 하다. 그런 과정은 한국전쟁이라는 실제적 사건, 한반도 주변국과의 외교 관계, 북한 정치체계의 변화, 전 세계 공산권 국가들의 정세, 국내 경제 상황, 사회를 구성하는 인구 계층의 변화 등과 같은 간접적이면서 거시적인 비담론적 조건과 연결된 논점이기도 하다. 반공에 관한 사회적 관행은 텍스트로부터만 구성된 것이 아니다. 반공의 텍스트가 연결되고 배치되는 관행은 인용과 전제, 장르와 스타일 분석만으로는 이해하기 힘들다. 그런 상호텍스트성이 구성되는 구체적인 과정은 역사적이고 정치적인 토대 위에서 설명되어야 한다.*

---

* 모든 담론연구가 다분히 '비판적'이고 '거시적' 분석일 수도 있다는 논점은 1부에서 언급했다. 담론을 분석한다고 하면 (상호)텍스트성을 탐구하면서 사회구조의 질서와 변화를 애써 제외시킬 수도 없다. 그래서 '비판적 담론연구'라는 연구방법론의 이름에서 '비판적'이란 수식어를 제외해도 무방하다고 했다. 그렇지만 누군가 유별나게 '비판적'이란 수식어에 연연한다면 그건 아마도 (상호)텍스트성의 관례를 보다 사회정치적으로 인식하고 담론을 통해 이데올로기의 질서를 비판적으로 주목하겠다는 연구자의 의지가 있는 것이다. 텍스트와 텍스트, 텍스트와 콘텍스트의 결합보다 보다 명시적으로 이데올로기 질서(에 의한 텍스트적 실천, 혹은 텍스트 사용으로부터 영속화되는 이데올로기 질서)의 횡포, 차별, 불평등, 권력성 등을 탈신비화하고 저항하고 문제화하겠다는 것이다. 스스로 '비판적 담론연구자'라고 애써 강조하는 연구자라면 단순히 텍스트를 통해 콘텍스트를 이해하는 (기능적인) 연구자에 그치지 않고 텍스트 사용의 기술과 해석을 뛰어넘어 사회정치적인, 또는 이데올로기적인 질서로부터 무언가를 설명하고자 하는 정체성을 가지고 있을 것이다.

1. 이데올로기 분석의 두 가지 접근

텍스트는 서로 인용하고 전제하면서 연결된다. 학술논문이든, 신문 사설이든, 장르와 스타일이 선택되면서 핵심주제가 전달된다. 교실에서 일어나는 교수와 학생의 말 교환, 정치인의 TV토론, 학생이나 직원 인터뷰, 신제품의 판촉, 시상식 발표, 전쟁 영화와 같은 모든 유형의 담론구성물을 해석할 수 있는 관례적 장치가 있다. 그런 장치는 모두 개인적이거나 개별적이지 않다. 특수한 유형의 관례를 넘어서 다분히 사회정치적이고 역사적인 부산물이라고 추론될 수 있다.

푸코식 용어라면 '담론질서'이고, 담론연구자 제임스 폴 지의 용어라면 소문자 'd'(iscourse)(small d)와 구분된 대문자 'D'(iscourse)(big D), 알튀세르 용어라면 '이데올로기'일 것이다. 그런 거시적 구조로부터 (상호)텍스트(성)의 실천과 관행이 매개되는 것이고 담론연구자는 그걸 설명하려고 한다. 사회구성원이 텍스트를 연결하며 여기저기 배치할 때 서로의 기억자원과 집단적인 기대심리에 의존한다. 그때 동원되는 이데올로기를 담론연구자라면 볼 수 있어야 한다. 담론은 대개 이것저것 복잡하게 구성된 것이다. 텍스트로부터 가시적인 기술이 가능할 수도 있지만 눈에 보이지 않는 사회적 현상을 설명할 필요도 있다. 보이는 텍스트만 기술하고 해석하면, 오랫동안 구조화된 사회적 질서와 담론적 효과에 대해 제대로 논술할 수 없다.

우리의 기억자원으로부터 반복적으로 매개되는 상호텍스트성의 관례가 지배적인 기득권, 오랜 사회적 갈등, 진영 간의 권력투쟁 등으로 설명된다면, 해당 담론의 청자, 독자, 사용자 집단을 더욱 폭넓게 확보할 수 있다. 유통되고 소비되는 많은 담론들이 개별적이지만 나름 모두 근사하게 보이는 이유는 해당 담론을 지배하는 보다 거시적이고 강력한 담론질서가 존재하기 때문이다. 그런 층위까지 알아채면 단 하나의 특수한 담론자료를 분석하고 기획하더라도 보다 큰 규모의 변화, 저항, 개입의 효과를 추론할 수 있다.

거대한 담론구성체는 다양한 장르와 스타일을 유연하게 수용할 수 있다. 예를 들어 신자유주의라는 사회정치적 질서는 사교육, 대학입시, 영어열풍, 성형문화, 여가, 식사와 주거 방식 등에 관한 구체적인 담론들이 유연하게 생성되도록 돕는다. 특정 담론은 필요할 때마다 조금씩 변주될 수 있고 거대한 담론구성체 안에서 수시로 동원될 수 있다. 신자유주의 질서를 유지하기 위해 크고 작은 서로 다른 이데올로기들은 전략적으로 가감되고 편집되고 임시로 결합되거나 분리되기도 한다. 그렇게 외연을 유연하게 유지하는 담론들의 네트워크는 개별 담론을 사실상 지배한다. 해당 담론질서의 기득권을 가진 입장이라면 서로 연결된 담론들의 네트워크를 유지하고 보수하고 계속 확장하도록 돕는다. 그곳에서 장르, 스타일, 핵심주제는 늘 복수로 공존하고 서로 겹쳐치고 새롭게 등장한다.

이데올로기 분석은 담론이 구성되는 과정을 사회적 과정social process의 일부로, 혹은 사회적 실천/관행social practice의 일부로 설명하는 것이다. 기존의 사회구조로부터 담론 구성이 어떻게 결정되는지, 혹은 담론이 개입되면서 어떤 사회적 효과가 발생하는지 설명한다. 페어클러프에 따르면(사실상 푸코의 권력이론에 따르면)[69] 사회구조는 권력관계의 개념에 가깝다. 사회적 과정, 혹은 사회적 실천/관행은 권력지향성을 가진 이해집단이 벌리는 사회적 갈등social struggle으로 이해할 수 있다.

권력관계로부터 담론을 사회적 갈등의 과정으로 이해한다면 이데올로기 차원의 분석은 다음 둘 중 하나에 집중할 수 있다. 하나는 갈등하고, 경쟁하고, 투쟁하는 과정에 비중을 두는 것이다. 또 하나는 지배적인 권력의 구조에 비중을 두는 것이다.

첫 번째는 연구자가 이데올로기들이 서로 갈등하고 경쟁하고 투쟁하는 단면에 집중한다. 폐쇄적인 사회가 아니라면 지배적인 이데올로기조차 늘 불안전한 상태이니 이데올로기들의 경쟁은 필연적일 수밖에 없다. 예를 들면 세월호, 무상복지, 낙태, 동성애, 이주민, 핵 개발, 대학입시 개편 등은 치열하게 갈등하는 경쟁 담론들이 공존한다. 텍스트의 기술과 상호텍스트성의 해석 수준을 벗어난 사회적 갈등에 대해 해당 연구자는 거시적인 이해가 필요하다. 갈등하고 경쟁하는 이데올로기들과 헤게모니 지향성의 개념은 권력관계를 변화시키기 위해서 텍스트들이 서로 새롭게 연결되고 배치된다는 담론의 속성에 부응한다. 이 책에서 다룬 담론의 경쟁은 헤게모니 지향성과 잘 맞는다. 담론의 구성방식이 변하면 권력관계는 새롭게 정당화될 수 있다. 권력관계에 변화를 주려면 담론의 개입과 효과에 관해 숙고해야 하다.

두 번째 경우는 연구자가 (헤게모니를 획득한) 지배적인 이데올로기를 분석하는 것이다. 선명하게 드러난 지배적인 권력구조로부터 담론이 만들어지고 유통되고 소비되고 있다는 것을 주목하는 것이다. 담론경쟁이 치열할 때, 권력관계는 그 자체로 경쟁의 산물이다. 지배적인 담론/권력이 안정적인 수준의 위치성을 갖게 되면 해당 담론에 관한 연구물은 담론경쟁의 결과적 국면을 보는 셈이다.

예를 들면 국내 교육사회의 학벌 담론, 신자유주의로부터 유도된 기업가적 주체성 담론, 영어교육문화에서 흔히 발견되는 원어민-표준언어-단일언어주의 담론이 여기에 해당된다. 모두 담론들의 갈등과 경쟁이 보이지 않는다. 이미 단단하게 구축된 상식의 빙산만 보인다. 권력을 확보한 집단, 지역, 국가로부터 지배적 이데올로기는 안정적으로 해당 담론 안에 끼워져 있다.

페어클러프는 이와 같은 이데올로기적 개입을 사회가 조직된 세 가지 층위에서 분석되어야 한다고 제안했다. 첫째는 사회적societal 층위이며 오랫동안 유지된 위계적 사회질서, 구조화된 권력관계처럼 가장 큰 규모의 담론질서로 볼 수 있다. 둘째는 기관이나 제도적institutional 층위이며 글로벌 기업이든 전문대학이든 유치원이든 특정 유형의 담론이 사용되는 제도화된 기관의 콘텍스트를 언급한 것이다. 셋째는 상황적situational 층위이며 보다 개별적이고 특수한 언어사용의 현장과 사례를 지시한다. 연구자는 서로 다른 층위에서 (상호)텍스트성의 배치에 영향을 주는 이데올로기(적 효과) 등에 주목할 수 있다.*

2. 이데올로기의 접합, 탈접합, 재접합

사회구조가 단순하지 않듯이 담론도 쉽게 이름 붙일 수 있는 거대한 단수 이데올로기로만 설명될 수 없다. 다양한 이해당사자 주체가 서

---

* 아울러 페어클러프는 다음 범주로부터 사회적 실천/관행의 분석을 제안했다. ① 사회적 결정 요인: 세 가지 층위에서 어떠한 권력관계가 해당 담론을 구성하는데 도움을 제공했을까? ② 효과: 세 가지 층위에서 담론들은 서로 갈등하고 경쟁하면서 서로 어떻게 위치되었을까? 담론들의 갈등은 명시적이었을까, 아니면 숨겨져 있었을까? 특정 담론은 기억자원으로부터 규범적으로 작동되고 있었을까, 아니면 창조적으로 변형되고 있었을까? 해당 담론들은 지배적인 권력관계를 (어떻게) 유지하거나 변형했던가? ③ 이데올로기: 기억자원의 어떤 요소들이 가장 이데올로기적인가? 페어클러프는 이와 같은 분류를 구체적인 분석 절차로부터 부연하지 않았다.

로 다른 필요와 경험으로부터 담론(의 이데올로기)를 만들고 보완하고 유지하고 폐기한다. 헤게모니를 지향하는 담론은 다른 담론들과 이데올로기적 속성을 교환하는데, 그런 점에서 지배적인, 혹은 경쟁적인 이데올로기의 실천/관행을 분석할 수 있는 가장 좋은 방법은 접합/탈접합/재접합된 이데올로기 속성들을 분해해 보는 것이다.** 이데올로기 차원에서 접합된 속성들을 분해할 때만 텍스트와 텍스트와 연결되는 관례도 보다 거시적이고 비판적으로 이해될 수 있다.

이데올로기 접합/탈접합/재접합은 담론생산자에 의한 능동적인 기획일 수도 있겠지만 비담론적 조건에서 우연히 성사될 수도 있다. 그래서 접합/탈접합/재접합의 출처, 과정, 효과가 불분명한 경우가 많다. 다시 강조하지만 어떤 이데올로기도 완전하거나 절대적이거나 고정적일 수 없으며, 그런 이데올로기들의 접합/탈접합/재접합 역시 필연적이거나 당연할 수만 없다.

다만 이데올로기들이 접합되는 지점을 추적하다 보면 임의적이고 우발적으로 보이는 담론 생산과 경쟁 과정 중 일부가 설명될 수 있다. 담론연구자라면 이데올로기들이 경쟁하거나 섞이면서 새로운 의미체계가 형성되는 지점, 시기, 사건을 주목해야 한다. 대개 (상호)텍스트적 배치와 함께 이데올로기 접합/탈접합/재접합이 이루어지는 것이기 때문에 담론자료를 분석하는 입장에서는 너무 복잡하게 보일 수 있다. (상호)텍스트성 차원 밖에서 이데올로기적 접합전략만 별개로 분

** 이데올로기들이 접합된다면 (이데올로기적 실천/관행의 층위를 포함한) 담론구성체 역시 접합되는 것으로 이해할 수 있다. 여기서는 담론의 접합보다 담론자료 분석을 돕는 이데올로기들의 접합 단면에 더 집중하기로 한다.

석하는 것도 바람직하다.

문화연구자 스튜어트 홀의 접합이론으로부터 정의하면, 담론은 의미를 서로 다르게 부여하는 방식이다.[70] 하나의 재현물을 두고 의미체계, 의미작용이 복수라는 것은 그걸 둘러싼 복수의 이데올로기들이 의미화 작업에 서로 다르게 개입하고 있다는 뜻이다. 하나의 담론을 분석한다는 것은 동일한 어떤 것을 놓고 '누가 어떻게 '다르게' 말하고 있는지'를 분석하는 것이며 접합이론은 이데올로기적 동기가 있는 서로 다른 거대한 의미체계를 분해할 수 있는 구체적인 방법이 될 수 있다.

접합은 특정 이데올로기가 지속적이고 계획적으로, 혹은 산만하고도 우연히 묶이는 의미화 과정이다. 간단한 예를 들면, 여자친구가 약속에 늦은 남자친구에게 이렇게 말한다. "남자가 왜 그리 책임감이 없냐?" 남자친구는 미안하다며 이렇게 화답한다. "이제부터 약속을 잘 지키는 진짜 남자가 될게." 이런 텍스트를 모아보면 약속을 잘 지키는 책임감과 남성성에 관한 의미체계가 접합된다. '남자는 책임감이 있어야 한다'는 남성성에 관한 새로운 이데올로기가 만들어진다. 푸코라면 권력의 질서로 구획된다고 말했을 것이다.

남자친구가 없어 외롭다는 여자직원에게 동료 직원이 "살부터 빼야지. 살찐 사람을 어떤 남자가 좋다고 하냐?"라고 말하는 것도 마찬가지다. '남자친구가 있어야 한다'는 이성애적 사회구조가 전제되어 있고, 살을 빼는 것과 남자들에게 매력적인 여성성이 자연스럽게 접합된다. 외모와 남성에게 매력을 발산해야 하는 여성의 사회적 위치성이 임의적이면서 너무나 당연하게 슬그머니 접합되었다.

'여성의 몸은 자유', '소수언어사용의 권리', '세계최초 평화시위 촛불집회', '자본이 되고 자원이 되는 한국의 다문화'와 같은 새롭게 등장한 의미체계 역시 이데올로기의 접합으로 분석될 수 있다. 예를 들어 이런 식으로 추론할 수 있다. '여성의 몸이 자유'라는 메타포는 자유주의 여성주의자가 (의도적으로) 기획한 접합이다. '몸 + 여성 + 자유' 조합의 어휘를 각각 분리해두면 서로 아무런 상관이 없다. 필연적으로 연결될 여지는 없다. 그런데 여성성에 대한 사회적 의미가 달라지고 있는 요즘이라면 세 어휘의 조합은 너무나 당연하게 보인다.

'언어 + 소수자 + 권리'도 마찬가지다. 이건 몇십 년 전만 해도 아무런 상관도 없는, 서로에게 엉뚱한 어휘들이다. 그런데 관련 분야의 학술연구자 혹은 사회활동가들이 목표 담론을 기획하고 사회적 쟁점으로 부각하면서, 이제 법제화까지 시도될 만큼 성공적인 담론적 기획(으로 손꼽히는 이데올로기적 접합)이다.

1부에서 설명한 '세계 최초의 광화문 평화시위' 역시 '시위 + 평화 + 세계최초'라는 의미체계들이 접합된 것이다. 10여 년 전만 해도 서로 묶일 수 없는 어휘(에 함축된 이데올로기)들이 새롭게 접합되었다. 다문화 현장에서 접합된 '자원' 담론 역시 이데올로기적 접합의 결과물이다. 본래 다문화 담론은 원어민 이데올로기, (이주민의) 언어능력 문제, 언어권리 이데올로기로부터 구성되는 정도였다. 그러더니 어느 시점부터 원어민, 문제, 권리 이데올로기와 탈접합되고 자본이나 자원의 이데올로기와 접합되었다. 물론 다른 사회적 조건으로부터 다른 접합/탈접합/재접합이 언제든지 가능하다. 그런 개념적 구성은 당위적이거나 본질적이지 않다. 단지 이데올로기적 (문화적) 구성물로 보는 관점이 필요하다.

홀의 관점에서 보면, 이데올로기는 필연적으로 합쳐질 본질이 없다. 서로 접합되면서 하나의 담론이 일시적으로 구성되는 만큼 이데올로기들의 탈접합과 재접합은 거대한 담론들의 네트워크 안에서 전략적으로 발생할 뿐이다.* 1부에서 담론의 역사성에 관해 소개했는데 일시적으로 고정된 의미체계는 새로운 사회적 조건으로부터 다른 방식의 이데올로기 접합으로 연결될 수 있다. 담론이 통시적인 속성을 갖는 유연한 구성체라는 이유는 이데올로기적 접합이 늘 가능하기 때문이다.

접합의 다른 예는 다음과 같다. 21세기가 넘어오면서 세계화 시대의 영어(공부를 열심히 해야만 한다는) 이데올로기가 자리를 잡는다. 국가도, 기업도, 대학도, 어떤 개인도 토익점수로부터 영어능력을 검증하는 교육문화가 형성된다. 전국 대부분 대학이 영어졸업인증제를 실시하고 졸업예정자라면 전공 불문하고 토익 시험을 의무적으로 응시한다. 세계화 시대의 영어사용, 영어능력인증, 영어시험 응시에 관한 의무, 그리고 이를 주도하는 대학의 책무성 담론이 형성되었다.

신자유주의 담론질서가 본격적으로 확장되면서 영어능력, 영어학습, 영어시험, 영어교육정책 등에 관한 이데올로기는 수시로 세계화, 기업과 국가 경쟁력, 글로벌 인재, 대학의 책무성, 자기계발에 관한 이데올로기적 지향성과 접합된다. 그러면서 지역마다 영어마을이 개설되고, 초등학생도 영어경시대회에 참여하고 일찌감치 토플이나 토익을 공부하면서 특목고 입시를 준비한다. 그런 풍경이 당연하게 보인다. 사회구성원 누구든지 영어능력을 인증하는 영어시험, 혹은 시험 기반의

---

* 1부에서 담론의 속성을 소개할 때 나는 마르크스의 경제적 구조로 구축된 계급이론과도, 포스트모던적 세계관인 언어(담론)중심주의와도 모두 거리를 두었다. 대신 텍스트와 콘텍스트를 매개하는 담론의 변증법적 속성, 세상에서 기획/생성, 유지/경쟁, 확장/소멸하는 이동성과 역사성을 강조했다. 홀의 접합이론은 그와 같은 속성의 담론을 분석할 때 매우 유용하다.

제도와 정책을 요구하고 요구받는 담론이 당연하게 구축된다.

초등학생, 중학생이 국제중이나 특목고 입시를 준비하며 토플과 토익을 공부하던 때인 2007년에 토플이 인터넷 기반으로 시행되면서 수험자들이 시험 신청도 제대로 하지 못한 "토플 대란" 사건만 봐도 그렇다. 조선일보는 당시 사건을 전하면서 2007년 4월 17일 기사에 "이 문제의 본질은 공급을 감당하지 못하는 수요의 문제이다"라고 단정한다. 어린 학생들이 토플과 같은 시험을 응시하던 때이며 입학과 입사에 관례처럼 토플이나 토익 성적을 요구하던 때였다. 이데올로기들은 얼마든지 다르게 접합될 수 있었지만 조선일보는 경제주의 관점을 토플 대란에 접합시킨다.**[71]

내가 참여한 담론연구만 보더라도 영어에 관한 이데올로기들은 국내에서 빠른 속도로 접합, 탈접합, 재접합의 의미작용을 거쳤다. 지난 20여 년 동안 다양한 이해당사자들로부터 영어에 관한 이데올로기적 접합, 탈접합, 재접합이 어떻게 시도되었는지 몇 가지만 제시하면 다음과 같다. 탈접합을 '-', 재접합을 '+'로 표시했다.

영어 + 취업(시장) + 대학의 책무

영어 - 취업(시장) - 대학의 책무 + 세계화

영어 - 취업(시장) + 세계화 + 글로벌 기업 + 글로벌 시민

영어 + 세계화 + 취업(시장) + 자기계발

영어 - 세계화 - 글로벌 시민 + 재미 + 여행

** 이후 동아일보나 중앙일보는 국가주의와 접합하여 토종시험 개발의 필요 담론을 만들어낸다.

간단하게 요약하면, 영어 담론을 구성할 때 처음으로 개입시킨 상식체계는 취업(시장)이나 대학의 책무성이었다. 취업이 중요하고 취업시장에서 경쟁력을 갖추기 위해서 대학이 책임을 지고 학생들의 영어공부를 시키겠다는 것이다. 그러나 글로벌 기업, 글로벌 인재, 글로벌 시민, 글로벌 국가 등의 담론이 형성되면서부터 취업이나 대학의 책무를 탈접합하고 세계화 이데올로기와 접합되었다. 이후로도 취업(시장)은 재접합되기도 하면서 자기계발의 필요와 같은 의미체계와 새롭게 접합되었다. 특정 매체(예: 예능 방송)는 세계화, 글로벌 시민과 같은 거창한 의미체계를 의도적으로 탈접합하고 대신에 재미, 여행에 관한 이데올로기와 접합했다. 지난 20여 년만 봐도 영어를 공부하고, 영어를 잘하면 좋고, 영어를 사용해야만 하는 의미체계는 다양한 이데올로기로부터 (필요에 따라, 혹은 알 수 없는 이유로부터) 조합되고 편집되고 재구성되고 있었다.

나는 지금까지 영어사용, 영어평가, 영어정책에 관한 담론연구를 자주 수행하곤 했지만 앞으로는 한국어교육, 이중/다중언어, 다문화에 관한 이데올로기적 접합도 연구해볼 참이다. 국내 언어교육 현장은 너무나도 지배적인 단일언어주의 이데올로기부터 관련 텍스트를 선택하고 배치하는 관례가 있다. 그러나 점차 단일국가, 단일민족, 단일언어에 관한 의미체계와 탈접합되고 보다 유연한 (신자유주의) 이데올로기들과 결합하고 있다. 예를 들면 다중성, 횡단성, 도시민족성, 권리, 다양성, 자원과 같은 가치가 다중언어와 다문화 이데올로기에 유입되고 있다.*

---

* 다중언어, 다문화는 병렬적인 단일언어주의 입장임을 전제하기도 하면서 종전의 단일언어주의 담론과 재접합되기도 한다. 그러나 엄밀히 살펴보면 서로 횡단적으로 사

마지막으로 앞서 참조한 서덕희 교수의 교실붕괴에 관한 담론연구도 접합에 관한 선행 연구물로 참조할 수 있다. 교실붕괴 담론이 구성될 때는 세계화, 혹은 시장화된 사회구조가 힘을 얻었고, 지식, 정보, 자원, 자본은 서로 결속되면서 교육은 자본을 키우는 활동으로 재구조화되었다. 2001년 '교육부'는 '교육인적자원부'로 개명될 정도였고 교육의 모든 용어는 새롭게 재어휘화, 재구조화 과정을 거쳤다. 그런 중에 조선일보는 교실붕괴 담론으로부터 교육(의 문제)를 경제와 빈번하게 접합시킨다. 그리고 교육(의 문제)는 관료나 대학 연구자의 전문담론이 아니고 전 국민을 개입시킨 일상화된 헤게모니를 획득하게 된다.

이런 배경에서 서덕희 교수는 "교육은 신성하다"는 "고립된" 교육담론에서 벗어나 "열린 마음"으로 "시장논리"를 받아들여야 "보이지 않는 손"의 힘으로 "지식기반사회"에서 살아남을 수 있는 "일류 상품"을 만들 수 있다고 제안한 2001년 3월 4일 기사를 분석한다. 교실붕괴 원인을 "막무가내식 평등교육"과 "아동중심교육철학"으로 몰면서 "다양성" 속에서의 "자율"을 대안으로 선택하는 과정 중에 교실붕괴는 신자유주의 경제와 본격적으로 접합된다.

'다양성', '자율성', '수월성'은 획일적이고 중앙집권적인 국가주의적 제도교육을 비판하기 위해 제기된 의미체계지만 교실붕괴 담론에서는 교육과 경제가 접합되면서 의미 변환이 이루어진다. 본래 '자율성'과 '수월성' 등의 개념이 탈접합되고 신자유주의 경제 안에서 재접

용할 수 있는 상보적 언어레파토리가 존중되는 것이 아니라 원어민-목표지역 기반의 분리식/병렬식 언어복수주의가 강조되고 있어서 사실상 단일언어주의 가치가 복원되고 더욱 강조되는 셈이다.

합되면서 학교를 "선택"하는 자율성이나 "무한경쟁시대"에서 살아남을 수 있는 "일류"로서의 '수월성' 등으로 의미화된 것이다.

이처럼 담론의 역사성 연구로부터 이데올로기는 본질적이지 않고 의미체계는 고정될 수 없다는 것을 알 수 있다. 연구자 입장에서는 접합의 과정을 거치는 이데올로기 의미체계를 일시적으로 분해하여 사회구조, 권력관계 등의 거시적 의미화 과정을 추론해보는 것이다. 지배적 담론을 문제화하고, 갈등하고 경쟁하는 담론들을 명시적으로 구분하기 위해서는 유동적인 이데올로기들의 속성을 이렇게 일시적으로나마 분해해야 한다.

3. 예시: 접합된 이데올로기 분해하기

접합된 이데올로기를 분해하는 연습을 한번 해보자. 다음 신문기사[72]에 숨겨진 이데올로기들의 전제, 그리고 어떤 이데올로기들이 서로 접합되어 있는지 각자 찾아보자. 박철 총장이 한국외국어대학교를 알리는 기사이며 세계화 시대에 국가와 개인의 경쟁력을 높이기 위해서 가장 필요한 것은 "두말할 것 없이 뛰어난 외국어 실력을 갖추는 것"이고 "영어 이외의 외국어를 안다는 말은 국제무대에서 무기를 2개 가진 것과 마찬가지"라고 주장하는 내용이 나온다. 전쟁과도 같다는 세계화 시대에 국내 대학의 총장이 어떤 이데올로기적 전제로부터 담론전략을 구사하는지 탐색하는 것이다. 3부에 나열된 텍스트, 상호텍스트성 차원의 분석과 함께 이데올로기의 개입을 종합적으로 다뤄봐도 좋을 것이다.

[우리대학 비전을 말한다] 한국외국어대학교 박철 총장

"신입생 상위 20%, 해외대학서 한학기 배워"

한국외대는 올해 개교 55주년을 맞아 대내외적으로 많은 변화를 이루고 있다. 일본어과가 일본어대학으로, 중국어과가 중국어대학으로 승격됐다. 일본어와 중국어가 단과대 차원으로 승격한 것은 국내 처음이다. 외형적으로는 지난 1957년에 세워진 옛 본관을 철거하고, 일부만 역사관으로 남겼다. 오래된 건물에 가려져 있던 웅장한 새 본관의 모습이 완전히 드러나면서 캠퍼스가 확 달라져 보인다.

대학의 변화를 이끄는 박철 총장은 "저마다 글로벌화를 외치고 있지만 정작 글로벌화의 토대가 되는 외국어 교육에 대해서는 사회적 관심이 부족하다"며 "한국외대는 국가의 지원 없이 학생들의 등록금으로 운영되는 사립대지만 국제사회에서 경쟁력 있는 인재 육성에 누구보다 앞장서고 있다"고 역설했다.

◆최소 2개 이상 외국어 할 수 있어야

세계화 시대에 국가와 개인의 경쟁력을 높이기 위해서 가장 필요한 것은 무엇일까? 박 총장은 "두말할 것 없이 뛰어난 외국어 실력을 갖추는 것"이라고 단언했다.

"흔히 외국어라고 하면 영어라고만 생각하는데 이는 잘못된 것입니다. 다양한 국가와 인종을 상대로 교류해야 하는데 영어만 가지곤 부족한 거죠. 영어 이외의 외국어를 안다는 말은 국제무대에서 무기를 2개 가진 것과 마찬가지입니다. 무기가 두 개인 사람이 하나뿐인 사람보다 유리할 수밖에 없죠."

외국어 교육은 어릴수록 효과가 크다고 강조했다. 박 총장은 "3~9세 사이에 2~3개의 언어를 동시에 배우는 것이 효과적이라는 것은 국제적으로도 공인된 사실"이라며 "어릴 때부터 2개의 언어를 기본적으로 배우는 것이 유리하다"고 조언했다.

◆한국외대의 경쟁력

외국어 실력을 높이기 위한 한국외대의 교육시스템은 독특하다. 대표적인 제도가 '7+1 제도'와 '2개 외국어 졸업 인증제'다.

박 총장은 "2006년부터 도입된 '7+1 제도'는 학생들에게 4년간 8학기 재학 중 1학기를 외국 대학에서 수학할 기회를 주는 것"이라며 "벌써 1000여명의 학생이 혜택을 받았고, 올해 신입생은 상위 20% 학생 전원이 해외대학에 파견된다"고 설명했다. 또 "외대생이라면 전공에 상관없이 적어도 2개 이상의 외국어를 자유롭게 구사할 줄 알아야 한다"며 "졸업에 필요한 학점을 이수하고, 졸업 논문 또는 졸업 종합시험에서 합격하더라도 2개 이상의 외국어 인증기준을 반드시 통과해야 졸업할 수 있다"고 덧붙였다.

이외에 한국외대는 올해부터 '4×30%'를 도입했다. 외국인 교수, 원어 강의, 해외 파견학생, 외국인 학생비율 등 4가지를 30% 이상으로 끌어올린다는 의미다.

"한국외대는 '이중전공제'를 도입했습니다. 입학 당시의 전공 이외에 또 다른 하나의 전공을 더 이수하게 하는 제도죠.

2007학년도 입학생부터 의무사항입니다. 탄탄한 외국어 실력은 기본이고, 심화한 전문지식을 갖춘 글로벌 인재를 길러내기 위해서입니다. '외대를 만나면 세계가 보인다'라는 대학슬로건이 현실화되는 것이죠."

◆영어시험 논란
한국외대는 지난 대입에서 영어 제시문을 논술에 활용, 논란이 일기도 했다. 이에 대한 박 총장의 입장은 명확했다.
그는 "외대가 외국어에 실력있는 인재를 뽑기 위해서 영어 제시문을 쓰는 것을 잘못됐다고 하는 것이 잘못된 것 아니냐"며 "올해 입시에서도 영어 제시문을 사용할 것"이라고 밝혔다.
"외대 논술문제가 다른 대학의 논술문제와 같을 순 없어요. 진정한 외국어 특기자를 뽑기 위해서는 영어 쓰기도 할 줄 알아야 한다고 봅니다. 일부 전형은 고교 수준의 영어 제시문을 내서 영어로 답을 쓸 수 있는 정도는 돼야 한다고 생각해요. 영어 쓰기 문제를 낼지 여부는 현재 대교협 및 교과부와 협의 중입니다."

◆외국어교육에 대한 사회적 인식 전환돼야
박 총장은 "국내에서 대학입시 경쟁이 과열돼 소위 'SKY'에 가지 못하면 낙오자가 된 것처럼 부추기는 사회풍토 때문에 외국어 교육이 입시교육으로 변질했다"며 "각 대학의 다양한 특성화를 인정하고 세계화를 위한 기본 토대로써 외국어 교육이 중시돼야 한다"고 말했다.
"해외 명문 외국어대는 모두 국립대로 운영되고 있습니다. 일본의 동경외대, 중국의 북경외대, 러시아의 무기모(MUGIMO), 프랑스의 이날코(Inalco) 등 외대는 모두 국립대로 각국 정부로부터 엄청난 행·재정적 지원을 받습니다. 그러나 한국외대는 사립이라서 학생들의 등록금 위주로 운영됩니다. 그렇다고 해서 한국외대의 위상이 낮은 게 아닙니다. 한국외대에서 가르치는 언어 수는 프랑스 이날코 93개, 러시아 무기모 53개에 이어 세계에서 3번째로 많은 45개입니다. 일본 동경외대 26개와도 비교할 수 없을 정도죠. 힘든 여건 속에 고군분투 중인 한국외대에 대한 국가적, 사회적 관심과 지원이 필요한 시점입니다."

박 총장은 "외국어대라서 외국어의 중요성을 강조하는 것이 아니다"라고 힘주어 말했다.

"얼마 전 아르메니아 대학 총장이 방문했는데 그 대학 학생들은 5개 국어를 구사한다고 말하더군요. 이유를 물으니 'to survive(생존하기 위해서)'라고 대답을 합디다. 이 말이 정답입니다. 만약 홍콩이 중국어를 쓰고, 싱가포르가 말레이시아어를 고집했다면 아시아 허브가 될 수 없었겠죠. 우리도 국민소득 3만 불 국가가 되려면 4~5개 언어를 구사할 수 있어야 합니다. '글로벌은 곧 외국어'라는 정말 간단한 사실을 명심해야 합니다."

4부 담론의 기획, 담론 리터러시

지금까지 담론을 총론으로 이해한 후에 담론자료를 텍스트, 상호텍스트, 이데올로기 차원에서 분석하는 방법을 제시했다. 이제 4부에서는 지배적인 담론을 분석하거나 대항/대안 담론을 새롭게 기획하는 일이 누구에게 왜 필요한지 좀 더 부연하도록 한다. 담론의 리터러시를 획득할 때 각자의 삶의 질서와 정체성, 혹은 권력관계와 사회구조를 새롭게 변화시킬 수 있다는 점을 강조할 것이다.

'비판적 언어인식critical language awareness' 교육을 소개하면서 담론의 속성을 비판적으로 학습하는 언어교육의 필요성도 언급했다. 담론 기반의 언어교육은 우리 각자의 삶과 사회변화를 소재로 텍스트와 콘텍스트의 상호작용을 가르치는 것이다. 담론의 분석은 비판적/진보적 학자에게만 귀속된 것이 아니다. 담론의 기획은 광고홍보나 마케팅 일에만 적용되는 것이 아니다. 누구나 담론질서의 그늘 안에서 산다. 각자 서 있는 곳에서 그런 속성을 제대로 숙지하는 만큼 지금과는 전혀 다른 삶과 사회질서가 시작될 수도 있다.

16장 왜, 누구에게 필요한가?

1. 왜 담론을 기획하는가?

1) 사회변화에 능동적인 참여

중세까지 자연은 인간 무리에게 경외와 공포의 대상이었다. 천둥이나 폭설은 원시인에게 무섭기만 한 현상이었을 것이다. 그런 자연 앞에서 엄숙하게 제사를 지내던 인간의 모습을 상상해보라. 그러다가 휴머니즘의 시대가 열렸다. 과학의 시대가 시작되었다. 신비롭고 무섭기만 하던 자연은 이제 개별 요소로 분해/분석되었다. 자연의 작동원리가 하나씩 드러나면서 인간은 제사를 지내며 자연 앞에서 엎드려 절하던 두려움을 버릴 수 있게 되었다. 자연과학자가 큰 역할을 했다. 우주와 자연의 질서를 새롭게 바라볼 수 있도록 공헌했다.

인문학, 사회과학 학문 분야에서도 동일한 도전이 있었다. 자신과 세상을 둘러싼 말과 글은 우리가 좀처럼 바꿀 수 없는 듯하다. 익숙한 관념과 질서로부터 벗어나지 못할 것 같다. 그런데 텍스트와 텍스트, 텍스트와 콘텍스트의 구성체가 조금씩 분해되기 시작했다. 담론연구자라면 복잡해 보이는 담론의 실천/관행을 개념화시키고 몇 가지 층위를 구분하여 (상호)텍스트적 혹은 이데올로기적 개입을 분석한다. 텍스트를 나열하고 재배열하니 말과 글로 구조화된 세상도 새롭게 보인다. 그게 인문학과 사회과학 분야 연구자가 세상의 두려움을 이겨내던 방식이었다.

현미경과 망원경이 자연과학자들의 분석도구였다면 이 책에서 다룬 언어의 형식자질, 의미를 구성하는 체계, 텍스트와 콘텍스트의 결속장치가 인문사회학자에게 변화를 꿈꿀 수 있는 분석도구다. 지배적이고 익숙한 담론은 마치 거대한 자연처럼 늘 그 자리에 있었고, 앞으로도 계속 있을 것으로 보인다. 그래서 담론을 분해하고 분석할 수 있는 언어학적 장치와 사회학적 개념이 필요하다. 그걸 이해할 때 세상 속에서 만나는 말과 글의 두려움을 우리가 이겨낼 수 있다.

담론을 공부하는 이유는 관행적으로 통용되는 담론질서를 유지하고 확장하거나, 혹은 바꾸고 도전하기 위함이다. 담론의 속성을 제대로 알아야만 텍스트가 배치되는 양상을 이해할 수 있고, 특정 장르, 스타일, 핵심주제가 어떻게 선택되는지 알 수 있으며, 억압적이기도 한 지배적 가치와 신념체계를 사회구성원이 왜 당연하고 타당한 것으로 수용하는지 이해할 수 있다. 담론에 관한 비판적 리터러시를 제대로 학습하지 못한 사회구성원은 불행과 불평을 감수하면서 침묵하거나 도망갈 수밖에 없다.

우리는 수많은 담론을 교차적으로 직조한 사회질서 안에서 살아간다. 담론으로 채워진 보도기사를 읽고, 드라마를 보고, 광고를 듣는다. 가족, 이웃, 동료와 차를 마시고 식사를 하면서, 담론구성체가 유도하는 이야기를 나누며 공감하고 주장하고 반박한다. 페이스북에서 선택된 뉴스를 보면서, 유튜브에서 필요한 정보를 찾거나 인스타그램의 이미지를 보면서도 지배적인 혹은 경쟁적인 담론을 소비한다. 말하고 듣고 읽고 보고 쓴 모든 것에서 세상의 가치와 신념이 개입되지 않은 것은 없다.

이사를 가고, 졸업을 하고, 유학을 다녀오고, 직장을 바꾸고, 창업을 하거나, 내 몸이 아프거나, 억울하게 인격권과 명예를 훼손당하면, 각자마다 정도 차이는 있더라도 체험이 달라지고, 사회적 관계가 바뀌고, 태도와 입장이 바뀐다. 생각과 판단이 달라지고, 오랫동안 붙들었던 가치와 신념이 바뀔 수 있다. 녹색당을 지지하며 진보적 가치를 붙들다가 시간이 지나고 내 주변 상황이 바뀌면서 보수정당을 지지할 수 있다. 경제주의 기반의 사회질서에 굳건한 신념을 갖고 직장생활을 했더라도 은퇴를 하고 생태주의적 삶의 방식에 관심을 가질 수 있다. 누군가는 어떤 정치적 가치를 평생 붙들고 살았다며 그걸 자랑할지도 모르겠다. 그러나 내 체험이 달라지고, 내 기억이 다시 해석되고, 내 삶의 자원을 새롭게 기대하게 된다면, 누구나 평생 붙든 이데올로기를 얼마든지 폐기할 수 있다.

그런 점에서 '우리-그들'로 구분된 선과 악의 대립, 구태의연한 본질과 본성, 어디서든 누구에게든 간편하게 적용하려고 하는 보편적 서사의 진리를 놓고 우리는 끊임없이 질문해야 한다. 진실은 있을 수도 있겠지만, 아니 더욱 솔직하게 고백하면 나는 진실은 있다고 생각하지만, 담론(의 효과)에 가려 뭐가 뭔지 좀처럼 구분하기 어렵다. 담론이 개입하면서 모든 것이 너무 분명하게 보이기도 하고, 혹은 아주 복잡하게 꼬여 있기도 하다.

담론은 거대한 사회구조, 꿈쩍도 하지 않는 지배적인 권력관계를 문제화하는 과정에서도 다뤄질 수 있지만 개별적인 삶의 구체적인 현장에서도 논의될 수 있다. 우리 각자는 고민하고, 고통받고, 기억하고, 기대하며 살아가는데 그건 텍스트-콘텍스트 상호작용의 담론으로부터 다시 기술되고 해석되고 설명될 수도 있다. 우리는 누군가의 삶에 간섭하고 견제하고 협상하고 지배하기를 욕망하는데, 대개 자신의 입장으로부터, 나름의 위계적 위치성으로부터, 늘 말해온 걸 다시 말하면서, 가끔은 뭘 바꿔보려고 새로운 말을 꺼내며 살아간다. 담론의 이해는 기득권력이 재현한 현실을 새로운 매체에서 새롭게 기술할 용기를 갖도록 돕는다.

코로나 시대를 거치면서 우리는 보다 빈번하게 사각형의 화면에 담긴 누군가의 말과 글에 압도된다. 새로운 매체(예: 줌zoom)에서의 텍스트 배치는 나름 세련된 양식으로 우리를 초대하지만 우리는 그곳의 소통이 불편하기도 하고 무력한 정체성을 느끼기도 한다. 교실의 교수-학생의 관계성은 줌이라는 매체에서도 크게 다르지 않다. 진실과 진실처럼 보이는 효과를 구분하지 못한다면, 우리는 새롭게 구성되는 미디어 환경에서도 여전히 순응적으로 텍스트를 소비하며 살아가야 한다.

담론을 학습한다고 해서 특정 가치로 편향되지 않거나, 당파성을 버리고 객관화된 시선으로 살아가는 것은 아니다. 우리는 각자의 시공간에서 자신이 기억하고 기대하는 경험세계, 혹은 가치와 신념체계로부터 자유롭지 못하다. 그러나 진실과 진실의 효과, 담론과 담론의 효과를 이해한다면, 의미(작용)를 협상할 수 있고, 상대방의 텍스트를 경청할 수 있고, 콘텍스트의 변인을 경계할 수 있다. 타자와 상대 진영을 두고 이항적이고 본질적인 대립을 시도하지 않을 수 있다. 신비화된,

늘 고정적인, 절대화된 단수의 진리를 붙들면 보통 쌍욕, 저주, 악과 선, 도덕적 우월주의, 전쟁의 의미체계를 선택한다. 말과 글은 품격이 없고 담론경쟁도 사실상 사라진다. 이데올로기 경쟁만 남아 있을 뿐이다.

담론을 이해할 때만 재현, 관계성, 정체성의 변화를 기획할 수 있다. 자신의 입장, 가치, 프레임, 텍스트를 바꿀 수 있다. 붙들고 있는 이데올로기와 늘 선택하던 텍스트로 치열하게 싸울 수도 있지만, 의미협상, 전유, 변심, 변화, 공존도 모두 가능하다. 붙들고 있는 가치와 신념으로부터 (상호)텍스트적 배치와 이데올로기적 접합을 시도하면서 담론경쟁에 참여한다. 근본주의-본질주의-반지성주의 태도와는 거리를 둔다. 누구나 사실 나름의 방식으로 권력을 지향한다. 누구든 정치화된 주체성을 가질 수 있다. 텍스트로부터 구성되는 세상의 개방성과 다면성을 수용할 필요가 있다. 텍스트의 힘을 믿으며, 세상의 질서가 불완전하다는 것을 인정해야 한다. 또한 담론들은 경쟁할 수밖에 없으니 그걸 허락하는 민주주의 정치체계, 민주주의를 지키기 위한 표현의 자유는 반드시 보장되어야 한다.

불완전한 세상에 관해 개방적이고도 협상적인 태도를 갖는다면 세상을 구성하는 담론 역시 불완전한 속성으로 이해할 수 있다. 예를 들어 한국과 일본(의 관계성)을 본질화하지 않는다. 일본-한국의 가해-피해 대립 구도나, 피해자 정체성의 민족주의 이데올로기의 재현을 일종의 담론적 실천과 관행으로도 탐구한다. 담론의 속성을 제대로 이해한다면 본질적이고, 보편적이고, 단일하고(그래서 폭력적일 수도 있는) 순수한 어떤 개념을 질문할 수 있다. '남자가 여자보다 힘이 세다.' 그런 것 같다. 그러나 이것이 반복적으로, 다양한 경로로, 여러 텍스트로 결속되어 특정 장르에 일관적으로 배치된다면, 그건 담론의 개입이다. 담론이 기득권력을 가지면 그때부터는 진위성에 관해 문제화하기 어려워진다.

2) 재현에 관한 '비판적 언어인식' 교육

텍스트를 통해 우리 마음에 어떤 의미가 구체적으로 생산되는 것이 '재-현re-presentation'이다. 눈앞에 보이고 들리는 세상은 한없이 무질서하고 복잡하지만 그걸 범주, 위계, 등급, 대립 등의 문법으로 구분한 것이 텍스트이다. 위계적이고, 권위적이거나 동질적인 사회라면 텍스트가 지나치게 이질적으로 재현되지 않을 것이다. '남자다움', '부자', '가족', '영어능력', '저녁식사' 등과 같은 개념은 사회구성원 다수로부터 간단하고 단일한 무언가로 재현될 수 있다. 그러나 다원적인 가치가 충돌하고 갈등하고 경쟁하는 곳이라면, 다양한 재현이 공존할 수밖에 없다. 사회적 조건이 변했고, 개인의 체험이 다르고, 다양한 관계성이나 정체성 가치가 공존하고 있기 때문이다.

1부에서 재현을 바라보는 세 가지 관점을 소개했다. 우리에게 가장 익숙한 관점은 세상의 사물, 사람, 사건을 텍스트가 거울처럼 비춘다고 보는 반영주의 관점이다. 여기서는 재현의 위기가 없다. 기술되기만 하면 된다. 다양한 담론끼리 텍스트로부터 갈등하고 경쟁할 것도 없다. 다음은 의도주의 관점이다. 화자 혹은 저자가 텍스트를 통하여 의도한 의미를 세상에 전하고 배치한다. 저자 중심주의, 행위자 중심주의 관점이며 행위자(인간)의 독립적인 주체성, 자유의지가 강조된다. 행위자(의 텍스트)도 중요하고 이미 텍스트로부터 관행적으로 반영되고 있는 사회질서(콘텍스트)도 중요하다. 그런데 반영주의, 의도주의 관점으로는 담론의 역동적인, 상호작용적인 속성이 다뤄지지 못한다. 화자나 저자는 텍스트를 통해 전달하고 싶은 의미를 마음대로 전하지 못한다. 새롭게 무언가 구성하려면 사회질서를 이해하고 인정해야 한다. 물론 콘텍스트 역시 고정된 것이 아니다. 이것이 반영주의, 의도주의와 다른 구성주의, 상호작용주의, 혹은 변증법의 관점이라고 소개했다.

재현에 관한 새로운 논의에 언어학자 소쉬르가 크게 기여했다. 소쉬르의 구조주의 언어학은 전통적인 반영주의, 의도주의 관점을 벗어나서 텍스트만의 질서체계를 만들었다. 추후 포스트모던 학자들이 강조한 의미의 미끄러짐, 새로운 의미의 끊임없는 생산에 관한 지적 토대를 제공했다. 기표와 기의는 자의적인 결속 관계일 뿐이며, 언어사용의 심층 구조인 랑그와 특정 언어행위인 빠롤이 서로 구분될 수 있다는 논점은 기존의 행위주 중심 언어학, 혹은 막연하게 세상을 반영하는 언어의 본질적 속성과 충돌했다.

푸코는 담론질서가 권력관계로부터 주체마저 생산할 수 있다는 이론을 제시했다. 담론의 의미체계는 보편적 본질이 아니라 특수한 시공간에서 구성된 것이다. 진실의 레짐regime은 세상을 투명하게 반영한 것이 아니다. 그렇게 보면 공중과 방송에서 쉴 새 없이 등장하는 현대인의 공황장애, 불안장애, 우울증 현상도 일종의 담론으로 볼 수 있다. 담론은 허구적인 관념만이 아니다. 사회정치적인 관례만도 아니다. 관행의 질서가 있지만 실제로 텍스트를 배치하는 실천도 있다. 공황장애, 불안장애, 우울증의 사회현상이 거짓 관념이라는 것이 아니다. 텍스트로부터 구성되고, 거대한 사회질서로부터 계속 구조화되는 속성이 있다는 것이다. 공황장애에 관한 차고 넘치는 텍스트 중에서 어디까지 진실인지 알 수 없다. 다만 그렇게 구성된 공황장애 담론으로부터 우리는 공황장애에 관한 판단체계를 갖는다.

이와 같은 재현에 관한 새로운 지식전통으로부터 우리는 이제 담론을 진지하게 연구하는 학자가 아니더라도 텍스트를 사용하며 자신의 욕망, 가치, 신념을 드러내는 실천이나 세상 역시 그런 텍스트로부터 구성되어 있다는 관행을 비판적으로 의식해야 한다. 우리는 가정이나 학교에서 어릴 때부터 텍스트 기반의 교육을 받았고, 참으로 다양한 종류의 텍스트를 배웠다. 나름의 사회화 과정을 거치면서 텍스트로부터 콘텍스트를 파악하고, 콘텍스트로부터 텍스트를 이해하는 연습을 직관적인 수준에서 해왔다.

'비판적 언어인식critical language awareness', 혹은 담론 기반의 비판적 리터러시 역량은 개별적인 삶과 거시적인 사회질서를 (상호)텍스트적 속성으로 인식하도록 돕는다. 어릴 때부터 우리는 무언가를 듣고 보고 읽고 쓰고 말했다. 그러나 텍스트는 늘 중립적이거나 보편적인 가치를 갖거나 도구적인 기능일 뿐이며, 세상을 객관적으로 반영하는 거울 같은 것이라고 배웠다. 언어교육자는 그러한 가치-중립의 언어 이데올로기를 지배적으로 전제했다. 당연히 텍스트에 관한 인식이나 감수성 역시 '비판적'이거나 '사회정치적'으로 보지 않았다.*

지금은 위기사회이며, 자유가 넘치지만 사실 온전한 자유가 없는

---

* 언어를 가르치고 배우는 어느 현장이든 대개 모어 중심, 외국어로서의 교육, 형태와 기능, 가치중립적 언어사용에 집중한다. 언어의 '비판적', '담론적' 속성은 교육과정에서 논의되지 않는다. 우리가 영어를 그렇게 공부했듯이 지금 한국에 유학을 오는 외국인 학생도 단일언어주의 기반의 보편적이고 정태적인 언어규칙 학습에 전념한다. 비판적 언어인식이나 비판적 리터러시에 관한 교재나 평가는 국내에서 제대로 다뤄지지도 못하고 있다. 기득권력이나 부적절한 관례를 비판적으로 논의하고 그걸 변화시킬 가능성을 (상호)텍스트적 실천에서부터 찾는 언어교육과정은 대학조차도 거의 찾아볼 수 없다.

신자유주의 통치의 시대이기도 하다. 그렇다면 담론의 역동적인 속성을 숙지하고 비판적 언어인식을 강화하는 담론교육을 연구자 집단이나 소수 엘리트에게만 제한할 수 없다. 전 세계적으로 코로나 사태로부터 매체 사용의 선호가 크게 달라지고 있다. 비대면과 원거리 의사소통역시 일상화되고 있다. 텍스트-콘텍스트 상호작용으로 새롭게 형성되는 담론적 효과, 주체성의 포획, 사회조직의 변화, 물질적 효과에 관한비판적 이해가 어느 때보다 중요하다.

세상의 모든 (상호)텍스트적 실천/관행이 이데올로기적 동기와연결되어 있다는 비판적 언어인식 혹은 담론 기반의 리터러시는 누구나 비담론적 환경과 상호작용하면서 사회정치화된 담론의 유포와 소비에서 자유로울 수 없다는 의식에 관한 것이다. 정치적인 주체로 보기힘들 것 같은 어린 학생의 언어사용도 예외가 아니다. 그 학생에게도체험이 있고, 부모나 이웃과 관계성이 있고, 구조화되는 정체성이 있다.그런 물질적 환경, 관계적 네트워크로부터 (상호)주관적인 언어주체로살아갈 수 있도록 도와야 한다.

거대한 권력관계를 모두 고발하고 모든 삶의 지점마다 비판적 삶을 지향하자는 것이 아니다. 구체적이고 일상적인 삶의 순간에서, 교육받고 성장하는 교육현장에서, 비판적으로 담론의 실천과 관행을 의식해야 할 때가 있다. 텍스트-콘텍스트 상호작용으로부터 구성되지 않은순간과 현장은 없으며, 그중 일부는 우리가 붙들고 있는 지배적 가치와신념체계와 충돌하지 않을 수 없다. 사회구성원 다수가 텍스트를 분해하고, 분석하고, 편집하고, 재구성할 수 있다면, 즉 텍스트뿐 아니라 콘텍스트와 함께 묶어서 사유하는 담론적 전환에 모두 익숙해진다면, 세상은 그만큼 다르게 재현되고, 새롭게 해석되고, 변화될 수 있다.

여자는 이래야 하고 남자는 저래야 한다는 편향적 입장이 지배적인 곳이라면 그곳에는 특정 젠더가 다른 젠더를 차별하는 관례가 있다. 거기서 누군가 비판적 언어인식을 학습한다면, 익숙했던 젠더 이데올로기, 그걸 전제하던 장르, 스타일, 핵심주제, 혹은 관례적인 텍스트 선택을 민감하게 관찰할 수 있다. 다른 텍스트를 다른 매체에서 새롭게 선택할 수 있다. 새로운 이데올로기를 저항적으로 출현시킬 수 있다. 내가 이 책을 통해 꼭 알려주고 싶은 것은 이데올로기의 횡포라며 섣불리 크게 고함을 지르기 전에, 텍스트 선택을, 텍스트와 텍스트가 묶인 지점을, 텍스트와 콘텍스트가 묶인 논증을 다면적으로 바라보자는 것이다.

위대한 신학자이자 철학자인 토마스 아퀴나스Thomas Aquinas는 "인간 정신의 온갖 노력으로는 단 한 마리 파리의 본질도 알아내지 못한다"고 말했다. 나처럼 아퀴나스도 파리에 관한 연구경험은 없을 것이지만 무슨 의도로 그가 그런 말을 했는지 알겠다. 세상과 진리는 너무 복잡해서 우리는 섣불리 본질에 관해 단언할 수 없다. 예를 들면 '사랑'의 본질을 다루는 건 여전히 어렵고 복잡하다. 그러나 우리가 일상적으로 사용하는 사랑의 텍스트로부터 우리가 사랑하고 미워하는 콘텍스트를 구성하고, 그런 사랑의 콘텍스트는 필요한 텍스트를 선별적으로 산출한다는 건 분명해 보인다.

나는 이 책을 통해 우리가 생각하는 세상이 텍스트와 연결된 콘텍스트이며, 텍스트와 콘텍스트는 담론으로부터 매개되어 있다는 것을 설명했다. 텍스트가 (사람들이 생각하는) 현실이라는 건 구조주의적 접근이고, 콘텍스트의 신념체계로부터만 현실을 보는 건 이데올로기적 설명에 불과하다. 이데올로기는 훌륭한 지성들이 만든 관념이지만 그것만으로 삶의 의미를 찾고 세상을 바꾸기 어렵다. 다수가 숭배할 무언가를 찾을 때 이데올로기가 그걸 채우곤 한다. 그보다는 텍스트와 콘텍스트를 담론의 개입으로부터 볼 수 있는 담론 리터러시가 세상과 맞서는 우리의 지각을 좀 더 명료하게 넓힐 수 있다.

2. 누가 담론을 분석하는가?

1) 여러 전문 분야의 담론기술자

여러 전문 분야에서 이미 담론의 실천을 기획하고 담론자료를 체계적으로 분석하는 담론연구자, 담론전문가, 혹은 담론기술자가 활동하고 있다.* 광고와 홍보, 선거와 정치, 브랜드와 마케팅, 대중문화와 콘텐츠 등 여러 분야에서 (어쩌면 정식으로는 한 번도 담론의 실천/관행을 공부해본 적이 없다고 하더라도) 직관적으로나 경험적으로 텍스트와 콘텍스트의 상호작용을 관찰하고 분석하고 논술하는 이들이 있다. 그들로부터 기득권력의 담론은 유지되고 보수되며, 또 한편으로는 대항과 대안 담론이 기획되고 새로운 텍스트가 배치된다.

담론을 기획하고 연구하는 건 우파든 좌파든, 텍스트에 지향점을 두든, 콘텍스트를 더 비중을 두든, 실용적 접근이든, 생태주의 주장이든, 어디서든 가능하고 필요하다.** 차별과 불평등을 다루는 특정 분야

---

* 스스로 담론 기획자, 담론 전문가, 담론 기술자로 소개하는 이를 만나지 못했다. 학계 밖에서는 담론 기반으로 전문적인 일을 한다고 해도 분야나 업무가 더 강조될 수밖에 없으니 그럴 수도 있다. 그러나 학계에서도 (메타)담론의 속성에 관해 전문적으로 연구한다고 말하는 이를 만나기 힘들다. (응용)언어학 분야에서는 더 말할 것도 없다.
** 나는 이념적으로 좌파인가, 우파인가? 비판적 문헌을 참조하고, 지배적인 관행에

(예: 여성학, 사회학, 정치학 등) 연구자만 담론을 다루는 것이 아니다. 스스로 '비판적'(흔히 세상에서 말하는 좌파적) 연구자로 자임하는 연구자만 담론을 기획하고 분석하는 주체가 아니다. 담론의 층위는 서로 연결되어 사회를 구성하며 사회는 담론을 재생산한다. 그런 점에서 어느 곳이나 담론이 지향하고 담론으로 구성되는 세상이다. 담론연구는 어떤 표준이나 원칙이 없다. 텍스트와 콘텍스트 상호작용 연구는 복잡하면서 고도의 맥락적 사유일 수밖에 없다. 달리 말하면, 담론연구를 대단한 누군가에게 일률적으로 전가하지 말아야 한다.

  담론분석을 했다는 연구문헌을 보면 대개 힘이 너무 들어가 있다. 유물론적 세계관은 너무나 당연해 보이고 거창한 '신자유주의' 이데올로기로 뭐든 설명하고 있다. 혹은 텍스트적 실천을 지나치게 낭만적으로 바라보며 지배적인 이데올로기 질서를 일거에 해체할 듯이 말한다. 담론연구방법론이 확장성과 개방성을 갖지 못하고 폐쇄적이고 특정 분야의 소수 연구자의 몫으로만 획득된 것으로도 보인다. 담론연구방법론을 여러 현장에서 학제적으로 적용한 나는 유물론적 세계관에만

저항하는 이데올로기를 언급하면서 연구문헌을 만들었으니 왼쪽으로 편향된 연구자로 보일 수도 있겠다. 그러나 나는 크리스천이고, 제도권 학자로 활동했고, 보존과 보수의 가치를 빈번하게 붙들고 살아왔다. 나는 변증법적 접근, 담론경쟁, 삶의 실천이 될 수 있는 언어사용에 관한 개방적인 입장을 갖고 있으며 자유주의, 개량주의, 절충주의, 실용주의 논점을 교육연구활동에 활용한다. 담론을 가르치고 연구하면서 내가 믿는 건 그런 것이다. 삶은 미시-거시, 언어-사회의 유기적인 상호관계망 안에서 내 기억과 기대를 배치하는 것이다. 나는 근본주의, 본질주의, 교조주의, 반지성주의, 집단주의, 전체주의와 같은 사회질서에 저항하며 나만의 학술담론을 구축하고자 노력했다. 혼자서 불편하고 부당한 세상에서 애써 버티고 있다. 내 실천이 개입해서 세상 질서 어딘가에 틈을 내기도 하겠지만 기득권력과 공고한 담론질서는 늘 호락호락하지 않다. 그래서 외롭고 지칠 때가 많다.

경도되지 않으려고 한다. 나는 인간의 인지적 창조성과 능동성, 초자연적 질서, 혹은 과학적 세계와 구조화된 사회적 관행을 모두 수용한다.* 담론은 세상의 질서와 텍스트를 모두 수용하고 있으니 복잡하다. 담론연구자 역시 복잡한 세상을 복잡하게 인정해야만 한다.

이 책을 통해 나는 텍스트와 콘텍스트를 매개하는 담론의 속성을 소개했다. 담론의 층위 표면은 눈에 보이는 말과 글로 덮고 있기에 흔히 담론을 연구한다고 하면 텍스트 안에 숨은 사회구조, 권력관계, 이데올로기를 파악하는 활동으로 생각한다. 그렇게 거시적 논평으로 분석한 담론연구물은 힘이 잔뜩 들어갈 수밖에 없다. 논리적 일관성을 갖추기 위해서 하나의 이데올로기에 힘을 잔뜩 몰아줄 수밖에 없다.

가부장적 사회구조, 서구중심주의, 신자유주의 경제체계가 누구에게는 중요한 문제이겠지만 또 다른 누구에게는 중요하지 않다. 혁명적인 변화를 꿈꾸며 단수의 이데올로기로 세상을 뒤집고 싶은 담론 기획자도 있을 것이다. 그러나 삶의 일상, 심리적 기제, 문화구성물에 더 관심을 두는 담론 기획자도 있다. 페미니즘 기반의 담론 기획자도 있지만 층간 소음이나 패스트푸드를 연구하는 담론 기획자도 있다.

담론연구자는 흔히 좌파 아니면 우파여야 할 것 같고, 이쪽 진영 아니면 저쪽 진영에 속할 것 같은데, 나는 어느 편도 아닐 수 있다. 미시

---

* 물론 기독교가 인간중심주의를 편향적으로 왜곡하면서 자연과 다수의 타자를 파괴한 과정에 관해서 담론연구자가 비판할 수 있다. 예수가 십자가에 못 박히고 부활했다는 것을 역사적 사실로 이해한다고 하더라도, 예수가 죽고 부활한 것을 십자가로 만들고, 교회의 거대한 조직이 결성되고, 조지 부시George Bush 미국 대통령이 성명서로부터 악의 축과 전쟁을 시작한 것을 담론적 실천으로 질문할 수 있다. 누군가 그런 문화적 구성물을 두고 담론연구조차 할 수 없도록 한다면 그곳은 반지성주의가 만연한, 그래서 특정한 신념을 헤게모니화한 식민적 통치장소가 될 수 있다.

적인 라이프 스타일, 특정 행동이나 심리상태 역시 우리가 속한 시공간에서 텍스트로부터 구조화된 것이고 지배적인 이데올로기로부터 통치된 것일 수 있다. 복잡한 담론의 층위 중 그 부분을 주목하면서, 다소 실용적이고 유희적인 수준으로 담론자료를 논술할 수 있다. 미시문화연구자, 사회심리학자, 문화인류학자, 대중 콘텐츠 개발자, 광고홍보 기획자 등도 담론의 실천과 관행에 개입하면서 나름의 이데올로기적 접합으로부터 무언가를 기획하고 분석하는 일을 한다.

이 책은 '비판적' 담론연구의 문헌이 참조되긴 했지만 텍스트와 콘텍스트, 미시와 거시, 이론과 생활, 실천과 관행 사이의 매개와 균형을 계속 강조했다. 마르크스 이론에 기대거나 텍스트의 실천력을 지나치게 낭만적으로 보는 포스트모던 접근을 모두 지양했다. 좌파적이면서도 우파적이고, 비판적이면서 실용적이며, 이론적이지만 삶의 변화에 관심을 두고자 하는 것이 내가 강조한 담론연구의 지향점이다. 사회구조가 변하는 만큼이나 내 삶도 변해야 한다. 텍스트가 변하는 만큼이나 콘텍스트도 변할 수도 있다.

그런 점에서 보면 성경에 나오는 요셉의 꿈 얘기, 헐리우드 영화 〈라라 랜드LaLa Land〉의 자기계발의 서사* 역시 담론연구자들이 탐구

---

* 성경 텍스트 중에서 나는 평화와 사랑의 메시지를 아주 좋아한다. 예를 들면 나는 요셉의 개인사를 여러 차례 읽고 묵상했다. 요셉은 어릴 때 주위의 시기를 많이 받는다. 형제로부터 놀림을 받는 말 중에 이런 텍스트가 있다. "저기 꿈쟁이가 온다." 꿈을 꾸기에 배제되고 그러나 다시 회복하는 요셉의 이야기는 언제 봐도 마음이 설렌다. 〈라라 랜드〉도 꿈꾸는 자를 매혹적으로 그려낸 영화다. 거기서 엠마 스톤은 '오디션Audition'이라는 제목의 노래를 부른다. 고통받지만 꿈을 꾸고 분투하는 그녀의 삶이 너무나 멋있다. 아마도 나도 그런 삶을 동경하며 살아왔기에 감정이입이 되었나 보다. 소망하고, 실패하고, 성공하는 개인의 서사를 놓고 신자유주의적 질서에 포획될 뿐

할 수 있다. 꿈과 성장의 대중 서사를 거칠게 그리고 총론적으로 신자유주의적 담론일 뿐이라고 폄하할 수 있겠지만, 누군가의 꿈과 성장은 빼놓을 수 없는 개별적 삶과 사회질서의 지향점이기도 하다.** 우리 모두 성장하고 변화하면서, 고민하고, 갈등하고, 고통받는다. 외면만큼이나 누군가에게는 내면도 중요하고, 역사적 논증만큼이나 심리적 상태도 중요하다.

　　많은 담론연구자가 거대한 사회질서를 두고 거칠게 비판한다. 남성 중심의 사회구조, 신자유주의 경제구조를 한심하다는 듯이 힐책한다. 그러나 남성 중심 사회나 신자유주의로부터만 문제가 (재)생산되는 것은 아니다. 정확히 알기도 어렵다. 텍스트 사용, 장르적 장치나 특

이라며 비아냥대는 연구자가 많다. 그러나 자유의지로부터 개별적 삶을 다시 구성하는 감정적 서사, 욕망, 그런 기억과 기대를 담론연구의 현장과 주제에서 제외할 수 있을까? 그런 것이 없다면 우린 어떻게 견디었을까? 앞으로 또 어떻게 분투하며 살아갈 수 있을까?

** 개인의 꿈, 성공의 인생이라고 해봐야 고작 물질적 성공, 타인의 주목을 언급하는 출세일 뿐인데 그게 과연 우리가 지향해야 하던 꿈이고 사랑이고 인생인지 묻지 않을 순 없다. 예쁘고 잘생긴 연예인이 건물주가 되었다고 호들갑 떠는 걸 보면 그게 정말 꿈의 서사인가 싶다. 그러나 경박한 열정이든, 어리숙한 욕심이든, 실현되지 않을 욕망이든, 그런 것이 경박하다며 부정적인 가치로만 폄하될 수만 있을까? 우리가 욕심을 내고, 한없이 욕망하고, 그래서 실수하고, 비난받는 일상의 에피소드는 소모적이고 소비적일 뿐이었던가? 인류의 문명사를 놓고 볼 때 그런 것은 해악에 불과했던가? 내가 젊을 때 계획하고 준비한 것을 생각해보면 대부분 거짓말이고, 허영이고, 어쭙잖은 욕망이기도 했다. 나는 그렇게 성장하면서 선한 것을 꿈꾸다가, 더 나은 세상을 위해 기도하기도 했는데, 그럼 대체 나는 어떤 인간이란 말인가? 나는 공동체를 꿈꾸는 선한 자인가, 이기적 욕망을 따르는 약은 놈인가? 나는 이만한 세상이 만들어둔 요만한 수준의 주체일 뿐인데 익숙한 말과 글 밖에서 나의 내면을 관찰하고, 다른 나로 성장하기 위해 여전히 분투하는 거창한 주체일 수 있는 건가? 다양한 층위의 담론, 누군가/어딘가의 말과 글을 연구한다면 우리는 자신의 삶과 욕망에서부터 정직해야 한다. 거창하고 익숙한 이데올로기로 담론장의 텍스트를 손쉽게 재단하지 말아야 한다.

정 스타일 사용의 관행도 봐야 한다. 이데올로기적 동기도 더 탐구해봐야 한다. 그걸 모두 다 할 순 없으니 어떤 연구자는 특정 텍스트의 문장 구조를 주목하고, 어떤 연구자는 장르의 장치적 속성을 더 주목한다.

담론연구자는 자신의 경험과 관점에서 담론자료를 기획하거나 분석하는데, 가급적이면 자신의 체험, 기억, 기대, 편향에 정직하게 고백하는 것이 더 나은 담론연구의 결과물을 만드는 방법이기도 하다. 담론연구자의 경력은 관련 분야와 주제에 노출된 생애사적 씨줄과 연구의 배경이자 분석대상이기도 한 담론적 맥락이란 날줄을 직조하면서 시작된다.[73]

2) 민주시민사회, 자유, 차이와 다양성을 주창하는 개인들

이 책에서 나는 담론을 기획하고 연구하는 의미를 더욱 폭넓게 상정했다. 민주주의, 자유, 차이와 다양성을 주창하는 누구나 담론장의 연구자로 활동하고 있다. 담론에 관한 감수성을 키운다면 누구나 유의미한 담론의 기획과 논쟁에 참여할 수 있는 연구자, 전문가, 기술자로 성장할 수 있다. 그들이 스스로 삶에 의미를 부여하고 능동적으로 상식의 관행에 질문할 수 있고, 민주시민 사회, 자유, 차이와 다양성의 가치를 주창할 수 있는 개인들이라면 담론장에 참여할 수 있는 역량을 이미 가지고 있다.

우리 사회는 아직도 삶의 다른 방식들, 자유와 권리, 차이와 다양성에 관한 가치를 충분히 존중하지 않고 있다. 500년 왕조시대를 지나 일본의 식민통치, 전쟁, (군부)독재 정부를 거쳤고, 유교적 가치체계는 아직도 우리 일상에서 계승되고 있다. 우리는 위계적이고 집합적인, 권위주의 지배질서에 익숙하고도 순응적이다. 자유와 다양성의 가치가 존중되지 못한 곳은 서로 다른 담론들이 경쟁할 수 없다. 표현의 자유가 없는 곳이다.

지금까지 언어학자의 담화 연구는 너무나도 비-정치적이고, 사회과학자의 비판적 담론연구는 지나치게 (신-)마르크스 이론에 편향되었다. 휴머니즘 지적 전통에 속하는 자유주의와 개인주의는 (구조주의나 후기구조주의 이론에 치중한) 비판적 담론연구자에 의해 늘 폄하되고 있다. 자유주의는 오른쪽에서 보면 마치 국가를 부정하는 듯한 좌파로 보이고, 좌편에서 보기엔 천박한 쁘띠 부르주아Petit Bourgeoisie로도 보인다. 그렇지만 존 스튜어트 밀John Stuart Mill이 주창한 자유의 원리를 삶과 공동체의 중요한 기준점으로 보고 있다면 그런 이해만으로도 담론연구자의 자질은 충분하다.

밀의 자유주의에 따르면 국가나 사회는 개인의 자유로운 선택을 제한하는 것에 신중해야 하며, 다른 개인의 자유와 권리를 부당하게 침해하지 않는다면 개인의 선택을 간섭하거나 제약하지 말아야 한다. 그러한 자유가 존중되는 곳에서 자신의 말과 글에 책임을 지닌 개인주의가 확장될 수 있다. 지금 우리 곁의 시공간은 어떤가? 개인의 권리와 자유가 온전히 보장되고 있는가? 예를 들면 여성도, 청소년도, 노인도, 합법적인 이민자도, 비원어민 학습자도, 타인의 자유를 침해하지 않는 선에서 누릴 수 있는 자유가 온전히 허락되어 있는가? 그렇지 않다. 다양한 개인들을 부당하게 징계하고, 자유를 간섭하고, 권리를 제한하는 폭력을 여전히 빈번하게 목격할 수 있다. 그곳에서 자유의 가치를 붙든 연구자는 지배 담론에 저항하고 대항/대안 담론을 기획할 수 있다.

어떤 담론연구자에게는 자유주의와 개인주의 원리가 개인이 받는 차별, 공동체의 분열, 구조화된 불평등을 해결할 수 있는 이데올로기로 검토될 수 있다. 역사적 문헌으로 살펴보아도 개인의 존엄성, 개인의 자유로운 선택, 개인들의 논쟁과 결정은 사회와 국가의 문제를 해결할 수 있는 원리로도 작동했다. 다수 개인의 정치적 결정은 옳지 않았고, 우월하게 보이거나 기득권력에 속한 통치자의 정치술, 혹은 제도적 이데올로기도 불안하긴 마찬가지이다. 그런 점에서 개인들의 권리와 자유가 보장되어야만 다수의 혹은 권력 엘리트들의 부적절한 결정에 대항할 수 있다. 민주사회, 자유, 다양성의 가치는 담론연구자에게 얼마든지 전유될 수 있다.

물론 자유와 같은 특정 가치가 다른 가치들을 지나치게 희생시키며 지배적인 이데올로기로 작동하는 것을 경계해야 한다. 자유만을 절대화하고 신비화한다면 해당 담론연구자는 자유지상주의로 세상을 보는 것이다. 자유의 원리를 어디서든 거침없이 적용한다면, 소수자, 차이와 다양성을 배려하는 정의, 사회적 평등, 관계적 평화, 생태적 공존의 가치를 온전하게 논술하기 어렵다. 개인과 자유의 가치를 우선적으로 고려할 수 있지만 절대화할 수는 없다. 그렇게 자유에 관한 근본주의자가 아닐 때만 본질적인, 보편적인, 고정적인 신념/가치체계에 유연하게 도전할 수 있고, 다양한 담론들이 공존할 수 있는 세상도 꿈꿀 수 있다.

대학과 같은 기관에서 전업 연구자로 활동하지 않더라도(그래서 복잡한 이론을 학습하지 못하더라도) 자유의 가치를 붙들면서 개인의 능동성, 다양성의 권리를 극단적으로 이념화하지 않는 태도만 있어도 충분하다. 그러면 다양한 매체에서 담론의 기획과 분석에 관한 유의미한 활동을 할 수 있다. 우리 삶이 거대한 구조적 질서 가운데 위치되어 있지만, 삶이나 사회구조는 불확실한 속성을 가지고 있고 우연한 사회적 조건으로부터 재구성된 것이기도 하다. 그렇다면 우리 삶도 개인의 능동성과 구조적 질서 사이에서 담론적 개입을 기대할 수 있다.*

바꿀 수 있을 만한 것에 개입하는 능동성을 발휘하면서도, 바꿀 수 없는 것을 내가 어쩔 수 없다고 자책하지 않는 태도라고 할까. 담론으로 매개된 텍스트와 콘텍스트, 미시와 거시의 시선 사이에서 담론을 기획하는 연구자는 한편으로는 바꿀 수 없는 사회구조와 권력관계를 담론의 관행으로 분석한다. 그러나 또 한편으로는 바꿀 만한 것을 바꿀 수 있는 텍스트적 실천에서 창의적이고 주도적인 역할을 감당한다. 그런 태도라면 누구든 담론을 연구할 수 있는 지적 잠재력을 충분히 가지고 있는 것이다.

개인들은 유약하다. 그들이 모인 세상(의 상식)은 불완전하다. 그런 세상 구조를 한편으로 인정하면서 보다 나은 변화를 시도하는 것이 담론연구자다. 그런 점에서 (다시 한번 강조하지만) 논쟁의 자유, 표현의 권리가 보장되어야 한다. 그런 것이 보장되지 않는 곳에서는 담론의 경쟁, 담론의 개입, 담론의 기획이 법, 여론, 소문, 윤리 등으로부터 쉽게 공격받는다. 한국이 영어를 공용어로 사용하자고 제안하고, 자유무역협정FTA을 유연하게 수용하자고 주장하거나, 일베 활동은 다양한 개인들을 위축시키고 모욕하기 때문에 중단되어야 한다고 비판할 수 있

---

* 내가 담론을 바라보는 관점은 언어와 세상을 바라보는 방식이기도 하다. 김훈 작가의 《칼의 노래》 동인문학상 수상 소감 중에 고통스럽고 무력한 현실 속에서 그럼에도 불구하고 포기할 수 없는 삶을 글로 옮기는 작가의 숙명적 일상이 언급된다. 삶을 지키기 위한 말, 말을 배반한 우리의 곤고한 삶. 모순은 피할 수 없다. 대학신문 2014년 5월 25일 인터뷰 기사에서 자유주의자로 자처하는 유시민 작가는 우리가 세상의 구조화된 관례와 모순을 한편으로 수용할 수밖에 없고, 그렇지만 또 한편으로 그런 세상을 바꾸기 위해 노력하지 않으면 안 된다고 언급한다. 세상 탓만 하면 불행해지며, 능동적 주체성을 포기하면 비루한 삶이 된다는 것이다.

는 민주적 담론장이 여러 매체를 통해 보장되어야 한다.

　자유주의자는 '역사의 발전'을 확신하곤 하는데 그런 논점은 앞서 내가 자주 언급한 푸코 등과 같은 담론연구자의 세계관과 어울리지 않는다. 자유주의자는 흔히 한국사회의 과거와 지금을 비교하면서 (자유의 가치의 관점으로 볼 때) 역사적 진보를 긍정적이고도 낭만적으로 해석하곤 한다. 심지어 자유의 확대는 자유를 관념적으로 갈망하는 것만으로는 얻을 수 없고, 물질적 조건이 뒷받침되지 못하면 생활을 유지하지 못하고, 불합리한 제도와 관행이 유지되면서 다양한 자유의 담론은 언제든지 부당하게 제약되거나 왜곡될 수 있음을 지적한다. 개인들의 자유와 권리를 확장하기 위해서는 물질적 조건을 개선해야 한다는 것이다. 이를 달리 해석하면 시장을 보다 긍정적으로 수용해야 한다는 것이며, 그런 시장의 구식, 구태의연한 관행, 관료적인 제도를 당연한 것으로 수용해야 할 때도 있다.

　그와 같은 모순과 갈등을 함축한 논점 역시 담론들의 개입과 경쟁에서 자유로울 수 없다. 거기에도 개인을 자유롭지 못하게 옭아매는 담론/권력을 '비판적으로' 해체할 수 있는 비판적 언어인식이 요구된다. 자유주의자가 담론연구에 최적화되었다고 말하는 것이 아니다. 담론은 텍스트로부터 구성되고 세상을 재현하는 체계적인 질서다. 그걸 도전하고 탐구하는 연구활동에 자유주의자가 더 많이 참여하면 좋겠다는 것이다. 내 눈에는 담론연구가 특정 분야의 특정 연구방법론으로 독점된 것으로 보인다. 그건 이 책에서 내내 강조한 담론(경쟁)의 기본적인 속성과 어울리지 않는다.

　시장과 국가와 같은 이항대립의 의미체계에서도 벗어나야 한다. 사교육 아니면 공교육, 수입시험 아니면 토종시험, 원어민 교사 아니면 비원어민 교사라는 논점도 마찬가지다. 자유로운 삶과 사회를 위해서는 보다 다원적인 가치와 신념을 공존시켜야 한다. 자유로운 삶을 두고 신자유주의적 발상이라고 비아냥 받는 '경쟁력 확보' 담론도 어디선가 실증적인 자료로부터 탐구되어야 한다. 경쟁적인 삶을 누구나 지향할 필요는 없지만 관련 행정을 감당하는 이해당사자라면, 경쟁력을 갖도록 제도적 장치를 구축하고, 물질적 토대도 구축하고, 그것으로부터 사회구성원에게 좋은 삶을 제공해야 한다. 경제발전, 효율성, 재정 확보, 국제화, 개방화 등도 마찬가지이다. 그런 모든 기획과 변화를 담론으로부터 다뤄볼 수 있다.

개인들의 삶이 변할 때 사회와 국가도, 그 문화와 환경도 유의미하게 변한다. 여론(댓글) 텍스트로 누구나 각자가 선택한 매체에서 특정 이데올로기의 지향성에 힘을 보탤 수 있다. 담론의 기획과 변화는 극단의 이데올로기, 거대한 정치 진영로부터만 드러나는 것이 아니다. 다양한 개인들이 담론을 이해하면서 각자 붙들고 있는 신념과 가치를 어딘가에 전달하고 누군가와 의미를 협상해야 한다. 그들이 사회적 정의와 같은 대의명분으로, 혹은 개별적인 필요와 욕망으로부터, 승부를 걸고, 재미를 추구하며, 각자 나름의 방식으로 분투하기를 나는 응원한다. 이 책에서 (상호)텍스트적 실천과 관행을 거창한 수준으로만 가르치지 않으려고 했다. 담론연구의 필요는 누군가의 정체성이 형성되고 변조되고 왜곡되는 과정에서 보다 선명하게 드러나기도 한다.

17장 담론 리터러시

1. 담론의 구조, 역사성, 정치적 효과

담론의 텍스트는 화행적이면서 사회정치적이다. 경쟁하는 담론들은 각자 나름의 권력을 지향한다. 담론 리터러시를 갖는다는 것은 텍스트적 지표를 주목하면서도 2차적 의미화 과정, 권력작용, 진실의 효과, 사회정치적 함의 등도 이해하는 것이다. 그러면서 담론이 만들어지고 유지되는 구조(층위), 역사성(변화), 정치적 효과, 혹은 정체성의 변화를 민감하게 주목하는 것이다.

담론 리터러시는 우선 홍수처럼 쏟아지는 텍스트나 이데올로기 격전장에 함몰되지 않고 담론의 구조를 체계적으로 볼 수 있도록 돕는다. 담론으로 개입된 특정한 사건, 사고, 현상, 주장을 주목하면서 텍스트의 연결이 단순한 배치, 실수, 우연의 결과가 아니란 것을 알아낸다. 담론은 구조다. 담론이 구조로 개입하고 있다는 것은 이 책에서 내가 가장 공들여 설명한 부분이다. 페어클러프 모형으로도 부연했듯이 담론은 텍스트적, 상호텍스트적, 이데올로기적 층위로 나눌 수 있다.

담론 리터러시는 담론의 역사성마저 이해할 수 있도록 돕는다. 남성 중심, 반일 감정, 학벌, 토익과 같은 영어시험 담론은 모두 시작이 있을 것이다. 담론은 지금까지 확장되기도 하고 약화되면서 소멸되기도 한다. 예를 들면 입학, 졸업인증, 입사, 배치, 승진 목적으로 상식처럼 사용되는 토익 담론을 이해하려면 담론의 개입으로 볼 수 있는 역사적 사건에 주목해야 한다. 토익이 필요하고, 토익으로 가능하고, 토익을 반드시 사용해야 한다는 담론은 특정 권력이나 특정 지식이 구체적인 시공간에서 개입하면서 구성되었다. 찬성이든 반대든, 토익의 프레임은 여전히 여러 현장에서 유효하다. 미국 의존적인 문화시장, 세계화, 외환위기 등의 사회적 조건을 만나면서 토익 시험은 어떻게 우리 삶과 사회질서를 지배할 수 있었을까?*

담론 리터러시는 담론이 함축하는 사회정치적 영향력도 파악하도록 돕는다. 담론의 정치적 효과는 정체성의 정치와 같은 주제에서 가장 잘 드러난다. 세상의 텍스트로부터 어머니 담론, 노인 담론, 여대생 담론, 이대남 담론 등이 이미 구성되어 있거나, 혹은 구조화된 담론질서로부터 그들에 관한 말과 글이 꾸준히 재생산되고 있다. 이를 정체성의 정치로 이해할 수 있고, 많은 담론연구자가 꽤 오래전부터 공을 들여 연구하고 있는 주제이기도 하다.

예를 들어 여성들에게 순종적인 여성성, 혹은 과도한 책임감(예:

---

* 토익에 관한 비판적 담론연구를 본격적으로 실행하지 못해서 나는 아직 해당 연구 문헌을 갖고 있지 못하다. 그래서 직관적인 수준일 수밖에 없지만 이렇게 질문해볼 수 있다. 21세기부터 토익 사용은 본격화된다. 그런데 1998년부터 1~2년 동안 대체 어떤 일이 있었을까? 1998년 12월에 경제위기가 극복되기 시작하면서 영어평가 분야, 영어열풍, 구인 시장, 세계화, 대학 구조조정 등의 담론장에서 어떤 일이 있었을까?

"자녀 성적은 엄마 하기 나름")이나 열등한 자아상("세상에서 제일 좋은 건 남편의 그늘")을 부여한다면 그건 정체성의 정치를 구조화된 담론의 질서로부터 발휘한 것이다. 바닷가와 농촌에 사는 사람들이 묘사된다. 여대생에 관해 기술된다. 미국 시민에 관한 서사가 등장한다. 그럴 때마다 개인/집단의 정체성에 정치화된 담론이 개입할 수 있다.

담론이 개입되면서 개인/집단의 모순이 은폐될 수도 있고 과장될 수도 있다. 누군가에게 고통을 강요하는 당파적 논점이 보이기도 한다. 그런 것이 있다면 담론의 정치성을 분석해야 한다. 예를 들면 이성애와 공존하는 동성애 담론을 폄하하는 성 정체성 담론, 여성성을 간과하며 남성성을 부각하는 남성우월주의 담론, 서구의 통치성을 당연시하는 오리엔탈리즘Orientalism 담론 등은 정치성을 드러낼 수 있는 담론연구 주제였다.* 미국에서 흑인 연구자들이 인종에 관한 비판적 연구에 전념하는 것을 보았다. 여성 연구자라면 다양한 기억과 기대로부터 여성 주체의 정체성 연구에 참여하는 명분을 자신의 체험에서 찾곤 한다. 자신의 사회적 경험으로부터 정체성 연구에 참여하는 것이다.**

'A는 무엇이다.' 이것이 정체성의 규정이다. 정체성 연구는 차별의 지점을 찾는다. 소수자 혹은 피해자가 어떻게 재현되고, 어떻게 차

---

* 이들은 인문사회 분야의 연구전통에서 오래된 주제의식이다. 이런 주제를 다루는 석박사 학위논문도 일종의 비판적 담론의 배치인 셈이다. 특정 장르의 장치로, 거대한 시대 풍조 안에서 위치되면서, 다양한 텍스트를 결속력 있게 배치하면서 해방을 주장하는 정치적 학술 담론이다.
** 코로나 시대로 잠시 가려진 듯하지만, 다중언어를 횡단적으로 사용하는 다문화 공간, 혹은 후기세계화 공간이 일상적으로 우리에게 노출되고 있다. 이질적인 언어문화, 혹은 언어차별linguicism 경험을 한 연구자라면 새롭게 출현한 다중언어사용 주체의 정체성과 해당 담론의 정치성 연구에 참여해볼 수 있다.

별되는지 주목한다. 담론의 구조성과 역사성에 주목하면서 원인과 처방을 제시하기 어렵다면 정치성 연구를 기획하는 것도 좋다. 내가 관심을 두고 있는 연구분야는 국내 언어사회에서 새롭게 출현한 언어주체(예: 이중/다중언어사용자, 유학생, 이주민)다. 그런 점에서 보면 담론연구는 생태적 공존, 차이와 다양성의 권리, 자유와 저항 등과 같은 커다란 가치를 지향하고 있는 셈이지만, 좁게는 연구자 자신, 혹은 연구자가 동일시하는 국가, 계층, 집단, 공동체, 관계의 해방을 지향하는 구체적인 정치행위적 속성을 갖는다.

자신이 탈정치적인 삶을 살아간다고 생각하는 학생들은 정치화된 담론체계를 두고 불편하다는 말을 종종 한다. 수업에서 나는 이런 질문을 하곤 한다. "누군가 '담론을 안다는 것이 너에게 무슨 상관이냐?'라고 묻는다면 뭐라고 대답할 수 있을까?" 학생들은 이런저런 명석한 대답을 내놓는다. 내가 가장 마음에 드는 응답은 이런 것이다. "보다 적극적인 자유를 지향하고 온전한 사랑을 선택하며 살고 싶으니까." 또는 "나에겐 내일이 있으니까." 우리 모두 정치적 기획과 분석에서 온전히 자유로운 삶을 살 수 없다. 사랑하고 의연히 살아가려면 자유가 필요하다. 자유는 정치적 논제이기도 하다.

"너 참 독특하다." 다시 말하지만 이런 말은 어떤 누군가를 일반, 보편, 정상의 범주로부터 포획하는 기득권력의 텍스트다. 그럴 때마다 우리는 늘 '그들이 더 독특하다'고 말할 수 있는 배짱이 필요하다. 배짱을 가질 것이라면, 담론의 정치성, 혹은 나를 위치시키는 권력관계를 담론의 속성으로부터 인식할 수 있어야 한다. 담론을 제대로 배우면 독특하다며 누군가를 정상성 밖으로 밀어내는 담론의 효과를 알아채게 된다. 그걸 알면 우리는 조금 덜 소심하게 살 수 있다. 언어와 사회, 텍스트와 콘텍스트, 미시와 거시 등이 분리될 수 없다는 것도 알게 된다.

아는 것은 상처받는 것이라고 했다. 담론의 층위로 들어가면 제대로 무언가를 알아가는 것이다. 부끄럽기도 하고, 화가 나기도 하고, 무기력하기도 하고 답답하기도 하다. 제대로 알아가는 것은 고통스러운 경험이다. 담론의 효과를 기술하고 반박하는 중에 우리는 마음의 상처를 입을 수밖에 없다. 지배적 구조를 보게 되면 거기에 무슨 대안이 있을까 싶고, 대안이 떠오르지도 않는데 그걸 계속 주목하는 것이 중요한가 싶기도 하다. 선명한 문제의식으로 비판하다 보면 대안을 찾을 수도 있겠지만 구조화된 담론의 질서는 늘 불편하다.

그럼에도 불편과 고통이 자원으로 전환되면서 변화는 가능해진다. 고통, 문제, 갈등이 드러나면 우리는 일단 아프다. 그러나 아픈 것은 잘 다루기만 하면 다른 속성으로 전환될 수 있다. 더 사랑하는 사람이, 더 열정적인 사람이 상처받는다고 했다. 늘 그런 사람이 을이고 약자인 것 같다. 그게 어찌 보면 참 억울한 일이다. 그렇지만 사랑받는 것에 자족하지 않고 보다 능동적으로 누군가를 사랑할 때 우린 뭔가 배운다. 아프지만 행복하고 성장한다. 겁이 나서 대충 사랑하면, 대충 일하면, 무엇이든 누구든 제대로 알지도 못한다. 온전히 성장하지도 못한다. 상처와 고통은 배움과 기쁨을 획득하면서 지불하는 댓가다. 사랑하는 것도 자기확신의 윤리적 차원이기도 하지만 관계성을 감안한 권력의지로 볼 수 있다.

내 경험으로는 사랑하면 상처받기 쉬운 상태가 된다. 그러나 그런 상태로부터 새로운 관계, 새로운 생명, 새로운 언어가 자란다. 건조하고 차갑고 고정된 상태에서는 유기체가 생성되지 않는다. 상처받는 마음이 사유의 기본 조건이지 않을까? 상처가 클수록, 이겨내기만 한다면 더 넓고 깊은 세상과 만난다. 내가 담론의 속성을 공부하고 담론연구를 할 때는 마치 그런 연애와 배신에 빠진 기분이었다.

편안한 상태에서는 앎의 성장과 변화가 쉽지 않다. 거기엔 논증과 논쟁도 약하다. 경계를 만났을 때 가장 정확한 표지는 감정이다. 감정이 없다는 건 치열한 사유도, 사랑도 없다는 것이다. 온전한 삶의 정치가 없는 것이다. 감정은 움직이는 것이고 세상과 대화하는 것이다. 담론연구에서 흔히 빠져 있는 것이 연구자 자신이 감당하고 있는 감정의 문제이다. 위치성의 문제로 볼 수 있다. 나는 감정적인 동요 없이 덤덤하게 수행한 담론연구가 과연 가능할지 모르겠다. 언어는 가치개입적이다. 언어에 가치가 개입된다는 것은 담론연구자의 가치이기도 하다.

대충 공부하면, 대충 연구하면, 상처받을 일이 없다.* 대신에 천진무구한 아이처럼 살아야 한다. 늙고 병들고 헤어지고 아파하지 않을 불로장생 인생을 살 사람만 대충 공부해도 된다. 세상 지식이 모두 평등한 게 아니라서 잘못되고 왜곡된 지식을 갖고도 속 편한 권력을 획득하기도 한다. 그런 사람들은 반대편에 있는 소수/경쟁 담론을 늘 무시하고 폄하한다. 그러나 그들이라고 새로운 체험이 없고 새로운 담론질서를 만나지 않을까? 그들도 언젠가 분명 아프고 상처받을 것이다. 정치

---

* 머리 좋은 사람은 열심히 하는 사람을 이길 수 없고, 열심히 하는 사람은 즐기는 사람을 이길 수 없다는 말을 들었다. 그런데 즐기는 사람은 고민(성찰)하는 사람을 이길 수 없다. 담론(연구)는 우리를 고민하게 한다. 색안경을 벗는 것. 가부장제, 인종차별, 동물차별 이런 건 일종의 색안경이다. 너무 익숙해져서 육안이 되어 버린 색안경을 벗어야 진짜 세상이 보인다. 내 인생의 참고문헌이 다양할수록 자신의 앎을 확장하고 문제를 해결할 잠재력이 생긴다. 생존의 위협이나 인격의 모욕을 일상적으로 감수해야만 할 때 담론의 논쟁을 이해할 수 있는 리터러시가 얼마나 우리에게 큰 위로이고 혜안인가?

화된 담론의 개입을 주목하면 기존의 지배 규범, 상식에 도전하는 것이지만 그렇다고 갑자기 우리가 행복할 수 있다는 건 아니다. 그래도 담론 리터러시는 우리 삶에 새로운 의미를 부여한다. 내가 어떤 존재인지 계속 질문하게 한다.

2. 삶을 변화시키는 담론의 리터러시

담론을 가르치는 수업 시간에 애미 커디Amy Curdy 교수의 테드Ted 영상을 수강생들에게 보여주었다. 사기꾼imposter으로 느껴지더라도 몸동작body language를 바꾸면 자신감이 회복되고 인생도 달라진다는 내용이다. 정리하면 이렇다. '될 때까지 그런 척 하세요. 작은 변화가 모여서 크게 변합니다(Fake it until you become it. Tiny tweaks become Big change).'

신체언어를 다룬 심리학자의 강연은 사회정치적 단면과 연결된 담론의 속성과 상관도 없는 논점으로 보인다. 그러나 내가 하는 연구는 사회이론을 언어이론에 연결하는 것이다. 거시(콘텍스트)를 미시(텍스트)와 결합하는 것이다. 그래서 일상적이고 사소한 (신체)언어라도 그걸 꾸준히 바꿔보면 더 큰 변화도 온다는 커디 교수의 강연이 새롭지도 않다. 이 책에서 내가 강조한 논점 중 하나가 나를 포획하는 텍스트를 바꾸면 내 정체성도 바뀌고 날 둘러싼 권력관계의 콘텍스트도 바뀔 수 있다는 것이다.

담론질서는 비담론적이기도 하다. 견고한 것이지만, 장르와 스타일 등에 관한 매개적 담론을 새롭게 기획하고 실천하면 거대한 담론질서도 바꿀 수 있다. 담론연구에서 가장 주목할 점은 진실(의 효과)에 관한 질문이다. 그건 개인에게도 적용된다. 심리적 문제에서도 적용된다. 심리/개인적인 것은 사회적인 것을 구성하며, 사회적인 것도 물론 심리/개인적인 것을 재생산한다.

커디 교수가 심리학이라는 '대단한' 학문을 청중의 눈높이에 맞췄듯이, 담론에 관한 리터러시, 혹은 담론의 기획과 분석이라는 것도 구체적이고 일상적인 우리의 필요에 맞출 수 있다. 담론연구는 결코 거창한 것이 아니다. 너무 대단한 것이면 나와는 아무런 상관도 없고 삶의 실천도 되지 못한다.

담론연구의 지식전통 중 하나가 언어학이고 나는 어문학부 교수로 재직하고 있다. 담론 리터러시가 왜 필요한지 커디 교수 강연을 보여준 후에 나는 어문학부 학생들에게 이렇게 질문한 적이 있다. "여러분은 어떤 언어/기호(텍스트)로부터 어떤 변화(콘텍스트)를 기대하고 있나요?" 조금 어렵게 바꾸면 이런 질문이 된다. "어떤 화용성, 담론유형, 반복의 형성규칙이 일상의 리추얼로 기능하고 있는가?" 이걸 주체성과 자기배려에 관한 푸코의 말기 문헌을 참조하면서 다음과 같이 쉽게 설명할 수 있다.

푸코는 자유와 저항의 철학자다. 그에게 자유와 저항은 무엇일까? 한마디로 말하면 권력(힘)이다. 그는 권력의 관점에서 자유와 저항을 이해했다. 권력과 저항, 자유와 저항은 서로 대립적이지도 않다. 이는 《감시와 처벌》에 분명하게 언급된다. 권력은 편재적이다. 권력은 어디에나 있다. 그래서 권력을 부정적으로만 볼 수 없다. 권력의 지향성이 우리의 일상적인 삶과 사회질서를 구조화한다. 권력의 형태 중 하나가 저항이고, 우리가 애써 일상에서 발휘하는 저항조차 권력을 지향한다. 학생이 교실 맨 뒷자리에 앉아 고개를 떨구고 늘 침묵을 유지하는 것도 자신의 존재감을 지키기 위한 일종의 권력지향적 저항으로 해석될 수 있다. 다른 학생은 단정하게 옷을 입고 교실 맨 앞에 앉아 교수와 시선을 맞춘다면 그것도 물론 권력의 디스포지티프(배치)가 된다. 댓글을 달며 이의를 제기하는 것도, 요즘 유행한다는 옷을 입는 것도, 도시생활에 지쳤다며 전원주택으로 이사한 것도, 육식 산업에 반대하며 채식 식당만 찾는 것도, 모두 일상에서 발휘하는 권력의 디스포지티프이다.*

권력은 일종의 잠재적인, 혹은 가능성의 능력이 개인의 일상이나 전체 사회구조 안에서 효과나 결과물로 드러난 것이다. 가시적인 권력이 되려면 잠재적이거나 파편적인 힘이 일정한 시간을 지키면서 구체적인 공간에서 반복되어야 한다. 특정 장르와 스타일과 같은 형식체계로부터 반복되면 더 빨리 혹은 더 효과적으로 힘을 얻는다.

이처럼 반복의 규칙을 적용하는 것은 고대 그리스인에게 '좋은

---

* 늘 건강하셨던 아버지가 갑자기 돌아가셨고 코로나 시대가 시작되었다. 나는 당황했고 일상적인 리추얼도 지키지 못했다. 뭐라도 하고 싶었는데 한동안 아무것도 손에 잡히지 않았다. 기분 전환을 하자며 홍대 근처를 걷는데 아내가 귀걸이를 해보라고 했다. 내 몸에 배치하는 귀걸이라는 디스포지티프! 어떤 모습일지 궁금하기도 했지만, 난 어떻게든 존재하기 위해서 1년 정도 귀걸이를 했던 것 같다. 자유든 저항이든 생존이든, 그땐 복잡하게 생각하지도 않았다. 시간이 흘러가기만 바랬고 거울 속에 비친 내 모습으로 새롭게 기억되고 싶었다. 양쪽 귀에 선명하게 장식구를 배치하고선 그렇게 시간은 흘렀다. 그때 나는 그저 '귀걸이를 하고 있던 나'로만 기억된다. 낭비적으로만 보였던 귀걸이와 같은 배치라도 없었다면 난 어떻게 버틸 수 있었을까? 일상적인 자유와 저항을 개인/윤리 차원에서는 의례화시킬 수 없다고? 나는 우리 삶도 텍스트로 가득한 담론적 의미체계로 이해한다. 다른 텍스트를 배치하며 다른 삶을 실천해볼 수 있다. 고작 귀걸이 수준이라도 말이다. 나는 고만한 텍스트 배치를 반복적으로 의례화시키면서 다른 삶을 시작했다는 수많은 일화를 듣고, 보고, 확인했다. 그런 것이 (학술지에 실릴 거창한 담론연구는 아니겠지만) 모두 도망가지 않고 버티는 소중한 담론적 실천이기도 하다.

삶'을 살기 위한 '실존적 기술'이었다. 그들은 '덕'(탁월함 혹은 권력)을 실존(삶)의 기술로 이해했다. 즉 덕이 있는 삶이 좋은 삶이었다. 좋은 삶은 각자의 실존(삶)을 만들어가는 일종의 훈련 혹은 제작의 과정(예: 말을 길들이거나 신발을 잘 만드는 구체적인 기술)으로 보았다. 고대 그리스인의 덕은 내면의 문제만이 아니었다. 매번 리추얼로 반복하는 실존적이고 일상적인 기술은 자신과 세상을 바꾸는 덕이자 힘이었다.

자신을 하나의 예술작품으로 창조한다는 것은 자신을 덕이 있는 존재로 만든다는 것이었다.[74] 달리 말하면 자기 삶에 일정한 형식적 스타일을 부여함으로써 자신의 권력(덕)을 강화한다. 윤리의 어원인 에토스ethos가 '습관'이라는 의미였듯이, 권력은 품행 차원의 반복가능한 기술의 습득을 통해서 조직된다고 보았다. 아리스토텔레스는 품성의 덕이 오로지 반복되는 에토스를 통해 만들어진다고 보았고, 푸코는 비판 속에는 덕과 결부된 요소가 있으며 덕으로 기능하고 훈련으로 구축된 '비판적' 에토스만이 저항적 실존을 만들어갈 수 있다고 보았다.

나는 이와 같은 푸코의 자기배려 문헌을 읽으면서 텍스트(담론)적 실천을 통한 반복, 의례, 배치에 관한 변화를 생각해보았다.[75] 올림픽을 준비하는 유도선수가 선수촌에서 업어치기 동작을 수천 번도 넘게 반복한다는 기사를 본 적이 있다. 누구는 그렇게 몸을 단련시키기 위해(몸으로부터 권력을 획득하기 위해서) 의례화된 동작을 반복한다. 커디 교수는 사기꾼처럼 느껴지더라도 긍정적인 의미를 제공하는 몸동작을 반복적으로 의례화하면 나중에 자신감을 갖는 정체성이 생긴다고 말한다. 그만한 동일한 실천을 이 책에서 다룬 담론유형으로 적용할 수도 있다. 비신체적인, 예를 들면 언어적 지표(특정 어휘나 문장형태 등)나 상호텍스트성의 형식체계(특정 장르나 스타일)를 규칙적으로 어딘가 배치한다면 어떤 변화가 발생할까? 규칙을 반복적으로 의례화할 때 개별적인 정체성에, 주변의 관계성에, 거시적인 사회구조에 어떤 변화가 있을까?*

내가 이 책을 통해 말한 것은 담론의 속성을 다면적으로 이해하자는 것이고 그걸 분석하고 기획할 수 있다는 것이었다. 담론질서는 눈에 잘 보이지 않는다. 텍스트 배치는 우연으로 보일 뿐만 아니라 산만하게 분산된 것으로도 보여서 담론형성 규칙을 적용하지 않으면 담론은 담론으로 보이지 않는다. 반복적으로 등장하는 규칙성을 찾으려면 비담론적 조건, 예를 들면 지배적인 권력관계, 이데올로기적 경쟁 등도 이해해야 한다. 그런 점에서 텍스트로부터 규칙성을 찾을 때 콘텍스트도 함께 분석해야 한다.

1부에서 예시로 사용했던 학교에서 유명해지고 싶어서 빨간색 옷을 반복적으로 입고 온 학생의 예시를 다시 생각해보자. 반복의 규칙은 의도적으로 만들 수 있다. 그걸 학교신문 사진기자가 우연히 찍으면서 '미스터 레드(Mr. Red)'로 유명해질 수 있다. 교실에서 여러 교수로부터 자꾸 언급될 수 있다. 그럼 반복의 규칙성은 좀 더 큰 담론질서 안에 배치될 수 있다. 그러나 1년 넘게 빨간색 옷을 입고 다녔지만 전혀 주목받지 못할 수도 있다. 그럼 권력관계를 살펴봐야 한다. 우발적으로 보이는 권력들은 서로 경합하고 텍스트와도 상호작용을 한다.

나는 마르크스와 푸코를 지나 개인의 능동성과 사회구조 사이의 변증법적 사유로부터 담론을 이해하고 싶다. 개인에게 끝없는 짐을 떠

---

* 여기서 중요한 질문이 생긴다. 어떤 조건에서 반복이 가능할까? 반복을 한다고 변하는 것은 아니지만 개인 차원에서 보면 누구나 언제나 반복할 수 있는 것도 아니다. 어떤 조건으로부터 반복의 의례가 발생하는가? 무엇이 반복되는 스타일이나 장르가 될 수 있는가? 그리곤 적절성(화용론으로 보자면 felicity)을 얻을 수 있을까?

맡기는 신자유주의적 사회질서도, 경제구조와 사회계급에 고착된 이데올로기적 접근도, 무정부적 허무주의로 빠질 수 있는 담론주의자 논점도 모두 경계하면서, (담론연구자를 포함한) 우리 삶의 태도를 (상호)텍스트적 실천으로부터도 찾을 수 있다고 본다. 담론(연구)에 관한 리터러시가 필요한 이유는 담론질서가 능동적인 텍스트 배치로부터도 재편될 수 있다고 믿기 때문이다.

담론은 관행이면서 실천이다. 관행만 바라보면 거대하고 위력적인 사회구조(진실)의 그림자에서 자기윤리적 실천을 포기해야 한다. 그렇다고 반복의 규칙성이 있는 실천을 위대한 정치인이나 하는 대단한 행위로 볼 것도 없다. 미국 흑인 인권운동을 촉발시킨 1955년 앨라배마주 로자 파크스Rosa Parks의 이야기를 살펴보자.[76]

로자 파크스는 백인 남성에게 자신의 자리를 양보하라는 버스 운전기사의 지시를 거부하다가 투옥된다. 미국의 흑인 인권운동이 전국적으로 퍼진 이유는 로자 파크스의 '위대한' 실천 덕분이었을까? 나는 이 사건을 연구해보지 않았지만 아마도 로자 파크스는 얼떨결에 영웅이 되었을 수 있다. 내 상상력으로는 로자 파크스는 백인에게 자리를 늘 비켜주곤 했을 것이다. 왜 대체 그날은 버스 기사의 지시를 거부했을까? 모르겠다. 어쩌면 그날 유독 피곤하고 짜증난 터에 혹은 얼떨결에 그랬을 수도 있다. 어쨌거나 그건 저항이고 위반이다. 그게 늘 통하지는 않는데, (그리고 그렇게 거절하고 투옥되던 흑인들이 그전에도 있었겠지만) 그날은 제대로 통했다. 로자 파크스가 가시적으로 드러낸 몸의 저항, 즉 자신이 발휘할 수 있는 일상의 텍스트적 배치(자리 양보를 거절한 말과 행동)는 비담론적 사건과 제대로 만나면서 거대한 저항운동을 촉발시켰다.

고작해야, 혹은 어쩌다가 백인 남성에게 자리를 양보하라는 버스 운전기사의 지시를 거부한 로자 파크스의 투옥이 발생시킨 인권운동의 역사를 되짚어보면 '기획되는 담론'의 한계점과 '예측이 쉽지 않은 담론적 사건'의 속성을 함께 논의해볼 수 있다.* 규칙성을 반복한다고 세상이 바뀌는 건 아니다. 그러나 규칙성을 반복하면 세상이 바뀔 수도 있다. 이런 논리로 나를 둘러싼 '비정상의 정체성'을 새롭게 해석하거나, 무언가에 당장 도전하거나, 혹은 좀 더 기대하고 기다려볼 근거를 찾아볼 수도 있다.

담론을 공부하다 보면 거대한 힘의 질서에 대해 알게 되고 순응만 하던 (니체식으로 표현하자면) '낙타'로서의 삶에서 벗어날 욕망을 갖게 된다. 다른 한편으로는 담론질서로부터 포획된 삶을 살고 있다는 것을 알게 될수록 허무주의나 염세적 태도에 빠질 수 있다. 담론질서를 배우는 만큼 무력감을 느끼는 역설적 상황이다.

나는 개인 연구자로서 아무것도 온전히 바꿀 수 없다는 무력감을 빈번히 느끼곤 한다. 그럴 때마다 새로운 실천을 상상할 수 있는 통찰력이 필요하다. 그걸 매일같이 리추얼로 반복하는 실존의 기술로부터

---

* 서사시 〈오디세이아Odysseia〉에서 오디세우스는 세이렌Siren 자매의 섬을 지나며 자신의 몸을 묶고 선원들의 귀를 막고 탈주술의 합리적 실천을 발휘한다. 오르페우스 Orpheus는 지하세계에서 구한 아내 에우리디케Eurydice를 지상으로 데려올 때까지 그녀를 결코 쳐다보지 말아야 했지만 찰나적 욕망, 우연적인 사건을 이겨내지 못한다. 오디세우스는 승리했지만 억압적이었고, 오르페우스는 실패했지만 위반의 쾌락이 있었다. 푸코는 둘의 서사를 통해 합리성만으로 에토스적 실천을 감당할 수 없으며, 모순, 위반, 우연성, 사건의 정치로부터 삶과 세상이 변하는 것을 강조한다. 우리 개인사만 봐도 오디세우스적인 자아와 오르페우스적인 사건이 교차하면서 삶의 궤적이 완성된다. 주체로서의 수행성은 현실의 권력과 결속되어 있다.

찾고자 한다. 좋은 음식이든, 몸의 단련이든, 일상적인 글쓰기이든, 반복적인 의례로부터 나만의 스타일, 장르, 핵심주제를 지키고, 비판적 에토스를 구축하면서 그로부터 기득권력의 담론질서에 저항하고자 한다. 로자 파크스의 사건이 내게도 일어날 수 있음을 기도하고 기대한다. 그러나 그건 내 맘대로 할 수 없다. 나는 매일 지킬 수 있는 일은 내 삶에 일정한 형식성을 부여하고 내가 구성하고 있는 담론/권력을 강화하는 것이다.

심리학자가 아니라서 커디 교수가 말한 신체언어가 정말로 유의미한 변화를 유도할지 모르겠다. 푸코가 말한 저항적 실존을 지키기 위한 자기배려가 단지 미학적이고 자기윤리 수준의 변화일지도 모르겠다. 아무리 그렇다고 하더라도 나는 자유와 저항을 포기할 수 없다. 아마도 괴테가 말한 이런 잠언이 있다. "행동은 그 자체만으로도 마법, 은총, 힘을 가지고 있다. 그러하니 당신이 할 수 있는 것, 또는 할 수 있다고 믿는 일은 우선 시작하고 보라." 관념이 만든 괴물과 사는 세상이다. 재현의 충돌을 지켜보며 염려만 하며 도망다닐 수 없다. 시작할 수 있고 감당할 수 있다면 용기도 내야 한다.

마주 본다는 것은 용기다. 피하지 않고 직면하는 것은 용기다. 누구를 좋아하는 것도 쉬운 결정이 아니다. 좋아하고 상처받을 각오도 한다면 쳐다봐야 한다. 만나야 한다. 그러지 못한다면 수치심, 열등감, 타인의 시선에서 자유롭지 못한 것이다. 담론연구도 그렇다. 나는 담론을 분석하며 거대 질서를 마음껏 질타하는 것만으로는 만족할 수 없다. 변할 수 있는 것부터 바꿔야 한다. 바꾸지 못하면 바꿀 수 있다고 낙관의 텍스트라도 보태야 한다.

내가 아는 많은 사람은 일상적이고 수행적인 실천보다 관념, 상식, 관행을 먼저 바라본다. 예를 들면 교회를 다녀보면 하나님은 당연한 상식이고 늘 고정된 속성이다. 문법으로 보자면 대상화된 명사일 뿐이다. 하나님을 관념적으로 우상처럼 모시는데 자신의 삶에는 아무런 실천과 변화가 없다. 집단주의, 권위주의, 반지성주의 담론이 지배적인 곳에서는 전통적인 관례가 지시하는 관념의 의례로 사람들이 살아간다. 개별성, 자유와 권리, 진정으로 공감하고 사랑하는 관계성은 간과된다. 행동하는 것을 두려워한다. 자신이 불편을 감수하자면서도 수치심을 품는다. 누가 공격하는 것이 무섭다.

안전한 관계, 인격성이 배려되는 맥락을 만나는 것도 중요하다. 그러나 스스로 능동성을 발휘하고 자신의 말과 글로부터 지켜야 하는 자유, 사랑, 그리고 삶의 실천을 포기하지 말자. 연애도, 영어공부도, 그 밖의 모든 인생에서도 우린 담론의 주체로 살아야 한다.

세상 한가운데서 담론 리터러시를 학습하고 우리 삶에서만 아니라 보다 큰 규모의 사회정치적 변화까지 함께 꿈꾸어보자. 우리가 구조화된 모순, 차별, 불평등을 담론의 변증법적 속성으로 이해할 수 있다면, 기득권력의 지배적인 담론을 좀 더 전략적으로 비판하거나 해체할 수 있다. 대항과 대안의 담론을 기획하고 상상하고 제안할 수도 있다. 늘 이길 수도 없고 그럴 필요도 없지 않은가? 지배적 담론을 계속 탈신비화시키면서 할 일을 해보는 것이다.

나는 '진리가 없다' 혹은 '본질이나 본성이란 건 없다'는 말을 섣불리 하지 않는다. 포스트모던 이론을 배운 젊은 학생이나 연구자는 그런 말을 참 잘한다. 나는 그걸 쉽게 단정하지 말자고 말한다. 나는 모던이든 포스트모던이든 뭐든 성실하게 공부하고 이것저것 조합해서 세상과 내면, 사회와 인간을 좀 더 제대로 이해하고 싶다. 어느 한 편으로만 진리와 본질을 재단하고 싶지 않다.

색으로 보자면 진리는 회색이다. 덧칠한 회색이다. 빨간색은 너무 선명하다. 흰색도 검은색도 너무 선명하다. 그게 정말 진리일까? 거짓말은 '새빨간 거짓말'이란 말처럼 너무나도 투명한 언어적 실천이다. 진리를 말하겠다고 하는 언어는 사실 모두 덧칠 가득한 회색이다. 그래서 나는 진리(의 효과)를 좀 더 복잡하게, 모순적으로, 역동적으로 알 수 있는 회색의 담론연구가 좋다.

누군가 (비판적) 담론연구는 진보적인 혹은 좌파적인 연구방법론이라고 소개한 것을 들었다. 이 책에서 나는 그런 편견과 선입견을 불식시키려고 많은 지면을 할애했다. 불평등과 차별의 문제를 거칠게 비판하는 담론연구자를 학술대회에서 본다. 그가 좌파적 지식인이라고 스스로 생각할 수도 있겠다. 비슷한 담론을 열심히 연구하는 나는 좌파진영에만 소속된 것으로 생각되지 않는다. 그런 좌-우, 진보-보수 분류는 늘 불편하다.*

내게 담론연구는 폭력과 불평등, 차별과 배제를 묵인하는 근본주의, 본질주의, 교조주의, 반지성주의, 권위주의, 전체주의를 경계하

---

* 나는 크리스천이며 제도권 학자로 활동하면서 진보적 의제를 연구하지만 보수적 가치를 붙들며 살아가는 편이 많다. 아마도 어중간한 자유주의자, 개량주의자, 절충주의자로 연구활동을 하는 듯하다. 삶이란 것이 언어와 사회의 유기적 상호관계 안에서 내가 배치된 것이다. 개별적 삶과 사회구조는 담론으로 매개되어 있기에 담론주체로 내가 개입해서 바꿀 수 있는 것도 있고, 거대한 담론질서로부터 내가 꼼짝할 수 없는 것도 있다. 내가 살아온 삶은, 그리고 내가 보는 세상은 너무나 복잡하기에, 하나의 구조로부터 비판적으로, 혹은 낭만적으로 인간의 능동성으로만 바라볼 수 없다. 솔직히 말하면 더 자세히, 모든 것을 자세히 알고 싶지도 않다. 알만큼 알다가 그렇게만 버티고 살아낼 것이다. 내게는 지금 여기 이 순간이 늘 제일 소중하다.

기 위한 것이다. 그보다 내가 생각하기에 더 중요한 담론연구의 속성은
'실천'이다. 반복의 형성규칙, 권력질서를 주목하면서 바꿀 수 있는 것
을 바꾸는 실천의 문제는 다음 책을 통해 더 다뤄보고 싶다.

후기: 다시 해보자

긴장과 이완이 공존한다. 예전의 나는 불타버린 것 같은데 미래의 나는 아직 보이지 않고, 길은 떠났는데 아직 어디도 올라타지 않고 그저 뚜벅뚜벅 걷고 있다는 느낌. 이런 건 사실 자신에게 일어날 어떤 창발적인 폭발의 사전 단계인 것 같기도 하다. 혼란, 분노, 좌절, 격정, 이런 감정이 인문사회 연구자에게 참 중요하다고 생각한다. 이걸 거치지 않고서는 새것으로 거듭나지 못한다. 시대를 불문하고 현자들의 고백에서 그런 감정 상태를 본 것 같다.

젊은 연구자들과 얘기를 나눠보면 그런 격정은 격정스럽지도 않다. 대개 회피하고 도망가기 바쁘다. 그게 참 안타깝다. 내가 알고 있는 어떤 대학원생은 치열하게 노력하다가 변곡점을 만나고 박사학위를 받을까 말까 고민했다. 그러다가 그런 부담감조차 이기지 못하고 "박사학위를 받아도 그만, 안 받아도 그만"이라고 말한다. 내가 보기엔 이 학생은 충분히 학위 과정을 마칠 수 있는 역량과 기회가 있는데도 다소 뜬금없이 신앙생활을 재정비하고 싶다고 한다. 내면에 새로운 텍스트를 배치하면서 자신의 콘텍스트를 재구조화하는 셈이다. "지금까지 여기까지 오시게 한 것도 하나님"이라고 고백하는데 그건 마치 수사적으로 자신의 실패를 일찌감치 보험처리 하는 것처럼 보였다. 정말 도망가는 것이라면 그가 믿는 하나님은 오히려 안타까울 것이다.

이건 정말 중요한 이야기다. 시험을 지금 당장 준비해야 하는데 부수적인 일, 예를 들어 할 말이 생각났다며 동생에게 전화하거나, 집이 너무 어수선하다며 청소하거나, 누구를 배려한다고 하면서 갑자기 바빠질 때가 있다. 이건 심리적으로 그냥 도망가는 것이다. 그럴 땐 온전하지 않다고 느껴져도 해야 할 바로 그 일을, 꼭 하고 싶은 바로 그 일을, 늘 마치고 싶었던 바로 그 일을 즉각 시작하고 봐야 한다. 나는 지난 몇 년 동안 늘 궁핍한 마음이었고 아침마다 도망가고 싶었는데 그냥 멍하니 매일 30여 분을 그 생각만 했다. '오늘 뭘 제일 하고 싶은가?' 연구자로, 학자로 성실하게 나만의 의례를 잘 감당하고 싶다는 정직한 고백에 매일 나는 성실하게 반응했다. 난 식탁에서 제일 맛있는 것부터 먹는다. 난 내가 제일 하고 싶은 일, 실천하고 싶은 소망의 감각에 정직하고자 애썼다.

당신을 곤혹스럽게 위축시킨 기억과 경험, 현실과 일상을 성찰해보자. 그건 당신의 잘못만 아닐 수 있다. 담론의 포획으로 의심해보면 어떨까? 실천의 형식체계가 충분히 숙고되지 않은 것은 아닐까? 담론을 연구한다는 호기로부터 지금 자신의 상황을 다시 바라보면 어떤가? 어차피 이기든 지든, 삶은 언젠가 내리막길로 향할 것이다. 그나마 지금처럼 열의와 지적 호기심이 가득할 때(도망가는 것도, 다른 것을 해보자는 것도 생명의 에너지가 넘치는 것이니 가능하다!) 밤하늘의 별처럼 막연한 담론 하나에 머리를 쾅 박아 보면 어떨까? 담론을 분해하고 담론자료를 분석하는 일에서 끝나지 않을 것이다. 자신의 정체성이 개입되고 관계성을 자신의 기억 안에서 다시 성찰할 수 있을 것이다. 분석한 만큼, 연구텍스트로 옮겨 쓴 만큼 우리 삶은 새롭게 변할 수 있다.

나를 둘러싼 텍스트는 모두 거짓말, 소문, 억측, 과장이었나? 그건 모두 가짜이고 자신의 내면 안에 저장된 것만 진짜인가? 뭐든 간에 진짜와 가짜를 구분해두고 너무 불편하고 고통스럽고 억울해서 술도 먹고, 방황하며, 그렇게 문제적 상황과 내면 밖으로 나오지 못하고 있는가? 그런데 이 책에서 내가 내내 얘기하지 않았나? 이건 진짜와 가짜의 문제가 아닐 수 있다. 효과이고 그림자일지 모른다. 담론의 효과를 공부하면, 즉 담론 리터러시를 획득하면, 언어의 감수성을 키우면, 우리 삶도 그만큼 달라질 수 있다. 어떤 장르를 통해서, 어떤 스타일의 형식으로, 나에 관한 텍스트들이 연결되어 있는가? 질문하자. 세상을 바꾸자. 아니, 내 문제부터 다시 기획하고 상상해보자.

가만히 있지 말자. 도망가지 말자. 다시 시작하자. 담론으로 기획하고 다시 싸워보자.

미주

1. 하치코 서사에 관한 사회적 의미는 경향신문 2017년 9월 4일 자 기사 〈최명애의 반려종 이야기: 주인 잃은 떠돌이 전체주의 '도구' 되다〉에서 확인할 수 있다.
2. 2015년 12월에 중앙대학교에서 열린 '비판적 담론분석의 이론과 실제'에 관한 김성해 교수의 구술 강의 내용을 참조했다. 당시 구체적인 연구자료가 제공되지 않았지만 구술로 설명된 논점으로부터 위안부에 관한 담론 구성을 꾸준히 성찰해보았다.
3. 대한민국 정책브리핑 2012년 8월 24일 자, 〈깊게 패인 주름마다 겹겹이 쌓인 세월의 흔적이…〉, https://www.korea.kr/news/policyBriefingView.do?newsId=148737870
4. 다음 책 1장의 논점을 참조했다: Gee. J. P.(2014), *An introduction to discourse analysis: Theory and method*(4th ed.), Routledge.
5. '담화/담론'연구에 관한 통합적인 접근방식을 더 알고 싶다면 내가 쓴 다음 연구논문을 참조하면 좋겠다. 신동일(2020), 〈담화/담론연구의 이론적 토대 탐색: 학제간/통합적 연구방법론으로 확장하며〉,《질적탐구》6(1), 1~40. 담화/담론(연구)에 관한 서로 다른 지식전통을 ①'형태/구조적 접근', ②'기능/사용에 관심', ③'사회적 실천으로 인식'으로 나누었고 서로 다르게 결합한 모형으로부터 다양한 담론연구를 기획할 수 있다는 논점이 있다.
6. 페어클러프의《언어와 권력*Language and Power*》2장과 3장을 참조하면 언어-사회의 상호작용성, 담론의 개입을 추가적으로 이해할 수 있다. 다만 담론을 진지하게 공부하거나, 박사논문 수준의 자료분석을 준비하는 것이 아니라면 강독을 추천하지 않는다. 너무 어렵게 적혀 있다. 번역서도 그걸 옮긴 것이라 이해가 쉽지 않다.
7. 다음 연구논문이 참조될 수 있다. 노형일·양은경(2017), 〈비폭력 저항 주체의 형

성: 박근혜 대통령 탄핵 촛불집회에 대한 통치 분석〉, 《한국방송학회지》, 31(3), 5~41.

8. 이 논점이 궁금하다면 최근 몇 년 동안 출간한 내 연구논문이나 단행본을 참조하면 좋겠다. 《접촉의 언어학》, 《앵무새 살리기》는 읽기 편하게 만든 책이다. 아직도 추가적으로 연구자료와 논점을 수집하고 있다. 좀 더 큰 규모의 협력연구가 실행되면 좋겠다고 생각한다.

9. 다음 연구논문을 참조했다. 서덕희(2003), 〈'교실붕괴' 기사에 대한 비판적 담론분석: 조선일보를 중심으로〉, 《교육인류학연구》, 6(2), 55~89.

10. 다음 연구논문을 참조했다. 신동일(2012), 〈'토플 대란'에 관한 신문기사 분석: 비판적 담론분석을 기반으로〉, 《외국어교육》, 19(1), 187~210; Shin, D.(2019), "Analyzing media discourse on the development of the National English Ability Test (NEAT) in South Korea", *Language Testing in Asia*, 9(4); Shin, D., Cho, E.(2021), "The National English ability test in Korea and its legitimising discourses", *Journal of Multilingual and Multicultural Development*, 42(6), 537~550.

11. 다음 연구논문을 참조했다. Shin, D., Cho, E.(2020), "Discursive conflicts on National English Ability Test in news media: How was a government-led test of English suspended in Korea?", *Language Testing in Asia*, 10(5).

12. 다음 연구논문을 참조했다: 신동일(2018), 〈글로벌 인재와 영어능력에 관한 담론적 실천과 신자유주의 주체성의 이해〉, 《영어학》, 18(3), 349~380.

13. 프레임, 가치, 입장을 빙산의 구조로 다룬 논점은 앞서 언급한 김성해 교수의 워크숍에서 들은 내용이다. 김성해 교수는 누구든 쉽게 담론을 이해하고 관련 연구도 즉각 실행할 수 있도록 도우려고 했다. 그러다 보니 담론분석을 위한 이론적 토대(예: 푸코 모형)에 비중을 크게 두지도 않았다. 워크숍을 할 때 "우리나라는 제대로 담론을 제대로 연구하는 학자가 없고, 기득권 담론을 가져다 그대로 옮기거나 맑시즘 투쟁 일변도"일 뿐이라고 언급한 기억이 난다. 실제적인 담론분석도 "내 방식대로 하는 것이 답"이라며 직관적으로 접근하면서 개별성과 현장성을 충분히 고려하자고 강조했다. 이 책에서 내가 강조한 연구방식(페어클러프 모형 등의 이론적 토대, 텍스트 분석, 혹은 변증법적 접근을 강조하고 매개적 담론의 속성을 포괄적으로 이해하고 반드시 장르/스타일/핵심주제 등의 상호텍스트성을 분석해보자는 주장)과는 다르다. 담론연구의 기획과 집행이 맥락에 맞춰 지역화되고 창조적일 필요는 있다. 그러나 이론적인 토대와 분석모형 등을 학습하지 않은 학생이나 신진연구자는 담론의 속성을 제대로 반영하지도 않은 담론연구를 쏟아내는 걸 자주 목격했다. 담론연구의 경험이 많다면 창발적으로 연구절차와 내용을 감당할 수 있겠지만 다수 연구자는 담론(연구)에 관한 (푸코, 할리데이, 페어클러프, 반 다이크 등의) 기초 문헌부터 이해할 수 있어야 한다.

14. 이 책에서는 담론 중에서도 서사적 구조를 분석하는 것에 큰 비중을 두지 않았지만 도입부-복잡부-해결부 등의 구성요소를 가진 서사는 대중문화, 일상 대화에서 흔히 소비되는 진술방식이다. 서사에 관한 기본적인 구성요소와 속성을 쉽게 이해하고 싶다면 내가 저술한《Now, Storytelling 스토리텔링》(2010)을 추천한다.

15. 보다 자세한 내용은 오마이뉴스 2011년 9월 27일 자 기사〈'판단된다', '보여진다' … 기자들에게 내미는 고발장. [서평] 김지영이 쓴 피동형 기자들〉에서 확인할 수 있다.

16. 경향신문 1980년 8월 27일 자 사설〈전두환대통령시대의 역사적 출범〉.

17. 동아일보 1980년 8월 28일 자 사설〈전두환대통령시대의 개막〉.

18. 조선일보 1980년 8월 28일 자 사설〈새 시대의 개막〉.

19. 다음 책 104~106쪽에서 인용했다. 최윤선(2014),《비판적 담화분석: 담화와 담론이 만나는 장》, 한국문화사.

20. 백선기·봉미선·박병우(2010),〈감성광고의 담론적 구성과 사회적 함축 의미: '래미안' 아파트 광고에 대한 비판적 담론 분석을 중심으로〉,《한국광고홍보학보》, 21(1), 37~83; 이슬기·백선기(2014),〈여성성 표상의 변화와 이데올로기: TV 자동차광고 재현에 대한 기호학적 분석과 담론분석 중심으로〉,《기호학연구》, 37, 169~216; 이슬기·백선기(2013),〈TV 광고의 성역할 표상과 이데올로기적 함의: 전기밥솥 광고 재현에 대한 기호학적 분석과 담론분석을 중심으로〉,《한국광고홍보학보》, 15(4), 197~236.

21. Fiske, J.(1990), *Introduction to communication studies*, Routledge. [강태완·김선남 옮김(2001),《커뮤니케이션학이란 무엇인가》, 커뮤니케이션북스.]

22. 네이버 지식백과〈문화연구의 핵심개념: 이데올로기〉항목의 출처를 차용했다. https://terms.naver.com/entry.nhn?docId=2274954cid=42219category-Id=51129

23. 추가적인 논점을 알고 싶다면 다음 문헌을 참고할 수 있다. Barthes, R.(1957), *Mythologies*, Les Lettres nouvelles. [이화여자대학교 기호학연구소 옮김(1997),《현대의 신화》, 동문선.]

24. 다음 연구논문을 참조했다. 김영욱·함승경(2014),〈금연과 흡연의 담론 경쟁: 비판적 담론분석(CDA)의 적용〉,《한국언론학보》, 58(5), 333~361.

25. 위 연구논문과 함께 논점을 참고한 또 다른 연구논문은 다음과 같다. 김영욱·함승경(2015),〈세월호 침몰은 참사인가? 사고인가? 비판적 담론분석(CDA)를 적용한 세월호 담론경쟁〉,《홍보학연구》, 19(4), 83~115.

26. 페어클러프의 다음 단행본이 번역서로 이미 출간되었다.
Analysing discourse: textual analysis for social research(2003)[김지홍 옮김(2012),《담화분석방법: 사회조사연구를 위한 텍스트분석》, 경진.]
Discourse and Social Change(1992)[김지홍 옮김(2017),《담화와 사회변화》,

경진.]

Media discourse(1995)[이원표 옮김(2014),《대중매체 담화분석》, 한국문화사.]

Language and Power(1989)[김지홍 옮김(2011),《언어와 권력: 담화 텍스트 화용 연구》, 경진.]

27. van dijk, T. A.(1988), *News analysis: Case studies of international and national news in the press*, Hillsdale, N.J.: Lawrence Erlbaum Assiciates.

28. van Leeuwen, T.(2008), *Discourse and practice: New tools for critical discourse analysis*, Oxford University Press.

29. Reesigl, M., Wodak, R.(2009), "The discourse-historical approach", R. Wodak M.Meyer (Eds.), *Methods of critical discourse analysis*(pp. 87~121), Sage Publication.

30. 다음 문헌에 해당 논점이 등장한다: Wodak, R., Meyer, M.(Eds.)(2009), *Methods of discourse analysis*. Sage Publication.

31. Sinclair, J., Coulthard, M.(1975), *Towards an analysis of discourse: the English used by teachers and pupils*, Oxford University Press.

32. Labov, W., Fanshel, D.(1977), *Therapeutic discourse: Psychotherapy as conversation*, Academic Press.

33. 페어클러프의《담화와 사회변화》38~62쪽에서 관련 논점을 발굴했다.

34. 예를 들면 다음과 같은 연구논문이 참조될 수 있다. 신동일 · 김종국(2012), 〈형성평가를 위한 교사의 구술담화 구성에 관한 탐구〉,《영어학》, 12(4), 721~745.

35. 페어클러프의《담화와 사회변화》43~44쪽 내용을 참고했다.

36. 다음 연구논문이 참조될 수 있다. 신동일 · 김종국(2005), 〈대학 교양영어 인터뷰 평가에서 담화연구〉,《사회언어학》, 13(2), 107~128.

37. 다음 책 12~25쪽 논점을 요약한 것이다: Halliday, M. A. K., Hasan, R.(1976), *Cohesion in English*, Longman.

38. 다음 문헌의 106~144쪽을 참조했다. Halliday, M. A. K.(1994), *Introduction to functional grammar*, Edward Arnold.

39. 다음 책 13쪽에서 인용했다. Lipson, M.(2004), *Exploring fuctional grammar*, Centro di Studi Linguistico-Culturali.

40. 페어클러프의《언어와 권력》217쪽의 표를 한국어로 옮긴 것이다.

41. 페어클러프의《언어와 권력》97-98쪽을 참조했다.

42. 페어클러프의《언어와 권력》94쪽을 참조했다.

43. www.wikitree.co.kr/main/news_view.php?id=240119

44. 조은혜 · 신동일(2017), 〈'중국인 유학생'에 관한 미디어 담론분석: 조선일보를 중심으로〉,《외국어교육》, 24(3), 195~216.

45. 김가현·신동일(2016),〈글로벌 인재와 영어능력에 관한 비판적 담론분석〉,《사회언어학》, 24(3), 249~280.

46. 중앙선데이 2015년 3월 8일 자 기사,〈함영준의 사람과 세상 20〈끝〉큰 그림 그리는 CEO형 리더 … 일각선 "독선적" 비난도〉, https://www.joongang.co.kr/article/17300651

47. 중앙일보 2012년 9월 19일 자 기사,〈기업 인사담당자가 말하는 '글로벌 인재' ① 삼성전자 인재개발센터 김종헌 상무〉, https://www.joongang.co.kr/article/9365275

48. 중앙일보 2012년 9월 26일 자 기사,〈기업 인사담당자가 말하는 '글로벌 인재' ② 구글 코리아 김지영 상무〉, https://www.joongang.co.kr/article/9431407

49. 앞서 언급한 최윤선의《비판적 담화분석: 담화와 담론이 만나는 장》126~135쪽에 인용된 것을 여기서 재인용했다.

50. 중앙선데이 2010년 10월 2일,〈CEO는 인사관리에 자기 시간의 60%를 써야〉, https://www.joongang.co.kr/article/4492681

51. 다음 책 114쪽을 참조했다. Barker, C., Galasinski, D.(2001), *Cultural studies and discourse analysis: a dialogue on language and identity*, Sage. [백선기 옮김(2009),《문화연구와 담론분석: 언어와 정체성에 대한 담화》, 커뮤니케이션북스.]

52. 다음 연구논문을 참조할 수 있다. 신동일·김종국(2006),〈대학입시에 등장한 영어 대화의 특성 연구: 상호작용 담화 모형 관점에서〉,《영어교육》, 61(4), 277~296.

53. 앞서 언급한 할리데이 1994년 문헌 332~341쪽을 참조했다.

54. 최윤선의《비판적 담화분석: 담화와 담론이 만나는 장》52~70쪽을 간단하게 요약했다.

55. 최윤선의《비판적 담화분석: 담화와 담론이 만나는 장》73~98쪽을 간단하게 요약했다.

56. 페어클러프의《언어와 권력》248~251쪽을 참조했다.

57. 동아일보 2017년 10월 16일 자 기사〈만약 전쟁 난다면… 개인별 재산 관리 방법은?〉, https://www.donga.com/news/Politics/article/all/20171014/86744680/1

58. 페어클러프의《언어와 권력》253쪽을 참조했다.

59. 추가적인 논점과 예시는 앞서 언급한 페어클러프 2011년 문헌 253쪽을 참조할 수 있다.

60. 이와 같은 연구주제에 관심이 있다면 지난 몇 년 동안 출간한 내 책을 참조할 것을 제안한다: 신동일(2020),《앵무새 살리기: 더 좋은 언어사회를 희망하며》, 박이정; 신동일·박수현·김가현·조은혜·심우진(2017),《접촉의 언어학, 다중언어사회의

교육과 정책》, 커뮤니케이션북스.

61. 페어클러프의《언어와 권력》259~261쪽을 참조했다.

62. 페어클러프의《언어와 권력》261~264쪽을 참조했다.

63. 페어클러프의《언어와 권력》265쪽을 참조했다.

64. 앞서 언급한 다음 책 120쪽을 참조했다. Barker, C., Galasinski, D.(2001), *Cultural studies and discourse analysis: a dialogue on language and identity*, Sage. [백선기 옮김(2009),《문화연구와 담론분석: 언어와 정체성에 대한 담화》, 커뮤니케이션북스.]

65. 페어클러프의《언어와 권력》287쪽을 참조했다.

66. 서덕희(2003), 〈'교실붕괴' 기사에 대한 비판적 담론분석: 조선일보를 중심으로〉, 《교육인류학연구》, 6(2), 55~89.

67. 서덕희(2006), 〈'교실붕괴' 이후 신자유주의 교육담론의 형성과 그 저항: 홈스쿨링에 대한 담론분석을 중심으로〉,《교육사회학연구》, 16(1), 77~105.

68. 박수현·신동일(2016), 〈영어능력 인증에 대한 비판적 담론분석: 국내 대학의 영어졸업인증제도를 중심으로〉,《응용언어학》, 32(4), 175~208.

69. 페어클러프의《언어와 권력》304쪽을 참조했다.

70. 여기서부터 접합에 관한 개념적 논의는 다음 연구논문에서 일부 재인용했다. 정재철(2007), 〈한국의 여성 몸 담론에 관한 비판적 연구: MBC 100분 토론의 '몸의 시대, 살빼기와 성형 열풍'을 중심으로〉,《언론과학연구》, 7(1), 292~318.

71. 내가 연구논문으로 국내외 학술지에 실은 '토플 대란'과 NEAT 관련 다음 연구문헌을 보면 추가 논점을 읽어볼 수 있다. 신동일. (2012). 〈토플대란'에 관한 신문기사 분석: 비판적 담론분석을 기반으로〉《외국어 교육》, 19(1). 187~210; Shin, D.(2019), "Analyzing media discourse on the development of the National English Ability Test (NEAT) in South Korea", *Language Testing in Asia*, 9:4; Shin, D., Cho, E.(2020), "Discursive conflicts on National English Ability Test in news media: How was a government-led test of English suspended in Korea?", *Language Testing in Asia*, 10:5; Shin, D., Cho, E. (2021), "The National English Ability Test in Korea and its legitimising discourses", *Journal of Multilingual and Multicultural Development*, 42(6), 537~550.

72. 조선일보 2009년 4월 23일 자 기사 〈[우리대학 비전을 말한다] 한국외국어대학교 박철 총장〉, https://www.chosun.com/site/data/html_dir/2009/04/22/2009042201375.html

73. 2부에서 소개한 '교실붕괴' 담론을 연구한 조선대학교의 서덕희 교수와 대화를 나누는 중에 이런 걸 깨달았다. 그녀의 박사논문은 홈스쿨링에 관한 담론분석이었는데 교사로서 살아오며 좌절한 자신의 생애사적 씨줄과 당시 교실붕괴, 홈스쿨링

으로 신자유주의 교육시장이 열린 시대적 맥락의 날줄이 만난 연구결과물인 셈이었다. 그에게 담론분석이란 연구물 역시 하나의 텍스트였고, 상호텍스트성이었고, 이데올로기적 실천이었던 것이다. 그런 담론연구에 참여하면서 담론경쟁에도 개입하는 것이다.

74. 이와 같은 논점을 보다 구체적으로 이해하려면 다음 문헌을 참조할 수 있다. 신동일(2022), 〈'비판적' 응용언어학 연구의 토대 탐색: '실존의 미학'과 '비판적 존재론'으로부터〉, 《사회언어학》, 30(1), 131~165.

75. 김주환 교수가 강사였던 푸코 세미나에 참가하면서 익숙했던 고고학적-계보학적 접근의 담론뿐만 아니라 푸코의 말기 저술인 '자기배려'에 관한 문헌을 공부할 수 있었다. 통치성과 자기배려에 관한 논점은 김주환 교수로부터 많이 배웠다. 푸코 문헌의 번역서가 많지만 김주환 교수의 관련 연구논문도 큰 도움이 되었다.

76. 다음 연구논문에서 영감을 얻었다. 김주환(2018), 〈말의 힘과 사회적 주술 의례 : 말의 힘에 대한 피에르 부르디외와 주디스 버틀러 사이의 논쟁을 경유하여〉, 《문화와 사회》, 26(2), 355~412.

찾아보기